WOLFGANG DONSBACH

MEDIENWIRKUNG TROTZ SELEKTION

WOLFGANG DONSBACH

MEDIENWIRKUNG TROTZ SELEKTION

EINFLUSSFAKTOREN AUF DIE ZUWENDUNG ZU ZEITUNGSINHALTEN

MIT EINEM VORWORT VON
ELISABETH NOELLE-NEUMANN

1991
BÖHLAU VERLAG KÖLN WEIMAR WIEN

Gedruckt mit Unterstützung
der Stiftervereinigung der Presse e.V.

Die Deutsche Bibliothek – CIP-Einheitsaufnahme

Donsbach, Wolfgang:
Medienwirkung trotz Selektion : Einflußfaktoren auf die Zuwendung zu Zeitungsinhalten / Wolfgang Donsbach. Mit einem Vorwort von Elisabeth Noelle-Neumann. – Köln ; Weimar ; Wien : Böhlau, 1991
ISBN 3-412-08491-3

Umschlag: Ch. Lautenbach
Copyright © 1991 by Böhlau Verlag GmbH & Cie, Köln und Weimar
Alle Rechte vorbehalten
Ohne schriftliche Genehmigung des Verlages ist es nicht gestattet, das Werk unter Verwendung mechanischer, elektronischer und anderer Systeme in irgendeiner Weise zu verarbeiten und zu verbreiten. Insbesondere vorbehalten sind die Rechte der Vervielfältigung - auch von Teilen des Werkes - auf photomechanischem oder ähnlichem Wege, der tontechnischen Wiedergabe, des Vortrags, der Funk- und Fernsehsendung, der Speicherung in Datenverarbeitungsanlagen, der Übersetzung und der literarischen oder anderweitigen Bearbeitung.
Druck: Richarz Publikations Service, 6205 St. Augustin 1
Printed in Germany
ISBN 3-412-08491-3

Inhalt

Ein Kapitel Wissenschaftsgeschichte - Vorwort von Elisabeth
Noelle-Neumann   9
Vorwort des Verfassers   13

I. Einleitung   15

II. Selektionsregel und Medienwirkungsforschung   18
1. Entwicklungsphasen der Medienwirkungsforschung   18
2. Die Faszination der Selektionsregel   20
3. Außerwissenschaftliche Kriterien der Theorieentwicklung   21

III. Der Selektionsbegriff in der Massenkommunikation   23
1. Bewußte und unbewußte Selektion   23
2. Selektionsphasen   24
3. Publizistikwissenschaftliche Definition von Selektion   27
4. Selektivität von Journalisten   28

IV. Voraussetzungen der menschlichen Informationsaufnahme   30
1. Wahrnehmung   30
2. Physiologische Bedingungen der Wahrnehmung   32
    Wahrnehmungskapazitäten   32
    Sensorischer Speicher   33
3. Determinanten der Selektion   35
4. Informationsaufnahme bei Texten und Bildern   37
    Lesevorgang   37
    Wahrnehmung von Bildern   38
5. Verständnis, Bedeutung und Erinnerung   40
6. Folgerungen für die Selektion von Medieninhalten   41

V. Informationsselektion in der Theorie der kognitiven Dissonanz   44
1. Grundannahmen   44
2. Verlauf der Dissonanzforschung in der Psychologie   45
3. Theoretische und methodische Probleme   47
4. Intervenierende Variablen zur Dissonanz-Hypothese   50
    Merkmale der Rezipienten   50
    Merkmale der Information   53
5. Bestätigungsgrad der Dissonanz-Hypothese aus heutiger Sicht   54
6. Fazit für die publizistikwissenschaftliche
Selektionsforschung   57

VI. Informationsselektion in der Massenkommunikation   60
1. Teilhabe an der Massenkommunikation als Selektion   60
2. Vorauswahl des Mediums   62
     Intermediäre Selektion   62
     Intramediäre Selektion   64
     Konsonanz und Dissonanz als Selektionsfaktoren   64
3. Auswahl redaktioneller Angebote   65
     Formale Merkmale der Beiträge   66
     Sprachliche Merkmale   66
     Thematische Merkmale   67
     Gratifikations-Ansätze   68
     Psychologische Ansätze   71
     Konsonanz und Dissonanz als Selektionsfaktoren   72
     Experimentelle Studien   73
     Panel-Studien   75
     Ex-post-facto Studien   76
     Zusammenfassung   78
4. Auswahl von Informationen   79
     Faktische Selektion   79
     Kognitive Selektion   81
     Evaluative Selektion   83
     Zusammenfassung   85
5. Erinnerung an Informationen   86
     Merkmale von Quelle, Botschaft und Rezipient   86
     Konsonanz und Dissonanz als Selektionsfaktoren   88
     Zusammenfassung   89

VII. Stand der dissonanztheoretischen Selektionsforschung   90
1. Methodische Probleme   90
     Kausalprobleme   90
     Validitätsprobleme   92
     Meßprobleme   94
2. Integration der Dissonanz-Theorie in andere Ansätze   95
     Information Utility-Ansatz   95
     Supportive Selection-Ansatz   97
     Information Seeking-Ansatz   98
     Dynamisch-transaktionaler Ansatz   99
     Zwei-Stufen-Fluß der Kommunikation   100
     Agenda Setting-Ansatz   101
3. Fazit   102
     Offene Fragen   103
     Selektionsverhalten von Journalisten   105
     Selektionsregel beim Fernsehen   106

VIII. Methodische Anlage einer Studie zur Selektivität von Zeitungslesern	**108**
1. Untersuchungsanlage	108
Methodische Anforderungen	108
Mehrmethodenansatz	109
2. Erhebungsmethoden	110
Auswahl der Zeitungen	110
Grundgesamtheiten und Stichproben der Leser	111
Copy-Test	112
Befragung	112
Inhaltsanalyse der Copy-Test-Zeitungen	117
Inhaltsanalyse der Vorberichterstattung	120
3. Datenanalyse	120
Analysemodelle	121
Datenaufbereitung	123
4. Individualdaten-Modell	124
Analyseeinheit	124
Repräsentativität	125
Signifikanzberechnungen	127
Zusammenhangsmaße	128
5. Probleme der Kausalanalyse	129
IX. Einfluß von Artikelmerkmalen auf die Selektion	**133**
1. Nachrichtenlage	133
2. Nutzung der Zeitungen und Beiträge	134
3. Einfluß formaler Merkmale auf die Nutzung	134
Art des redaktionellen Beitrags	135
Merkmale der Aufmachung	136
4. Einfluß des Artikelinhalts auf die Nutzung	138
Schauplatz und Thema des Beitrags	138
Nachrichtenfaktoren	138
Konkurrierender Einfluß von Betonung und Nachrichtenfaktoren	144
5. Zusammenfassung	145
X. Einfluß von Lesermerkmalen auf die Selektion	**146**
1. Soziodemografische Merkmale	146
2. Themenpräferenzen von Männern und Frauen	147

3. Einfluß der Leser-Themen-Beziehungen auf die Artikelnutzung	147
Relevanz des Themas	148
Entschiedenheit der Meinung	150
Informationen aus anderen Massenmedien	150
Aversion	151
4. Zusammenfassung	152
XI. Einfluß von Konsonanz und Dissonanz auf die Selektion	**154**
1. Redaktionelle Tendenzen der vier Zeitungen	154
Tendenzen zu den Politikern	154
Tendenzen zu den Konfliktthemen	155
2. Vorauswahl der Zeitung	158
3. Zuwendung zu Artikeln über Politiker	161
Kern-Befunde	162
Intervenierende Lesermerkmale	166
Intervenierende Informationsmerkmale	169
Intervenierende Merkmale der Beziehung zwischen Leser und Zeitung	172
Konkurrierender Einfluß von Informations- und Lesermerkmalen	174
4. Ansehen von Politiker-Fotos	177
5. Zuwendung zu Artikeln über Konfliktthemen	179
Grundlagen der Analyse	179
Kern-Befunde	179
Festigkeit der eigenen Meinung	183
Kongruenz zwischen Leser und Zeitung	184
Konsonanz und Dissonanz bei verschiedenen Leser-Themen-Beziehungen	185
6. Selektive Wahrnehmung von Informationen in Artikeln	189
Grundlagen der Analyse	189
Befunde	190
Bewertung der Befunde	192
7. Bewußte und unbewußte Selektionsprozesse	193
Unbewußte Traktionseffekte durch die Überschrift	194
Bewußte und unbewußte Motivationseffekte	196
8. Das Problem von Suchen und Vermeiden	197
9. Zusammenfassung	201
XII. Ein Fazit im Hinblick auf Medienwirkungen	**206**
Literaturverzeichnis	213
Tabellen und Schaubilder im Anhang	

Ein Kapitel Wissenschaftsgeschichte
Vorwort von Elisabeth Noelle-Neumann

Wenn es zuträfe, was Frau Noelle-Neumann sagt, dann wären ja die Ergebnisse der Kommunikationsforschung mehrerer Jahrzehnte wegzuwerfen, schrieb der Chefredakteur der Süddeutschen Zeitung, Hans Heigert, Anfang der siebziger Jahre. Der Ausruf läßt die Leidenschaftlichkeit der Auseinandersetzung um die Frage nach der Wirkung der Massenmedien noch einmal nachempfinden.

Die Wissenschaftsgeschichte zu diesem Thema ist in unserem Jahrhundert stürmisch verlaufen. Nach dem Ersten Weltkrieg hielt man die Wirkung der Medien für übermächtig. "Der Krieg, in den uns die Zeitungen getrieben haben" hieß es in den USA in den zwanziger Jahren unter dem Eindruck der Enthüllungen über die Kriegspropaganda.

Die Ergebnisse der ersten großen Repräsentativumfrage über die Wirkung der Massenmedien bei der amerikanischen Präsidentschaftswahl von 1940 kamen wie ein Schock. Jetzt ging die Tendenz dahin, den Medien jede nennenswerte Wirkung abzusprechen. Die "minimal effects hypothesis" kam auf, die "Verstärker-Hypothese": "Die Medien ändern Meinungen nicht, sie verstärken sie nur".

Dabei blieb es dann mehrere Jahrzehnte lang. Ein wirklicher Einfluß der Massenmedien auf die Meinungen, die Einstellungen der Menschen habe sich bisher nicht nachweisen lassen, schrieb der berühmte amerikanische Sozialpsychologe William McGuire im tonangebenden "Handbook of Social Psychology" 1968.

Aber fast gleichzeitig kamen in England, in Deutschland, in den USA Zweifel auf. Vom Anfang der siebziger Jahre an hieß es nun in der Kommunikationsforschung: Rückkehr zu dem Konzept von den mächtigen Massenmedien.

Wie läßt sich diese rätselhafte stürmische Wissenschaftsgeschichte erklären? Es hängt zusammen mit einem Fund bei der Studie von 1940 von Lazarsfeld, Berelson und Gaudet: "The People's Choice", der Entdeckung der "selektiven Wahrnehmung". Die Wähler, zeigte sich, beachten vor allem die Wahlpropaganda der eigenen Seite. Daraus wurde die Folgerung abgeleitet: Das Angebot der Medien wird selektiv wahrgenommen. Die Menschen sehen, hören und lesen vornehmlich diejenigen Mitteilungen, die ihre schon bestehende Meinung unterstützen. Das Individuum strebt nach Stabilität seiner Einstellungen. Es versucht, sich seine Sicherheit zu erhalten, indem es gegenüber Argumenten, die seine Einstellung bedrohen, Augen und Ohren verschließt. So erklärt sich, daß durch die Massenmedien selten Einstellungen verändert werden. Die Wirkung der Medien liegt vornehmlich im *Verstärken* bestehender Einstellungen.

Die auf die Studie von 1940 folgenden Jahrzehnte vergingen wie in einem wissenschaftlichen Albtraum. Gegen Ende der fünfziger Jahre läutete der große amerikanische Sozialwissenschaftler Bernard Berelson der Kommunikationsforschung das Totenglöckchen. "The State of Communication Research"" hieß der Rechenschaftsbericht, in dem er beschrieb: Die bedeutenden Forscher verlassen das Feld...

Unübersehbare Mengen von wissenschaftlichen Untersuchungen zum Konzept der selektiven Wahrnehmung schossen hoch, aber klare Nachweise wurden nicht erbracht. Das Gebiet verödete. Anfang der siebziger Jahre interessierte sich niemand mehr dafür.

Ich selbst glaubte nicht an das Dogma der geringen Medienwirkung, das aus dem Konzept der selektiven Wahrnehmung abgeleitet worden war. Aber unerwartete Nebenbefunde in Allensbacher Umfragen - zum Beispiel eine für den *Tages-Anzeiger* in Zürich - machten mich unruhig, ob man dem Konzept der selektiven Wahrnehmung nicht doch weiter nachgehen müsse. 1972 und 1975 schaltete ich Feldexperimente in Allensbacher Repräsentativumfragen ein, um selektive Wahrnehmung zu testen. "Wenn Sie in der Zeitung von morgen die folgenden Schlagzeilen sehen würden..." lautete die Frage im Interview. "Welche dieser Artikel würden Sie lesen?" In der Hälfte der Interviews gab es auf der Liste, vermischt mit ganz anderen Themen, positive Schlagzeilen für Willy Brandt und negative für den damaligen Kanzlerkandidaten der CDU/CSU, Rainer Barzel; in der zweiten Hälfte gab es umgekehrt negative Schlagzeilen für Willy Brandt und positive für Rainer Barzel. Untersucht wurde, wie weit SPD-Anhänger und CDU/CSU-Anhänger die jeweiligen Artikel in der "Zeitung von morgen" lesen wollten. Das Feldexperiment wurde 1975 wiederholt, jetzt mit Schlagzeilen über Helmut Schmidt und Helmut Kohl.

1972 und 1975 war das Ergebnis das gleiche. Starke Unterschiede bei positiven Schlagzeilen: die Anhänger wollten diese Artikel lesen, die Gegner wichen ihnen eher aus, ganz im Sinne der Hypothese von der selektiven Wahrnehmung. Aber nichts davon bei negativen Schlagzeilen: hier waren Anhänger und Gegner gleichermaßen interessiert, keine selektive Wahrnehmung, um eigene Einstellungen zu verstärken. Der Gesichtspunkt positive Nachrichten, negative Nachrichten hatte in allen den Studien zur selektiven Wahrnehmung der fünfziger und sechziger Jahre nie eine Rolle gespielt.

Etwa zehn Jahre später kam mit der Einrichtung des Schwerpunktprogramms der Deutschen Forschungsgemeinschaft zur Wirkung der Massenmedien die große Chance, den Sachverhalt wissenschaftlich sorgfältig zu untersuchen. Ich überzeugte Wolfgang Donsbach, damals wissenschaftlicher Assistent im Institut für Publizistik der Johannes Gutenberg-Universität Mainz, sich dem Thema "selektive Wahrnehmung" zuzuwenden. Mein Argument war: Von einer jungen, sich erst entwickelnden Wissenschaft wie der Kommunikationsforschung muß man verlangen, daß sie ihre Forschungsansätze konsequent bis zur Klärung fortführt und nicht fallen läßt, wenn die vorliegenden Arbeiten dazu eine unattraktive Verwirrung produziert haben.

Wolfgang Donsbach nahm das Argument an, und nun liegt mit dem Abschluß seiner Forschungsarbeit das Konzept "selektive Wahrnehmung" wissenschaftlich geklärt vor uns. Seine Ergebnisse bestätigen, wie schon nach den Befunden der Allensbacher Feldexperimente von 1972 und 1975 zu erwarten war, eine Asymmetrie. Sie sind darum mit der These der starken Medienwirkung durchaus vereinbar; denn negative Inhalte überwinden die Schranken der selektiven Wahrnehmung.

Allerdings greift Donsbach noch viel weiter aus und beschreibt, welche anderen Faktoren ebenfalls die selektive Wahrnehmung, das Bedürfnis der Menschen, sich bestätigt zu sehen, zu überwinden vermögen. So werden wir mit dieser umfassenden Untersuchung im Verständnis der Wirkung der Massenmedien ein großes Stück vorangebracht.

Aber warum hat ein so genialer Forscher wie Paul Lazarsfeld die Asymmetrie der selektiven Wahrnehmung nicht schon 1940 entdeckt, warum hat er die These so unqualifiziert auf den Weg geschickt? Das läßt sich jetzt verstehen. Die These stützte sich auf Untersuchungen in einem Wahlkampf über Wahlpropaganda. Wahlpropaganda ist überwiegend positiv, streicht die Vorzüge der Parteien und Kandidaten heraus. Da war die selektive Wahrnehmung deutlich zu erkennen. Die Möglichkeit, das Verhalten bei negativen Botschaften zu erkennen, fehlte weitgehend.

Wir stehen am Ende eines Kapitels Wissenschaftsgeschichte, aber auch am Anfang weiterer Fortschritte der Kommunikationsforschung. Denn nur so, durch einfallsreiche gute Forschung werden wir fähig zur Differenzierung, zur Modifikation der wissenschaftlichen Erkenntnis und gewinnen neuen festen Boden.

E.N.N.
Allensbach/Mainz, im Juli 1991

Vorwort

Ohne die Unterstützung anderer Personen und Institutionen wäre die nachfolgende Arbeit nicht möglich gewesen. Prof. Dr. Dr. h.c. Elisabeth Noelle-Neumann hat als meine langjährige akademische Lehrerin ein grundlegendes Interesse an empirischer Publizistikwissenschaft geweckt. Von ihr kam auch der Vorschlag, sich noch einmal mit den Methoden der Feldforschung des Problems der selektiven Zuwendung zu Medieninhalten anzunehmen.

Obwohl sie selbst maßgeblich dazu beigetragen hat, den Blick der internationalen Kommunikationsforschung wieder auf die Vorstellung wirkungsstarker Massenmedien zu lenken ("Return to the concept of powerful mass media"), plädierte sie auch für eine erneute Auseinandersetzung mit der Hypothese, von der man fast ein Vierteljahrhundert annahm, daß sie diese Wirkungen möglicherweise verhinderten. Dies zeigt, wie sehr ihr an differenzierter wissenschaftlicher Erkenntnis und wie wenig an globalen Paradigmen gelegen ist.

Gemeinsam stellten Elisabeth Noelle-Neumann und der Verfasser im Jahre 1984 einen Antrag an die Deutsche Forschungsgemeinschaft, aus den Mitteln des Schwerpunkts "Publizistische Medienwirkungen" (Leitung: Prof. Dr. Winfried Schulz, Erlangen-Nürnberg) ein empirisches Projekt zu finanzieren, mit dem die Selektionsregel noch einmal auf breiter empirischer Basis untersucht werden sollte. Die DFG bewilligte den Antrag Ende 1984.

Elisabeth Noelle-Neumann war gemeinsam mit dem Verfasser an der Planung der Untersuchungsanlage, der Entwicklung des Fragebogens und der Organisation der Feldarbeit beteiligt. Für alle übrigen Projektarbeiten, vor allem für deren mögliche Mängel, zeichnet ausschließlich der Verfasser verantwortlich.

Der DFG danke ich für die materiellen Voraussetzungen zur Durchführung des Projekts. Auch stellten die mehrfachen Kolloquien des DFG-Schwerpunkts eine hervorragende Gelegenheit dar, vor allem methodische Probleme mit kompetenten Fachkollegen anderer Universitäten zu diskutieren.

Wesentliche Teile des Manuskripts entstanden während meiner Gastaufenthalte am Gannett Center for Media Studies der Columbia University in New York und an der Syracuse University. Auch den dortigen Kollegen möchte ich für ihre Diskussionsbereitschaft und ihre Hinweise danken.

An dem Projekt waren mehrere wissenschaftliche und studentische Mitarbeiter beteiligt, die mit ihren Ideen und ihrem Arbeitseinsatz dazu beigetragen haben, die Arbeiten erfolgreich zu Ende zu führen. Ich habe vor allem den Projektmitarbeitern Dr. Michael Hallemann M.A. und Kristina Pfarr M.A. sowie den damaligen Studenten Claude Muller und Karin Flier zu danken, die alle über längere Zeit das Projekt begleiteten. Von den vielen Studenten, die als Interviewer oder Codierer an einzelnen Projektteilen mitarbeiteten, möchte ich stellvertretend Andrea Michel erwähnen, die Anfang 1990 - kurz vor ihrem Magister-Examen - bei einem schweren Zugunglück ums Leben kam.

Die Kollegen am Institut für Publizistik der Universität Mainz standen mir jederzeit bereitwillig mit Rat und konstruktiver Kritik zur Verfügung. Besonders Prof. Dr. Hans Mathias Kepplinger und Dr. Hans-Bernd Brosius danke ich für ihre vielen nützlichen Hinweise. Auch Mitarbeiter des Instituts für Demoskopie Allensbach, das unter extremem Zeitdruck die schwierige Feldarbeit für Copy-Test und Meinungsbefragung hervorragend bewältigte, haben erheblichen Anteil am Gelingen des Projekts gehabt. Nicht zuletzt danke ich meiner Frau Lia Nikopoulou, die - obwohl selbst engagierte Wissenschaftlerin - mich gelegentlich daran erinnern mußte, daß es neben der Arbeit auch noch andere wichtige und schöne Dinge im Leben gibt.

Ein deutlich umfangreicheres Manuskript reichte ich im Januar 1988 im Fachbereich Sozialwissenschaften der Johannes Gutenberg-Universität Mainz als Habilitationsschrift ein. Ein gutes Jahr später, im April 1989, verlieh mir der damalige Dekan Professor Dr. Werner D. Fröhlich die venia legendi für das Fach Publizistikwissenschaft. Das vorliegende Buch basiert zwar auf meiner Habilitationsschrift, ist jedoch in allen Teilen neu geschrieben und vor allem wesentlich kürzer gefaßt. Ich hoffe, damit auch über den Kreis der engeren Fachkollegen hinaus interessierte Leser zu finden.

Hinsichtlich der Fertigstellung des Manuskripts richte ich einen besonderen Dank an meine studentische Mitarbeiterin Anette Elnain, die mit weit überdurchschnittlichem Einsatz und großer Kompetenz Texte redigierte, Tabellen schrieb und die Druckvorlagen erstellte.

Die Stiftervereinigung der Presse e.V. hat schließlich einen wesentlichen materiellen Beitrag zum Druck des nun vorliegenden Buches geleistet. Auch Vorstand und Mitgliedern der Stiftervereinigung, insbesondere ihrem Geschäftsführer Gerhard Kullmer, danke ich ganz herzlich.

Ich widme dieses Buch meinem Vater Hans Willi Donsbach.

W.D.
Mainz, im September 1991

I.

Einleitung

Von allen Informationen, die die aktuellen Massenmedien in Deutschland täglich veröffentlichen, werden im Durchschnitt nur rund 1,7 Prozent von den Bürgern aufgenommen. Zu diesem Ergebnis kam eine Forschergruppe, die die Menge der gedruckten bzw. gesendeten Wörter und Bilder mit den von einem durchschnittlichen Leser, Hörer oder Zuschauer wahrgenommenen verglich (vgl. Brünne u.a. 1987). Für Tageszeitungen ist diese Informationsüberlastung mit 91,7 Prozent noch am geringsten. Dennoch bleiben auch dort von den täglich angebotenen 65.000 Wörtern knapp 60.000 unbeachtet. Ähnliche Studien aus den Vereinigten Staaten weisen ein vergleichbares Mißverhältnis aus (de Sola Pool et al. 1984). Aus der Sicht der Anbieter von Informationen wirft dies zunehmend die Frage auf, nach welchen Kriterien die Rezipienten der Massenmedien die wenigen Informationen auswählen, die sie aufzunehmen bereit sind. Auf diese Frage wird diese Studie versuchen, eine empirische Antwort zu geben.

Man kann sich die modernen Informationsgesellschaften (vgl. Hensel 1990) als einen Markt vorstellen, auf dem es immer schwieriger wird, seine Produkte in Form von Informationen, Themen, Argumenten und Werturteilen abzusetzen. Die Selektionsmechanismen der Bürger zu kennen und diese Kenntnis gezielt einzusetzen, kann einen entscheidenden Marktvorteil bedeuten. Für die Politik läßt sich ein solcher Marktvorteil in Macht, für die Wirtschaft in Geld und für die Medien in beides ummünzen. Journalisten sind ohnehin die natürlichen Oligopolisten dieses Marktes. Sie entscheiden erstens über die Weitergabe der Informationen aller anderen Gruppen und Institutionen an die Öffentlichkeit. Und sie wissen zweitens am besten, wie man seine Chance maximieren kann, gehört, gelesen oder gesehen zu werden. Für alle übrigen Informationsanbieter bedeutet dies, daß ihr Angebot davon abhängt, was Journalisten daraus machen. Für das breite Publikum bedeutet dies, daß sich seine Markttransparenz nur auf das erstreckt, was den Filter der Medien passiert hat.

Die Publizistikwissenschaft hat sich vor allem mit zwei Aspekten dieses Problems beschäftigt. Forschungsarbeiten zum Medieninhalt versuchten, die Entscheidungskriterien der Journalisten bei der Auswahl politischer Informationen zu beschreiben (als Überblick: Kepplinger 1989a). Forschungsarbeiten zur Medienwirkung versuchten, die Wirkung der von den Journalisten ausgewählten Informationen auf Kenntnisse, Einstellungen und Verhalten der Rezipienten zu beschreiben (als Überblick: Schenk 1987). Zwischen diesen beiden Polen stand immer als logische Verknüpfung die Frage nach der Mediennutzung der Rezipienten, denn nur die von ihnen ausgewählten Medieninhalte haben die Möglichkeit, eine Medienwirkung zu erzeugen. Erst in jüngerer Zeit gibt es vermehrt Aufforderungen, beide Ansätze wieder stärker miteinander zu verbinden (vgl. hierzu Lang und Lang 1985: S. 55).

Kenntnisse über das Selektionsverhalten des Publikums sind somit ein entscheidender Baustein in den Theorien der Medienwirkung. Dennoch hat die Forschung nur selten versucht, alle drei Bereiche - Medieninhalte, Mediennutzung und Medienwirkung - theoretisch und empirisch miteinander zu verbinden. Bei den Inhaltsanalysen unterstellte man, daß die in den Medien gefundenen Aussagen auch tatsächlich von den Rezipienten aufgenommen und so verstanden würden, wie es die Kodierer taten (vgl. hierzu Brosius und Staab 1989, Kepplinger 1989b). Bei den Wirkungsanalysen, vor allem im Falle von Laborstudien, unterstellte man, daß sich die Rezipienten auch unter natürlichen Umständen den Aussagen zugewendet hätten, deren Wirkung man im Experiment untersuchte, und daß diese Aussagen dort gleiche Wirkungen erzielt hätten.

Es ist ein wissenschaftsgeschichtliches Paradox, daß dennoch gerade ein Befund über die Mediennutzung fast ein Vierteljahrhundert innerhalb und außerhalb der Wissenschaft die Vorstellung davon prägte, welche gesellschaftlichen Wirkungen die Medien haben. In den vierziger Jahren ermittelte eine Studie von Lazarsfeld, Berelson und Gaudet (1944) über den Präsidentschafts-Wahlkampf in den USA, daß sich sowohl die Anhänger der Republikaner als auch der Demokraten überwiegend den Informationen der Partei zuwandten, die sie ohnehin wählen wollten. Damit waren die Regel von der selektiven Zuwendung zu Medieninhalten und - was für den weiteren Gang der Wirkungsforschung noch wichtiger war - die sogen. "Verstärker-Regel" geboren.

Für viele Jahre danach nahm man an, daß Medien Einstellungen nicht verändern sondern nur bestärken können, da Argumente der Gegenseite gar nicht erst wahrgenommen würden. Eine Theorie aus der psychologischen Forschung verfestigte diese Annahme noch mehr. Etwa Mitte der fünfziger Jahre entwickelte der Sozialpsychologe Leon Festinger die Theorie der kognitiven Dissonanz. Er nahm an, daß Menschen generell danach streben, zwischen ihren verschiedenen Einstellungen eine Harmonie zu erhalten oder herzustellen. Ein Weg, um dies zu erreichen, so Festinger, sei die selektive Aufnahme von Informationen aus der Umwelt (Festinger 1957).

Seitdem sind unzählige weitere Studien zur Selektion von Informationen durchgeführt und publiziert worden. Es wäre jedoch übertrieben, wenn man von einer klaren Forschungslage sprechen würde. Sowohl die Selektionsregel in der Massenkommunikation als auch die Theorie der kognitiven Dissonanz durchliefen Höhen und Tiefen der wissenschaftlichen Akzeptanz. Die Tatsache, daß beide aufeinander bezogen waren, erschwerte eher noch ein klares Bild.

Die nachfolgenden Kapitel zeigen zunächst im Überblick, wie sich die psychologische und die publizistikwissenschaftliche Forschung zur Selektion von Informationen entwickelt haben und welche Variablen man nach dem heutigen Stand als gesicherte oder wahrscheinliche Faktoren im Selektionsprozeß ansehen kann. Diese Auseinandersetzung mit früheren Forschungsarbeiten und Theorien bereitet die Darstellung von Methoden und Ergebnissen einer eigenen empirischen Untersuchung vor. Diese Studie baut zwar auf den Vorarbeiten auf, geht aber zum Teil neue theoretische und methodische Wege. Im direkt anschließenden Kapitel wird dargestellt, welche Rolle die Selektionsregel in der Geschichte der Wirkungsforschung spielte und welche Rolle die Selektivität der Rezipienten im Prozeß der Medienwirkung noch spielt.

II.

Selektionsregel und Medienwirkungsforschung

1. Entwicklungsphasen der Medienwirkungsforschung

McQuail (1987) hat die Entwicklung der Wirkungsforschung in drei Phasen unterteilt. Die erste Phase (bis Ende der dreißiger Jahre) ging von der Annahme überaus starker Medienwirkungen, die zweite (bis Ende der sechziger Jahre) von der Annahme schwacher Medienwirkungen und die dritte (noch andauernde) von der Annahme subtiler und eher indirekter Wirkungen aus. Jede dieser Phasen ist mit bestimmten Konzepten, Studien, Forscherpersönlichkeiten oder auch historischen Ereignissen verbunden. So entstand die Vorstellung von der Allmacht der Medien unter dem Eindruck der Kriegspropaganda in der europäischen Presse während des Ersten und Zweiten Weltkrieges sowie der Ausbreitung des Radios als neuem Massenmedium in den USA. Die Untersuchung einer Massenpanik aufgrund einer Science-Fiction-Sendung im Radio ("The Invasion from Mars", vgl. Cantril 1940) oder die experimentelle Film-Rhetorik der Hovland-Schule (Hovland et al. 1949) stehen stellvertretend für Studien innerhalb dieses Paradigmas mächtiger Medien und ohnmächtiger Rezipienten.

Das Schlüsselkonzept für die zweite Phase der schwachen Medienwirkungen waren die von Klapper (1960) so bezeichneten "mediating factors", also Faktoren, die zwar Medienwirkungen nicht völlig verhinderten, aber von der Person des Rezipienten abhängig machten. Man nahm an, daß die soziale Gruppe und ihre Meinungsführer sowie die Selektivität der Rezipienten entsprechend der eigenen Meinung ("Prädispositionen") dem Individuum einen wirksamen Schutzschild gegen Beeinflussungsversuche durch die Medien böten. Die Pionierstudie für diese Phase war die Untersuchung über den amerikanischen Präsidentschaftswahlkampf 1940 von Lazarsfeld, Berelson und Gaudet (1944).

In der dritten Phase, erst rund 25 Jahre nach den berühmten Befunden von Lazarsfeld und seinen Mitautoren (1944), wurde die Blickrichtung wieder umgedreht im Sinne der Aufforderung Noelle-Neumanns: "return to the concept of powerful mass media" (1973a). Mit ausgefeilteren Methoden und neuen, komplexeren Ansätzen suchte man nach subtilen Wirkungsformen. Wirkungen auf das Problembewußtsein der Menschen (agenda-setting-Theorie), auf langfristige Veränderungen von sozialen Normen und politischen Einstellungen, auf die Wahrnehmung von Meinungsverteilungen in der Öffentlichkeit oder auf die Imagebildung von Personen sind Beispiele für solche Ansätze. Schaubild 1.1 illustriert auf der Grundlage von McQuail stark schematisiert den Verlauf der verschiedenen Paradigmen in der Medienwirkungsforschung (Schaubild 1.1, vgl. auch eine ähnliche Darstellung bei Severin und Tankard 1979: S. 247).

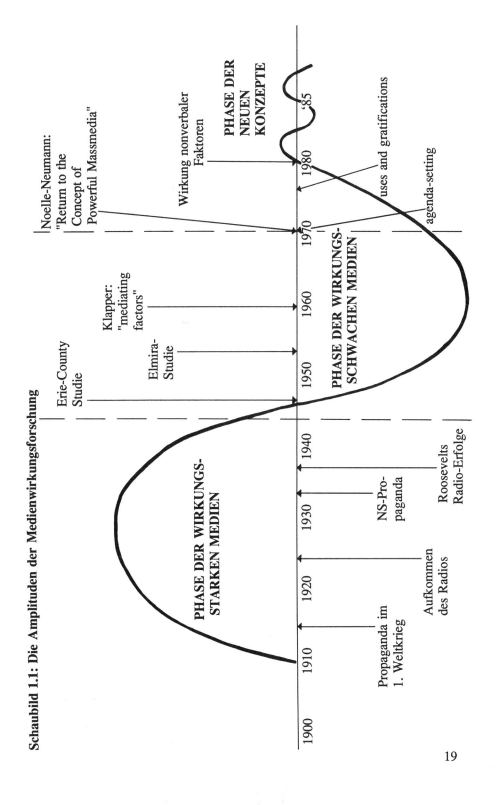

Schaubild 1.1: Die Amplituden der Medienwirkungsforschung

2. Die Faszination der Selektionsregel

Es ist wenig bekannt, daß Paul Lazarsfeld nicht erst in der berühmten Erie-County-Studie zum ersten Mal auf die Selektionsregel stieß. Bereits 1942 ermittelte er in einer Hörer-Befragung, daß die einzelnen Teile einer Serie über den Beitrag der verschiedenen ethnischen Gruppen zur amerikanischen Kultur ganz überwiegend jeweils von den Angehörigen dieser Gruppen verfolgt wurden. Die eigentliche Absicht des Programms, Verständnis und Toleranz gegenüber anderen ethnischen Gruppen zu vermitteln, schlug daher fehl (Lazarsfeld 1942). In der Erie-County-Studie über den Präsidentschafts-Wahlkampf 1940 wurde dieser Befund dann auch für politische Informationen bestätigt: Die Wähler setzten sich den Wahlkampf-Argumenten der Partei aus, die sie ohnehin favorisierten, und kamen mit den Argumenten der Gegenseite kaum in Berührung.

Nur in einer Fußnote ihres Buches (S. 164) formulierten die Autoren ein allgemeines Gesetz, das den weiteren Gang der Medienwirkungsforschung entscheidend beeinflussen sollte:

"The fact that people select their exposure along the line of their political predispositions is only a special case of a more general law which pervades the whole field of communication research. Exposure is always selective; in other words, a positive relationship exists between people's opinions and what they choose to listen or to read."

In der gleichen Studie formulierten Lazarsfeld und seine Mitautoren auch das Konzept des "Zwei-Stufen-Flusses", nach dem die interpersonalen Kommunikationsbeziehungen zwischen Meinungsführern und ihren Gefolgsleuten einflußreicher sind als der direkte Weg zwischen Massenmedien und Rezipienten. Für Kraus und Davis (1976, S. 117) stehen beide Befunde, selektive Zuwendung und Zwei-Stufen-Fluß, in einem engen Zusammenhang und bilden gemeinsam den jeweils soziologischen und psychologischen Aspekt desselben Phänomens.[1] Dennoch wurden beide Phänomene in der nachfolgenden Kommunikationsforschung überwiegend getrennt behandelt. Die soziologisch orientierten Ansätze wandten sich dem Meinungsführerkonzept zu, die psychologisch orientierten dem Konzept der Selektivität.

Grundlage für die psychologisch orientierten Studien waren Leon Festingers Arbeiten. Erst mehr als ein Jahrzehnt nach "The People's Choice" veröffentlichte er seine "Theorie der kognitiven Dissonanz" (1957). Aufbauend auf eigenen Experimenten postulierte Festinger eine generelle Tendenz des Individuums, bestehende Dissonanzen zwischen Kognitionen abzubauen oder drohen-

---

[1] Kraus und Davis: Die psychologischen Prädispositionen des Individuums wären nur dann von Bedeutung für die Erklärung der Mediennutzung, wenn viele Menschen gleiche Prädispositionen hätten. Dies sei aber in hohem Maße von den Gruppenbeziehungen und den Einflüssen der Meinungsführer in den Gruppen abhängig (S. 146, Anm. 17).

de Dissonanzen zu vermeiden. Obwohl die Informationsselektion nur eine unter mehreren Verhaltensweisen ist, über die Festingers Theorie eine Aussage machte, stimulierte dieser Teil in der Folgezeit die mit Abstand meisten empirischen Studien. Vor allem die Publizistikwissenschaft setzte aufgrund ihres eigenen Forschungsinteresses Festingers Theorie mehr oder weniger mit diesem Ausschnitt gleich.

Die experimentellen Untersuchungen der Psychologie in den fünfziger und sechziger Jahren, so widersprüchlich sie auch waren, gaben den mehr zufälligen Befunden der Wahlkampfstudien nachträglich einen überzeugenden theoretischen Gehalt und machten ihre eigentliche wissenschaftliche Faszination aus. Ein Befund über das Medienverhalten der Menschen konnte auf diese Weise mit einem empirisch überprüfbaren allgemeinen Gesetz über menschliche Wahrnehmung verknüpft werden. Für die noch junge Publizistikwissenschaft war damit ein neues Stadium der Theoriebildung erreicht, weil sie zumindest eine ihrer bis dahin überwiegend deskriptiven und "dimensionalen Analysen" (Zetterberg 1962) in das Hypothesengebäude einer klassischen Disziplin einbauen konnte und sich damit Prognosen von größerer Reichweite ermöglichte.

3. Außerwissenschaftliche Kriterien der Theorieentwicklung

Die wissenschaftliche Karriere der Selektionsregel ist aber nicht nur deshalb ein Beispiel für den Einfluß eher außerwissenschaftlicher Kriterien auf die Entwicklung der Lehrmeinung in einem Fach. Gerade Medienwirkungsforschung findet nicht im Elfenbeinturm der Wissenschaft statt. Sie hat eine starke "politische Dimension" (Schulz 1982) und Antworten auf die klassische (und falsch gestellte) Frage, ob Medien wirken oder nicht, finden immer ein weitaus breiteres allgemeines Echo als z.B. Entdeckungen der Botanik. Und, was die Sache kompliziert, anders als bei der Botanik fühlt sich fast jeder berufen, ein Wort hinsichtlich der Bedeutung des Ergebnisses oder der Güte der betreffenden Studie mitzureden. Hierfür gibt es mindestens drei Gründe. Erstens hat jedermann in irgendeiner Weise mit Medien zu tun, und sei es auch nur als regelmäßiger Fernsehzuschauer, und fühlt sich daher kompetent. Zweitens hat die Publizistikwissenschaft noch immer recht "schwache wissenschaftstheoretische Strukturen" (Saxer 1980), was Beiträge von wenig kompetenten Laien einlädt und indirekt legitimiert. Drittens sind von den Befunden einflußreiche gesellschaftliche Gruppen betroffen, denen die Frage nicht gleichgültig sein kann, ob Medien starke oder schwache Wirkungen haben können: Journalisten, Politiker und Interessengruppen.

Elisabeth Noelle-Neumann (1982) hat beschrieben, wie Forschungsansätze, die einen starken gesellschaftlichen Einfluß der Massenmedien nachwiesen, vom Journalismus entweder totgeschwiegen oder kritisiert wurden, während andere, die wie der Nutzenansatz eher auf Konfliktvermeidung mit dem Journalismus angelegt sind, ein positives Echo fanden. Die Autorin vermutet, daß

Journalisten damit einen Legitimationszwang abwehren wollen, der dann eintreten würde, wenn man den Medien eine starke und möglicherweise illegitime Beeinflussung des Willensbildungsprozesses nachweisen würde (vgl. hierzu auch Donsbach 1982). Vermutlich läßt sich die ungewöhnlich nachhaltige und weitreichende Wirkung der Selektionsregel zu einem großen Teil mit ihrer Instrumentalität für Journalismus und Politik erklären. Es handelte sich um einen Befund, der die Massenmedien von einem Legitimationsdruck entlastete, der dann entstanden wäre, wenn die Wahlforschung einen erheblichen Einfluß ihrer Berichterstattung auf die Meinungs- und Willensbildung nachgewiesen hätte. Es handelte sich zudem um einen Befund, der auch der Politik ins Konzept paßte. Die Selektionsregel bestätigte die Funktionsfähigkeit des politischen Systems in den Vereinigten Staaten, da sie die von einigen befürchtete Dominanz von Medieneinflüssen über personale Einflüsse klar zu widerlegen schien (Katz 1957).

Der Erfolg der Selektionsregel in den Jahren nach Lazarsfelds Befunden ist nur verständlich, wenn man diese Randbedingungen berücksichtigt. Sie führten dazu, daß die Begriffe "selektive Zuwendung", "Meinungsführer" und "Verstärker-Regel" zu fast populärem Wissensgut über Mediennutzung und Medienwirkung wurden. Klappers Publikation "The Effects of Mass Communication" (1960) schrieb dann schließlich das Paradigma von den ohnmächtigen Massenmedien fest, das bis zum Beginn der siebziger Jahre seinen Einfluß behielt.

McQuail kennzeichnet die heutige, dritte Phase in der Geschichte der Wirkungsforschung als die Suche nach neuen, starken Medienwirkungen ohne völlige Aufgabe der früheren Befunde (1987: S. 254). Wie passen diese früheren Befunde aber in die neuen Ansätze? Es gibt bisher nur wenige Versuche, beide theoretisch miteinander zu verknüpfen. Die Wirkungsforschung zu Beginn der neunziger Jahre vermittelt eher den Eindruck, daß solche Integrationsversuche noch ausstehen. Nur wenige Theorien bauen auf früheren Befunden auf. Die Kommunikationsforschung ist in ihren neuen Ansätzen der dritten Phase McQuails zwar differenzierter und methodisch aufwendiger geworden, aber nicht sehr viel komplexer in dem Sinne, daß die Anzahl der miteinander zu einem Theoriengebäude verbundenen Einzelhypothesen zugenommen hätte.

Das Denken in komplexen Kausalprozessen, das in den Naturwissenschaften selbstverständlich ist, setzte sich in den empirischen Sozialwissenschaften nur mühsam durch. Sicher ist nur, daß heute kein ernsthafter Vertreter der Publizistikwissenschaft die früher so häufig gestellte Alternativfrage, ob die Massenmedien eine Wirkung haben oder nicht, mit einer eindeutigen Aussage beantworten würde. Die Vorstellung einfacher, monokausaler Wirkungsprozesse und -erklärungen hat sich als Illusion erwiesen. Wissenschaftsgeschichtlich ist es aber durchaus nachvollziehbar, warum diese Phase durchlaufen werden mußte und warum gerade die Theorie der selektiven Zuwendung zu Medieninhalten so erfolgreich das Paradigma der Wirkungsforschung bestimmte.

III.

Der Selektionsbegriff in der Massenkommunikation

In einem der neueren Beiträge zur Selektivität in der Massenkommunikation wollen Zillmann und Bryant (1985a: S.2) den Begriff selektive Zuwendung für ein Verhalten reservieren, das freiwillig ausgeübt wird, um eine wahrnehmungsmäßige Kontrolle bestimmter stimulativer Ereignisse zu erreichen oder zu erhalten.

"According to this definition, selective exposure subsumes anything from closely watching a poisonous snake in the grass, following the flight of a bumblebee, listening to a birdcall, watching the road and other cars as we travel down the highway, reading the newspaper, listening to records in solitude or while keeping an eye on the children, and watching television intently or while doing the dishes" (S. 2).

Die Definition von Zillmann und Bryant stellt die in der kommunikationswissenschaftlichen Literatur bisher am stärksten ausformulierte und begründete Konzeptualisierung der selektiven Zuwendung dar. Es ist dennoch fraglich, ob sie brauchbar ist, um den Selektionsprozeß in der Massenkommunikation hinreichend zu beschreiben.

Auf allgemeinster Ebene handelt es sich bei der Selektion um ein Verhalten, bei dem ein Organismus aus einer praktisch unendlichen Vielfalt von Reizen jene auswählt, die er aufnehmen und gegebenenfalls weiterverarbeiten will. Für das Entscheidungsverhalten sind von der Natur bestimmte Voraussetzungen geschaffen worden. Sensorische Organe sind so angelegt, daß sie nur von solchen Reizen stimuliert werden, die von irgendeiner Bedeutung für den Organismus sind. Die Selektion von Reizen kann man somit als einen Prozeß zur sinnvollen Reduktion der Umweltreize ansehen, mit dem Ziel, den Organismus mit den für ihn lebensnotwendigen Informationen zu versehen.

1. Bewußte und unbewußte Selektion

Selektion läßt sich erstens nach der Art des zugrundeliegenden Reizes und zweitens nach der zeitlichen Anordnung der Entscheidung differenzieren. Hinsichtlich der Reizart kann man vor allem zwischen physischen und psychischen Reizen differenzieren. Bei der Selektion von physischen oder sensorischen Reizen (z.B. Farben, Laute, Berührungen) werden in der Regel Mechanismen wirksam, die im menschlichen Verhalten fest implementiert sind. Es handelt sich dann um Reiz-Reaktions-Schemata, die im Verlaufe der menschlichen Entwicklungsgeschichte für das Überleben in der feindlichen Umwelt notwendig waren. Auf die Farben bestimmter Tiere mußten unsere Vorfahren beispielsweise stärker achten als auf andere, weil sie entweder eine Bedrohung oder eine Nahrungsquelle darstellten.

Daneben gibt es einen anderen Typus von Selektionsverhalten, der unserem Willen unterliegt. Es ist ein Wesensmerkmal der menschlichen Spezies, daß wir in der Lage sind, Entscheidungen auch aufgrund unserer individuellen Prädispositionen zu treffen. So selektieren wir Umweltinformationen beispielsweise, weil sie uns nützlich sind oder uns intellektuell interessieren.

In der Massenkommunikation wäre z.B. eine Selektion aufgrund von physischen Reizen die Zuwendung zu Artikeln, die besonders große Überschriften haben, zu Fernsehsequenzen, die mit auffälliger Musik unterlegt sind oder zu Werbebotschaften, die bestimmte Reiz-Farben einsetzen. Eine Selektion aufgrund von psychischen Reizen wäre demgegenüber die Zuwendung zu Kommunikationsinhalten, die eine starke Betroffenheit auslösen, die zu bekannten Schemata passen oder die geeignet sind, eine bestehende Dissonanz zu reduzieren.

Diese Unterscheidung nach der Reizart korreliert mit zwei weiteren Merkmalen: dem Steuerungsgrad und der Variabilität des Verhaltens. Entscheidungen aufgrund von Reiz-Reaktions-Schemata sind in der Regel relativ ungesteuert und invariant zwischen verschiedenen Individuen, d.h. alle Menschen reagieren weitgehend ähnlich auf die gleichen Reize. Sind diese Reaktionen bekannt, lassen sich aus ihnen Strategien zur Steuerung der Aufmerksamkeit gewinnen wie dies etwa die Werbewirkungsforschung durch den Einsatz bestimmter Farben, Laute oder erotischer Symbole erfolgreich tut (vgl. Kroeber-Riehl und Meyer-Hentschel 1982).

2. Selektionsphasen

Die verschiedenen Selektionsphasen können danach untergliedert werden, wie sich der Kontakt mit einem Stimulus und die Selektionsentscheidung zeitlich zueinander verhalten. Grenzfälle bestehen am Anfang und am Ende des Kommunikationsprozesses. Eine fehlende Bereitschaft, mit anderen Menschen über Politik zu sprechen oder der Verzicht auf ein Zeitungsabonnement bzw. ein Fernsehgerät können bei einer weiten Definition bereits als "selektive Vermeidung" angesehen werden. Am anderen Ende des Kommunikationsprozesses, in der post-kommunikativen Phase, stellt sich die Frage, ob die selektive Erinnerung an Informationen noch sinnvollerweise zur Informationsselektion gezählt werden kann. Als entscheidendes Abgrenzungskriterium tritt demnach hier auf, ob es sinnvoll ist, auch solche Entscheidungsprozesse über die Aufnahme oder das Bewahren von Signalen zum Selektionsverhalten zu zählen, die zeitlich außerhalb der Kommunikationssituation liegen, also außerhalb des physischen Kontakts zwischen Signal und Rezipient.

Darauf aufbauend lassen sich in der Massenkommunikation insgesamt vier Selektionsphasen unterscheiden: 1. Vorauswahl des Mediums in der prä-kommunikativen Phase, 2. Auswahl eines abgeschlossenen Kommunikationsangebots innerhalb eines Mediums in der kommunikativen Phase, 3. Auswahl einzelner Informationseinheiten in der kommunikativen Phase und 4. Auswahl einzelner Informationseinheiten innerhalb einer Kommunikationseinheit in der postkommunikativen Phase.

Dieser Unterscheidung liegen zwei Dimensionen zugrunde: die Einheit der ausgewählten Medieninhalte und die zeitliche Relation im Hinblick auf den physischen Kontakt zwischen Rezipient und Botschaft. Durch die Unterscheidung verschiedener Einheiten soll berücksichtigt werden, daß sich die Selektion auf unterschiedliche Aggregate oder Cluster von Informationen beziehen kann; durch die Unterscheidung der zeitlichen Relation soll berücksichtigt werden, daß jeweils verschiedene kognitive Vorgänge am Selektionsprozeß beteiligt sind.

In der Literatur wurden bisher in der Regel drei verschiedene Selektionsphasen unterschieden und als "selektive Zuwendung" (präkommunikative Phase), "selektive Wahrnehmung" (kommunikative Phase) und "selektive Erinnerung" (postkommunikative Phase) bezeichnet (vgl. Schulz 1971: S. 100f., Severin und Tankard 1979: S. 137). Die hier angebotene Unterscheidung in vier statt drei Phasen geht insofern darüber hinaus, als damit zwei Entscheidungs-Optionen in der kommunikativen Phase unterschieden werden.

Phase I: Vorausauswahl des Mediums (präkommunikativ): Selektionseinheit ist hier ein abgeschlossenes Medienangebot. Kriterium der Selektion ist die dauerhafte oder zumindest habituelle Auswahl eines Mediums oder Medientyps aus einem Angebot von substituierbaren Medienprodukten. Grundsätzlich lassen sich dabei zwei Selektionsentscheidungen betrachten: die intermediäre und die intramediäre Ebene. Bei der intermediären Selektion geht es um die Auswahl aus verschiedenen Typen von Medien (z.B. Zeitung versus Fernsehen); bei der intramediären Selektion geht es um die Auswahl eines Mediums innerhalb des gleichen Medientyps (z.B. Abonnement einer konservativen statt einer linken Tageszeitung oder regelmäßige Nutzung eines bestimmten Hörfunksenders).[1]

Phase II: Auswahl eines abgeschlossenen Kommunikationsangebots innerhalb eines Mediums (kommunikativ): Selektionseinheit ist in diesem Fall ein abgeschlossener redaktioneller Beitrag. Kriterium für die Selektion ist die Nutzung solcher Angebote durch den Rezipienten. Die Entscheidung fällt hier in der kommunikativen Phase, weil der Leser erst beim physischen Kontakt mit dem Medium das Auswahlangebot überblicken und seine Selektionskriterien anwenden kann. Bei Pressemedien ist die Abgrenzung in Form einzelner redaktioneller Beiträge relativ einfach (z.B. Artikel, Kommentar, Karikatur). Problematischer

---

[1] Problematischer ist die Abgrenzung dieser Einheit beim Rundfunk. Hier ließe sich die Selektionseinheit auch auf einzelne, in sich abgeschlossene Sendungen oder Typen von Sendungen reduzieren (z.B. die regelmäßige Zuwendung zu bestimmten Fernsehmagazinen oder zu den Nachrichtensendungen eines bestimmten Senders). Dies wäre auch dadurch gerechtfertigt, daß solche Entscheidungen vom Rezipienten in der Regel in der präkommunikativen Phase getroffen werden.

Schaubild 3.1: Selektionsphasen in der Massenkommunikation

Phase I: Auswahl eines Mediums

    Zeitpunkt: präkommunikativ

    Kriterium: dauerhafte oder zumindest habituelle Auswahl eines bestimmten Mediums aus dem Angebot von mindestens zwei substituierbaren Medien

    Beispiele: Abonnement einer bestimmten Tageszeitung, Präferenz für bestimmte Hörfunksender

Phase II: Auswahl redaktioneller Angebote

    Zeitpunkt: kommunikativ

    Kriterium: Zuwendung zu einem in sich abgeschlossenen redaktionellen Beitrag

    Beispiele: Lesen eines bestimmten Artikels, Ansehen eines einzelnen Beitrags in einer Magazinsendung

Phase III: Selektion von Informationseinheiten

    Zeitpunkt: kommunikativ

    Kriterium: Wahrnehmung und Verarbeitung einzelner Informationen, Argumente, Wertungen innerhalb eines redaktionellen Angebots

    Beispiele: Wahrnehmung von einzelnen Fakten über ein politisches Ereignis, Wahrnehmung von wertenden Aussagen über Personen

Phase IV: Selektion von Informationseinheiten

    Zeitpunkt: postkommunikativ

    Kriterium: Erinnerung an Informationen, Argumente und Wertungen, die in Phase III aufgenommen wurden

    Beispiele: Erinnerung an Fakten über ein politisches Ereignis, Erinnerung an wertende Aussagen über Personen

ist die Unterscheidung wieder bei den Funkmedien.[1]

Phase III: Auswahl einzelner Informationseinheiten innerhalb eines redaktionellen Angebots (kommunikativ): Selektionseinheit ist in dieser Phase die einzelne Information, d.h. eine semantisch und nicht wie im vorangegangenen Fall eine formal abgegrenzte Einheit. Kriterium für die Selektion ist die Wahrnehmung dieser Information durch den Rezipienten. Dies kann ein einzelnes Faktum, ein Argument oder eine Wertung sein, die innerhalb eines redaktionellen Beitrags vorkommen. Beispiele wären etwa eine einzelne wertende Aussage über einen Politiker oder eine Sachaussage im Zusammenhang mit einer politischen Entscheidung.

Phase IV: Auswahl einzelner Informationseinheiten (postkommunikativ): Selektionseinheit ist auch hier die einzelne Information. Kriterium der Selektion ist jedoch die Erinnerung an eine Informationseinheit *nach* dem physischen Kontakt mit dem Medium. Während der erste Fall also eine bewußte oder unbewußte Entscheidung darstellt, handelt es sich in der postkommunikativen Phase auf jeden Fall um eine unbewußte Entscheidung: das Behalten oder Vergessen solcher Fakten, Argumente oder Wertungen. Schaubild 3.1 zeigt die vier Phasen noch einmal im Überblick.

3. Publizistikwissenschaftliche Definition von Selektion

Wie die Unterscheidung nach Reizarten und Selektionsphasen deutlich machte, ist die vorsätzliche Zuwendung zu einem Zeitungsartikel oder einer Fernsehsendung in der kommunikativen Phase nur eine Selektionsform unter mehreren. Die Verwendung optischer Reize in Werbebotschaften oder Boulevardzeitungen zeigt darüber hinaus die Rolle von sensorischen, anthropologisch konstanten Reizen. Die Aussonderung von Informationen in der postkommunikativen Erinnerungsphase zeigt die Bedeutung von Selektionsentscheidungen, die zeitlich getrennt sind vom physischen Kontakt mit einer Botschaft. Daneben gibt es viele Fälle, in denen der Rezipient zwar eine vorsätzliche Entscheidung trifft, ihm aber die Gründe für sein eigenes Verhalten unbewußt bleiben.

Diese Vielfältigkeit der kommunikativen Selektionsentscheidungen lassen die eingangs zitierte Definition von Zillmann und Bryant als zu eng erscheinen. Die Definition klammert nicht nur die oben genannten Situationen, sondern - bei strenger Anwendung - auch gerade den wissenschaftsgeschichtlich wichtig-

---

[1] Setzt man das Tagesprogramm eines Senders mit der Ausgabe einer Tageszeitung gleich, dann wäre die Nutzung einzelner Sendungen die hier entsprechende Einheit. Da die Selektion bei den Funkmedien aber nicht den gleichen hierarchischen Prinzipien folgt wie dies bei der Presse der Fall ist, und darüber hinaus Entscheidungen für einzelne Sendungen in der Regel bereits präkommunikativ gefällt werden, ließe sich hier auch eine kleinere Einheit definieren.

sten Fall aus: die Selektion von Informationen zur Vermeidung oder Reduktion von kognitiven Dissonanzen.

Definitionen sind nicht wahrheitsfähig, sondern werden nach pragmatischen Erwägungen hinsichtlich des jeweiligen Erkenntnisziels festgelegt. Für die Bedeutungsvermittlung in der sozialen Kommunikation ist es letztlich unwichtig, wann sich das Schicksal einer Information entscheidet, ob vor, während oder nach dem physischen Kontakt zwischen Signal und Rezipient. Entscheidend ist vielmehr, welche Konsequenzen die oben beschriebenen Signal-Merkmale im Zusammenspiel mit den Rezipienten-Merkmalen für das Zustandekommen oder den Ausgang des Kommunikationsprozesses haben. Somit muß sich die publizistikwissenschaftliche Selektionsforschung auch mit Entscheidungen in der prä- und post-kommunikativen Phase beschäftigen. In der präkommunikativen Phase spielen Antizipationen des Rezipienten über die Inhalte, in der postkommunikativen Phase unbewußte Verarbeitungs- und Erinnerungsmechanismen eine Rolle. Beide sind für die Bedeutungsvermittlung in hohem Maße relevant.

Vor dem Hintergrund dieser verschiedenen Abgrenzungen läßt sich Selektionsverhalten in der sozialen (personalen und medialen) Kommunikation definieren als

> ein Prozeß, in dem Individuen aus den ihnen in ihrer Umwelt potentiell zur Verfügung stehenden Signalen mit Bedeutungsgehalt aufgrund von deren physischen oder inhaltlichen Merkmalen bestimmte Signale bewußt oder unbewußt auswählen oder vermeiden.

Mit dieser Definition ist es beispielsweise möglich, das Zusammenspiel von Überschriftengröße und Konsonanz bzw. Dissonanz der angebotenen Information bei der Zuwendung zu Zeitungsartikeln zu untersuchen, denn physische (optische Aufmachung) und inhaltliche Merkmale des Signals (Relation des Inhalts zu den Prädispositionen des Lesers) sind darin eingeschlossen. Es ist darüber hinaus möglich, das Abonnement einer bestimmten Zeitung unter dem Aspekt der Selektion zu betrachten, weil die Definition nicht nur auf die Auswahl aus Informationen des direkten physischen Kontakts beschränkt ist, sondern auch Auswahlentscheidungen einbezieht, die aufgrund von Antizipationen des Kommunikationsinhalts zustandekommen. Mit ihr wird schließlich auch offen gelassen, ob das Individuum sich den Informationen absichtlich und bewußt oder unabsichtlich und unbewußt zuwendet.

4. Selektivität von Journalisten

Wie weiter oben dargestellt wurde, beschäftigt sich die Publizistikwissenschaft mit einem weiteren Selektionsvorgang in der Massenkommunikation: dem Auswahlverhalten von Journalisten. Auch diese Selektion wäre mit der gewählten Definition abgedeckt. Die folgenden Abschnitte konzentrieren sich jedoch auf das Verhalten der Rezipienten. Mit verschiedenen Ansätzen wurde bisher versucht, die Ursachen für die Zusammenstellung der Medieninhalte durch Journalisten zu beschreiben. Die Auswahlentscheidungen von Journalisten bestimmen überhaupt erst die Auswahlmöglichkeiten, die die Rezipienten haben. Was nicht in den Medien steht oder von ihnen gesendet wird, kann auch nicht rezipiert werden.

Die Publizistikwissenschaft hat mehrere Ansätze entwickelt, um das Selektionsverhalten der Journalisten zu beschreiben und zu erklären (als Überblick vgl. Gans 1979, Donsbach 1987, Kepplinger 1989b, Stocking und Gross 1989). Kepplinger und Köcher (1990) sehen in der Selektivität der Journalisten einen Schlüssel für ihre gesellschaftliche Machtposition, die sie in modernen Demokratien innehaben. Journalisten können sich dabei nicht nur selektiv gegenüber Ereignissen, Themen, Personen und Argumenten verhalten, sondern auch gegenüber ihren eigenen Entscheidungen und Aussagen sowie gegenüber deren moralischen Aspekten und Folgen.

Nach neueren Untersuchungen lassen sich journalistische Entscheidungen über Medieninhalte vor allem auf zwei Gruppen von Variablen zurückführen: auf berufsspezifische Nachrichtenfaktoren (vgl. z.B. Schulz 1976, Wilke 1985, Staab 1990) und auf die Instrumentalität von Meldungen für die subjektiven Werte und Ziele von Journalisten (vgl. z.B. Flegel und Chaffee 1971, Köcher 1986, Kepplinger 1989c). Auch wenn im weiteren auf die Selektionsentscheidungen der Journalisten nicht mehr eingegangen wird, muß deren Bedeutung als Voraussetzung für die Selektion der Rezipienten bedacht werden. Beides zusammen, die Nachrichtenauswahl der Kommunikatoren und die Mediennutzung der Rezipienten, geben der Selektionsforschung eine so große gesellschaftliche Bedeutung. Die jeweiligen Selektionsmuster entscheiden über die Realitätsvorstellungen der Bürger und damit über die Akzeptanz von Fakten, Personen, Gruppen, Werten und Zielen.

IV.

Voraussetzungen der menschlichen Informationsaufnahme

Bei der Entscheidung von Lesern, Hörern oder Zuschauern, eine bestimmte Information aus den Massenmedien aufzunehmen, spielen physiologische und kognitive Faktoren zusammen. Die Publizistikwissenschaft hat sich in ihren bisherigen Ansätzen nur selten mit den Voraussetzungen des menschlichen Wahrnehmungsapparates befaßt. Stattdessen behandelte sie diese Voraussetzungen als eine black box, deren Erforschung man anderen Fächern, vor allem der Psychologie und der Neurophysiologie, überließ. Umgekehrt beschäftigen sich diese beiden Fächer nur selten mit den gesellschaftlichen Entstehungsbedingungen und Folgen von Informationen. Erst in jüngerer Zeit kommt es vor allem im Hinblick auf die besonderen Wirkungsbedingungen des Fernsehens zu Versuchen, die Blickwinkel dieser Fächer zu integrieren.

Angesichts der recht erheblichen Unterschiede in den Erkenntniszielen und Methoden stellen sich dabei drei Fragen: 1. Benötigt die Publizistikwissenschaft überhaupt das Verständnis allgemeiner physiologischer und kognitiver Phänomene, um zu validen Aussagen über die soziale Kommunikation zu kommen? 2. Lassen sich die beiden Fächer bei der Erkenntnis von Kommunikationsprozessen theoretisch miteinander verknüpfen? 3. Lassen sie sich im Hinblick auf die unterschiedlichen methodischen Standards miteinander in Einklang bringen?

Alle drei Fragen lassen sich eindeutig bejahen. Psychologische und physiologische Bedingungen der Wahrnehmung können unter Umständen dazu beitragen, bislang unerklärte Phänomene der Kommunikation zu verstehen und sie können einen wichtigen heuristischen Wert für die publizistikwissenschaftliche Hypothesenbildung haben. Für alle beteiligten Fächer gilt, daß eine Zusammenführung ihrer Erkenntnisse die Komplexität und Reichweite ihrer jeweiligen Hypothesen und Theorien erhöht. Schließlich kann man auch eine zunehmende methodische Kompatibilität erkennen. Einerseits wurden die publizistikwissenschaftlichen Methoden in den letzten Jahren zunehmend verfeinert. Andererseits können z.B. Ergebnisse zur Mediennutzung, die aus repräsentativen und nicht-experimentellen Feldstudien stammen, in ihrem theoretischen Gehalt durchaus zu labor-experimentellen Befunden über die Funktionsweise des menschlichen Wahrnehmungsapparates oder die kognitive Verarbeitung von Informationen in Beziehung gesetzt werden.

1. Wahrnehmung

Wahrnehmung ist auch in der Psychologie kein eindeutiger Begriff. Auf sehr allgemeiner Ebene läßt sich Wahrnehmung als ein Umsetzungs- und Selektionsprozeß umschreiben, bei dem das Individuum relevante und irrelevante Informationen in seiner Umwelt sortiert und entsprechend seinen eigenen Prädispositionen verarbeitet. Eine additive Definition liefern Barber und Legge (1976, S. 7):

> "Perception is about receiving, selecting, acquiring, transforming and organizing the information supplied by our senses. It is about vision, hearing, smell, taste, touch and more."

Berelson und Steiner (1964: S. 88) definieren Wahrnehmung dagegen von ihrem Endergebnis her: "...a complex process by which people select, organize and interpret sensory stimulation into a meaningful and coherent picture of the world".

Die Psychologie erklärte den Wahrnehmungsvorgang zunächst ausschließlich mit den physiologischen Gegebenheiten des menschlichen Organismus. Seit etwa Mitte der vierziger Jahre entstand in den USA der sogen. "new look at perception" durch Einbeziehung sozialer Merkmale des Individuums als Erklärungsvariablen für den Wahrnehmungsprozeß. Bruner und Postman (1949, 1951) führten die Unterscheidung zwischen autochthonen Determinanten und Verhaltens-Determinanten der Wahrnehmung ein. Autochthone Determinanten sind dabei angeborene und mithin relativ unveränderbare Eigenschaften des menschlichen Wahrnehmungsapparates. Verhaltensdeterminanten beschreiben, wie die Wahrnehmung in die jeweiligen psychischen Umstände des betreffenden Individuums eingebettet ist ("social perception", vgl. Tajfel 1969).

Graumann (1966) und Lilli (1984) haben die wesentlichen Merkmale der sozialen Wahrnehmung zusammengestellt. Der bedeutendste Unterschied zu einem rein sensorischen Ansatz besteht in der Annahme, daß der Wahrnehmungsprozeß durch Erfahrung und soziale Interaktion beeinflußbar ist. Lilli (1984: S. 20) erkennt zwei verschiedene Ausprägungen in der auf dieser Grundannahme aufbauenden empirischen Forschung: die "directive-state-Theorie" und die "Hypothesentheorie". Anhänger der directive-state-Theorie nehmen einen direkten Einfluß sozialer Variablen auf die Wahrnehmung an, etwa der körperlichen Verfassung oder der bestehenden Werthaltungen. Die wichtigsten Annahmen der heute vorherrschenden Hypothesentheorie faßt Lilli (1984: S. 35 ff..) in mehreren Punkten zusammen. Von ihnen sind die folgenden auch für den spezifischen Kontext der Massenkommunikation wichtig:

"1. Wahrnehmung beginnt bereits vor der Eingabe von Reizinformationen mit der Bereitstellung einer Wahrnehmungs-Erwartungs-Hypothese (perceptual set), die Annahmen über das Auftreten bestimmter Reizinformationen enthält. Die Bereitstellung einer bestimmten Erwartungs-Hypothese hat zur Folge, daß bestimmte Reizkategorien bereitwilliger wahrgenommen werden als andere.

2. Der Wahrnehmungsvorgang folgt einem dreistufigen Zyklus, der sich bis zur Bestätigung einer Erwartungshypothese wiederholt. Dieser Zyklus besteht aus (1) Bereitstellung der Hypothese, (2) Eingabe von Informationen über das Wahrnehmungsobjekt

und (3) Bestätigung oder Widerlegung der Hypothese.

3. Je stärker eine Hypothese ist, desto größer ist die Wahrscheinlichkeit, daß sie erregt wird.

4. Je öfter eine Hypothese bestätigt wird, desto stärker ist sie.

5. Je stärker eine Hypothese ist, desto größer muß die Menge widersprechender Reizinformationen sein, um sie zu widerlegen...".

Generell kann man feststellen, daß Wahrnehmung als ein Prozeß angesehen wird, in dem drei voneinander unabhängige Faktoren zusammenspielen: die "objektive Realität" als Gegenstand der Wahrnehmung, die überindividuellen Wahrnehmungsbedingungen sowie die individuellen Prädispositionen, denen sich vor allem die beschriebenen Ansätze des "social perception" gewidmet haben. In diesem generellen Kontext der Wahrnehmung spielt die Erforschung der Informationsaufnahme, -verarbeitung und -speicherung eine dominierende Rolle.

2. Physiologische Bedingungen der Wahrnehmung

Wahrnehmungskapazitäten

Der Mensch ist in der Lage, über seine Sinnesorgane 10^9 bit/sec an Informationen aufzunehmen. Beispielsweise stellen der Informationsgehalt eines einzelnen Buchstabens als Nachricht rund 4,5 bit, ein Wort rund 60 bit, eine Buchseite rund 1000 bit und ein Fernsehbild mindestens 10^6 bit/sec dar. Was ein Mensch in Form von Sprache, Mimik und anderen Ausdrucksweisen an seine Umwelt abgeben kann, wird auf 10^7 bit/sec geschätzt. Entsprechend dieser Relation liegt der Schluß nahe, daß fast jede Information auf der sensorischen Seite eine Reaktion auf der motorischen Seite auslösen kann. Dies ist jedoch nicht der Fall. Zwischen dem Empfang von Informationen und den Reaktionen im Gehirn wird eine Informationsauswahl im Verhältnis $1 : 10^7$ getroffen. Dies bedeutet, daß das menschliche Gehirn nur etwa 10^2 bit/sec, also rund 100 bit je Sekunde verarbeiten kann.

Man bezeichnet daher auch den Wahrnehmungsprozeß als einen "Defizitprozeß", bei dem eine Voranalyse der auftreffenden Reize und eine Selektionsentscheidung unterhalb der Schwelle des Bewußtseins stattfindet. Dies läßt auf Einflußfaktoren schließen, die nicht Eigenschaften der aufgenommenen Reize, sondern des wahrnehmenden Individuums selbst sind.

Dieser Sachverhalt führt direkt zu grundlegenden Phänomenen der Informationsselektion, die auch für die Zuwendung zu Medieninhalten von Bedeutung sind. Bei jedem Rezeptionsprozeß sieht sich der Mensch vor dem Problem, aus einem Angebot an Informationen auszuwählen, das seine Aufnahmekapazitäten und seine Aufnahmebereitschaft um ein Vielfaches übersteigt. Die Prozesse, in denen die Selektionsentscheidungen ablaufen, sind zu einem großen Teil unbewußt.

Sensorischer Speicher

Wenn das Individuum mehr Reize aufnehmen als verarbeiten kann, dann muß es einen Platz geben, an dem die aufgenommenen Reize vorübergehend bereitgehalten werden, bis eine Entscheidung über ihre Weiterverarbeitung getroffen worden ist. In der psychologischen Forschung gibt es eine Vielzahl von Experimenten zum Nachweis und zur Funktionsweise eines sogen. "sensorischen Speichers". Man stellt sich verschiedene Modelle vor, wie dieser Speicher arbeitet. Einigkeit besteht lediglich darüber, daß der Organismus grundsätzlich die Fähigkeit hat, eine sensorische Gedächtnisspur für eine gewisse Zeit zu erhalten, nachdem der Reiz selbst gar nicht mehr vorhanden ist bzw. ihm die Aufmerksamkeit entzogen wurde. Kintsch (1982: S. 109) beschreibt die Funktion dieses Speichers folgendermaßen:

> "Ohne diese Fähigkeit könnte der Organismus nichts oder sehr wenig von kurzen Reizdarbietungen wahrnehmen; durch das sensorische Gedächtnis wird jedoch sichergestellt, daß die effektive Dauer eines Reizes, in der er für perzeptive Verarbeitung und Gedächtniskodierung verfügbar ist, in der Größenordnung von Sekunden liegt, wenn kein interferierender Reiz vorhanden ist".

Ein empirisches Indiz für die Existenz des sensorischen Speichers lieferten Lazarus und McCleary (1951). Sie konditionierten die Wahrnehmung von sinnlosen Silben bei ihren Versuchspersonen durch leichte Elektroschocks. Bei wiederholten Präsentationen reagierte der Körper erwartungsgemäß bei diesen konditionierten Silben mit erhöhter galvanischer Hautreaktion. In einer zweiten Phase des Experiments präsentierten sie die gleichen Silben in so kurzer Zeit, daß der Reiz gar nicht mehr erfaßt werden konnte. Obwohl auch tatsächlich keine Versuchsperson mehr angeben konnte, was sie gesehen hatte, trat die Hautreaktion bei den Silben, die vorher konditioniert worden waren, wieder auf (vgl. zur sublimalen Wahrnehmung auch Dixon 1981).

Sperlings (1960) Modell des "visual information store" galt lange Zeit als zutreffende Beschreibung dieses Vorgangs bei optischen Reizen. Er hatte aus Experimenten mit der Wahrnehmung und Erinnerung von Buchstaben den Schluß gezogen, daß dieser Speicher für die Dauer von ca. 1 Sekunde unkodierte Informationen bereit halten kann:

> "The visual information store provides a way of extending the life of a stimulus...A visual stimulus is represented initially in a shortlived visual information store whence it is lost unless information is transferred to

a later, less ephemeral store..." (zitiert nach Barber und Legge 1976: S.69, S.75).

Das Gegenstück zum Abbildspeicher bei optischen Reizen ist der Echospeicher des Ohres. Dort kann eine Information ca. 2 bis 5 Sekunden bereitgehalten werden. Die Fähigkeit, Töne für eine gewisse Zeit zu speichern, wenn bereits andere nachfolgen, ist überhaupt erst die Voraussetzung für eine Verständigung. Auf diese Weise verstehen wir Sprache.

Kontrovers wird diskutiert, ob und wie weit die aufgenommenen Informationen im sensorischen Speicher bereits kodiert werden, ihnen also Bedeutung zugewiesen wird. Holding (1975) hat mit weiterführenden Experimenten das Modell eines unkodierten Speichers, wie ihn Sperling angenommen hatte, in Frage gestellt. Er präsentierte seinen Versuchsgruppen einerseits arabische und andererseits lateinische Schriftzeichen. Die Erinnerungsleistungen waren bei den (unbekannten) arabischen Schriftzeichen deutlich geringer. Dies läßt indirekt auf einen bereits früh einsetzenden kognitiven Verarbeitungsprozeß schließen, in dem die Reize nicht nur unkodiert, also rein physisch, bereitgehalten werden.

Auch Treismans Modell der "attenuation", d.h. der phasenweisen Aufmerksamkeitssteigerung steht im Gegensatz zu Sperlings Annahmen. Treisman (1964) nahm an, daß es eine erste Analyse des Stimulus gibt, in der dessen physische Merkmale festgestellt werden und eine letzte, in der er in seiner vollen Bedeutung erfaßt wird. Dazwischen liegen Phasen, in denen die Bedeutung einzelner Signale bewertet wird.

Heute lassen sich drei konkurrierende Modelle für den selektiven Kodierungsprozeß erkennen: Das Ein-Kanal-Filtermodell von Broadbent (es wird heute kaum noch vertreten), das Modell der partiellen Kodierung von Neisser und das Modell der vollständigen Verarbeitung aller Reize. Neisser (1967) geht bei seinem Modell der partiellen Kodierung von einem Multi-Kanal-System aus, bei dem je nach Aufgabe einem der Kanäle eine besondere Aufmerksamkeit gewidmet werden kann. Informationen, die später abgewiesen werden, wurden vorher in einem "präattentiven Prozeß" zumindest teilweise verarbeitet. Sie wanderten also zunächst in das Kurzzeitgedächtnis, bevor sie dann vergessen wurden. Broadbent nimmt in seinem Ein-Kanal-Filter-Modell dagegen an, daß Informationen völlig unverarbeitet bereits als rein physikalische Reize abgewiesen werden können (als Überblick Kintsch 1982: S. 112f.).

Das dritte Modell stellt schließlich eine radikale Revision der Theorie zur selektiven Aufmerksamkeit dar. Es nimmt an, daß *alle* Reize zunächst vollkommen entschlüsselt und mit Bedeutung belegt werden und dann erst wegen der begrenzten Kapazität des Kurzzeitgedächtnisses eine Selektion stattfindet. Verschiedene Experimente haben seit Beginn der siebziger Jahre empirische Anhaltspunkte für die Gültigkeit dieses Modells geliefert. So wiesen Shiffrin und Gardner (1972) nach, daß die Identifizierung von optisch präsentierten Reizen bei sequentieller Präsentation nicht besser war als bei simultaner Präsentation. Man kann daraus indirekt schließen, daß für eine gewisse Zeit alle Reize in bereits kodierter Form im Kurzzeitgedächtnis verfügbar vorliegen mußten.

Für die Beschreibung des Selektionsvorgangs in der Massenkommunikation ist der genaue Ablauf dieser Prozesse von zweitrangiger Bedeutung. Wichtig ist aus diesen Erkenntnissen jedoch die Tatsache, daß es offensichtlich einen Vorfilter für Informationen gibt, daß also mehr Reize aufgenommen als tatsächlich weiterverarbeitet und später auch erinnert werden können. Dies führt zu der Frage, welche Faktoren die Entscheidung über die weiterzuverarbeitenden Informationen beeinflussen.

3. Determinanten der Selektion

Da sich der Aufbau der Sinnesorgane bei allen Menschen mit geringfügigen Abweichungen gleicht, müßte dies auch bei Darbietung der gleichen Reize zu gleichen Wahrnehmungen führen. Dies ist jedoch nicht der Fall. Welche intrapersonalen Faktoren beeinflussen das Selektionsergebnis? Eine erste Gruppe von Variablen, die in diesen Prozeß eingreifen, sind die sogenannten "psychophysiologischen" Faktoren, d.h. bestimmte Aktivations- und Bewußtseinszustände des Individuums.

Als *Aktivation* bezeichnet man die durch bestimmte Gefühlszustände ausgelöste erhöhte oder verringerte Aufnahmebereitschaft des Organismus. Sie kann beispielsweise durch physische Schmerzen oder kognitive Gefühlslagen beeinflußt werden. Man geht davon aus, daß zwischen dem Aktivationsniveau und der Wahrnehmungsfähigkeit eine umgekehrte U-Beziehung besteht, d.h. sowohl eine sehr geringe als auch eine sehr starke Aktivation beeinflussen den Wahrnehmungsprozeß negativ. Die sogenannte Tagesperiodik stellt einen weiteren Faktor dar. Aufmerksamkeit, Reaktionszeit und Vigilanzleistungen unterliegen tagesperiodischen Schwankungen, die zu entsprechenden zeitlichen Veränderungen in der Wahrnehmungsfähigkeit führen. Das gleiche gilt für die gerade bestehende emotionale Situation des Individuums sowie seine Streßsituation, bedingt durch sensorische Reize in der Umwelt, Konflikte oder Leistungsanforderungen.

Eine besonders bedeutsame Rolle unter diesen psychophysiologischen Faktoren spielt die *Aufmerksamkeit*. Hernandez-Péon (1961) wies in Tierversuchen nach, daß einzelne Sinnesorgane in ihrer Funktion stark reduziert werden, wenn auf anderen Sinnesorganen als wichtiger eingestufte Informationen erwartet werden. Mit "dichotic listening"-Versuchen, bei denen den Versuchspersonen über das linke und rechte Ohr getrennte Informationen übermittelt wurden, wies Broadbent (1958) nach, daß die Erinnerungsleistungen höher ausfielen, wenn den Versuchspersonen vorher gesagt wurde, sie sollten sich auf einen der beiden Kanäle konzentrieren.

Gegenstand dieser Experimente ist eine eher physiologische Kanalisierung der auftreffenden Reize. Für die Massenkommunikation bedeutsamer sind solche Faktoren, die aus den *kognitiven Prädispositionen* des Individuums resultieren.

Bereits ein Jahr nach Broadbent veröffentlichte Moray (1959) Arbeiten, die Zweifel an dessen Filtermodell aufkommen ließen. Er ließ die Versuchspersonen einen Text, den sie auf dem einen Ohr hörten, nachsprechen und spielte ihnen gleichzeitig auf dem anderen Ohr einen sinnlosen Text ein, der an einer Stelle jedoch den Namen des Probanden enthielt. Die Zuhörer bemerkten trotz der Konzentration auf den sinnvollen Text im einen Kanal ihren eigenen Namen auf dem anderen Kanal. Hierbei handelt es sich um eine experimentelle Anwendung des bekannten "Cocktailparty-Effekts": In einem großen Stimmengewirr nimmt man kodiert nur das auf, worauf man seine Aufmerksamkeit konzentriert. Der Rest erscheint als allgemeines Hintergrundgeräusch. Wird aber in diesen Geräuschen ein bekanntes Wort, wie beispielsweise der eigene Name ausgesprochen, dann nimmt man dies sofort wahr und richtet seine Aufmerksamkeit auf die Quelle. Dies spricht ebenfalls dafür, daß auch die Bedeutung von anschließend zurückgewiesenen Informationen zunächst bis zu einem gewissen Grad kodiert, also mit Bedeutung belegt wird.

Auch *soziale und subjektive Bewertungen* können sich auf die Wahrnehmung von Informationen auswirken. Bereits 1948 wies McGinnies eine "perceptual defense" gegenüber Tabubegriffen (unflätige Wörter) nach. Seine Versuchspersonen, denen mehrere Begriffe über ein Tachistoskop präsentiert wurden, konnten die Tabuwörter erst bei deutlich längerer Expositionszeit erkennen als die neutralen Wörter. Darüber hinaus bestätigte sich in diesem Experiment, was auch Lazarus und McCleary (s.o.) herausgefunden hatten: Schon bei unterhalb der Wahrnehmungsschwelle liegender Expositionszeit zeigten die Versuchspersonen bei den Tabubegriffen deutliche galvanische Hautreaktionen, d.h. sie hatten bereits eine Bedeutung der Begriffe erfaßt, als sie diese noch gar nicht bewußt wahrnehmen und verarbeiten konnten (ähnlich auch Moray 1970).

Offensichtlich gibt es feste Muster, nach denen sich der Mensch bestimmten Arten von Informationen zuwendet. Mackworth und Morandi (1967) beobachteten mit Hilfe von Augenbewegungs-Kameras, wie Versuchspersonen Bilder betrachteten. Sofort nach Beginn der Betrachtung sortierten die Personen bestimmte Felder als uninteressant aus und ließen sie danach auch nicht mehr über das periphere Gesichtsfeld hinauskommen. Donohew, Nair und Finn (1984) bezeichnen die Fähigkeit, aus einer Vielzahl von Reizen innerhalb kürzester Zeit die bedeutsamen auszuwählen, als *"automaticity"*. Sie sehen darin einen Schlüssel zum Verständnis der Informationsverarbeitung und Reizaufnahme aus den Massenmedien.

Kintsch geht in seinem Überblick über die Forschungsliteratur davon aus, daß die Möglichkeit einer Wahrnehmungsabwehr eindeutig nachgewiesen ist:

> "...der präattentive Mechanismus ermöglicht es uns zu verstehen, wie sie zustandekommt. Wahrnehmungsmäßig ist ein Wort durch viele Merkmale repräsentiert, u.a. auch durch emotional bedeutsame; um die Wahrnehmungsabwehr zu erklären, muß man nur annehmen, daß der präattentive Prozeß die Analyse stoppt oder verlangsamt, sobald er auf

eines dieser unschicklichen Merkmale stößt" (1982: S. 113).

4. Informationsaufnahme bei Texten und Bildern

Lesevorgang

Die wahrnehmungspsychologischen Erkenntnisse zum Lesevorgang sind vor allem für die Informationsaufnahme aus gedruckten Medien von Bedeutung. Mit Augenbewegungs-Kameras konnte man feststellen, daß die Blickbewegungen in kurzen Schritten (Sakkaden) verlaufen, die durch Verweilzeiten (Fixationen) an bestimmten Punkten unterbrochen werden. Die Fixationspausen dauern bei geübten Lesern etwa eine Viertelsekunde. Nur in ihnen ist eine Informationsaufnahme möglich. Sie machen rund 90 Prozent der Zeit des gesamten Lesevorgangs aus. Die Sakkaden haben demgegenüber die Funktion, eine neue Textregion auf die Fovea centralis zu bringen, d.h. den Teil der Retina, bei dem die klarste und differenzierteste Aufnahme der visuellen Reize möglich ist. Eine Sakkade hat eine durchschnittliche Länge von acht bis neun Buchstaben oder 2 Grad des menschlichen Blickwinkels. Buchstaben können zwar nur auf der Fovea in ihrem vollen semantischen Gehalt wahrgenommen werden, in einem umliegenden Bereich von ca. 10 Grad (dem sogen. parafovealen Bereich) können aber Wortgrößen, Wortformen oder Wortlängen erkannt werden (vgl. Rayner 1978, Rayner und McConkie 1977).

Die sogen. Regressionen stellen einen weiteren Vorgang beim Lesen dar. Es handelt sich hierbei um rechts-links-Bewegungen des Auges, also Rückschritte entgegen der üblichen Leserichtung. Regressionen treten dann auf, wenn der Leser Verständnisschwierigkeiten hat, den Text mißversteht oder bei seinen Sakkaden über das Ziel hinausgeschossen ist, also mehr Informationen mit seiner vorwärtsgerichteten Ruckbewegung überspannt hat als er im Winkel seiner Fovea centralis aufnehmen kann (Rayner 1978). Auch die Fixationszeiten sind Indikatoren für Probleme bei der Informationsaufnahme. Just und Carpenter (1980) stellten fest, daß längere Fixationspausen dann vorkommen, wenn die zu verarbeitende Informationsladung größer als üblich ist. Dies ist beispielsweise bei seltenen Begriffen der Fall, beim Integrieren der Bedeutung wichtiger Nebensätze in den Zusammenhang des gesamten Satzes oder wenn am Ende eines Satzes Schlüsse auf die Bedeutung gezogen werden müssen (ähnlich auch Frazier und Rayner 1982).

Empirisch noch nicht abschließend geklärt ist offensichtlich die Frage, ob der Mensch beim Lesen die einzelnen Buchstaben zu einer Gesamtbedeutung des Wortes integriert (letter-integration-model, vgl. z.B. Adams 1979) oder gleich die Bedeutung des ganzen Wortes (whole-word-model, vgl. z.B. Huey 1968) aufnimmt. Zur Zeit gilt als wahrscheinlichste Hypothese, daß es sich beim Lesen um einen transitionalen Prozeß handelt, in dessen Verlauf zunächst die Einzelbuchstaben ohne Bedeutung und dann das ganze Wort mit Bedeutung wahrgenommen werden (pattern-unit-model, vgl. Johnson 1981: S. 35ff.)

Hochberg (1970) hat die Arten des Lesens in vier Kategorien unterteilt, die sich vor allem hinsichtlich der Lesegeschwindigkeit und des Verständnisniveaus unterscheiden. Die beiden Extreme werden auf der einen Seite (Typ I) durch die Buchstaben-für-Buchstaben-Analyse und auf der anderen Seite (Typ IV) durch das sogen. "skimming", ein sehr schnelles Überfliegen des Textes, gebildet. Im ersten Fall liegen die Verarbeitungsraten bei unter 250 Wörtern pro Minute, im zweiten Fall bei über 1.000 Wörtern. Unserem Alltagslesen entsprechen eher die dazwischen liegenden Lese-Typen mit Geschwindigkeiten von zwischen 250 und 600 Wörter pro Minute.

Wahrnehmung von Bildern

Das Betrachten von Bildern läuft nach anderen Mustern ab als das Lesen von Texten. Wie bereits das erwähnte Experiment von Mackworth und Morandi (1967) zeigte, wandert das Auge spontan zu einzelnen Bereichen eines Bildes, an denen die meisten oder interessantesten Informationen erwartet werden. Am Anfang stehen daher besonders lange Sakkaden, die dann allmählich kleiner werden und sich zentrieren. Besonders unerwartete Einzelheiten erhalten längere Fixationszeiten und werden immer wieder neu vom Auge aufgesucht. Auch hier werden aber - wie beim Lesen - die im peripheren Blickfeld liegenden Informationen dazu verwendet, die Richtung der nächsten Sakkade und damit den nächsten Fixationspunkt auszuwählen. Auch verschiedene formale Bildmerkmale beeinflussen die Wanderung des Blickfeldes. So stellen bestimmte Farben einen stärkeren Angelpunkt für das Auge dar als Formen (vgl. Williams 1966; generell zur Perzeption von Bildern auch Brosius 1983).

Dem Wahrnehmungprozeß beim Fernsehen haben sich in jüngerer Zeit vor allem Studien der Gruppe um Byron Reeves und Esther Thorson zugewandt (vgl. als Überblick Reeves und Thorson 1986). Im Mittelpunkt stehen dabei sechs Fragen: 1. Welche Größe hat die Stimuluseinheit des Fernsehens? 2. Welchen Komplexitätsgrad besitzt diese Stimuluseinheit? 3. Welche Interdependenzen bestehen zwischen der Zeiteinheit und der Stimuluseinheit des Fernsehens? 4. Wie werden gleiche Stimuli von verschiedenen Rezipienten und wie werden verschiedene Stimuli von den gleichen Rezipienten kognitiv verarbeitet (Intra- versus Interstimuli-Variationen)? 5. Wie spielen formale und inhaltliche Merkmale des Fernsehstimulus bei der Wahrnehmung zusammen? 6. Lassen sich beim Rezipienten aktive und passive Verarbeitungsprozesse unterscheiden?

Die Mehrzahl der Experimente zu diesen Fragen wurden mit physiologischen Messungen, vor allem mit Elektroenzyphalogrammen (EEG) durchgeführt. Den Autoren gelang es, die Verarbeitungsprozesse bei Werbespots durch den Rückgang der alpha-Wellen (verstärkte Gehirnaktivitäten) bei bestimmten Szenenwechseln und Blickfängern nachzuzeichnen. Die Initialreaktionen auf solche neu auftretenden Informationen waren bei allen Versuchspersonen weitgehend gleich (Steigern der Aufmerksamkeit), die Aufmerksamkeitskurve sank aber unterschiedlich, je nachdem, wie sehr die angebotenen Informationen den einzelnen Rezipienten interessierten. Hier spielen also offensichtlich intersubjektiv gleichförmig wirkende Reize, die eher autonome Reaktionen hervorrufen, und je nach Prädisposition des Individuums subjektive Reaktionen zusammen (vgl. Rothschild et al. 1986).

Weinstein, Appel und Weinstein (1980) verglichen die Informationsverarbeitung bei Werbespots im Fernsehen und bei farbigen Anzeigen in Zeitschriften mit ähnlichen physiologischen Messungen. Danach waren die kognitiven Anstrengungen der Versuchspersonen beim Ansehen und Lesen der Anzeigen größer als beim Ansehen der Werbespots. Warshaw (1978) maß die Erinnerungsleistungen bei einkanalig (Video oder Audio) und zweikanalig präsentierten Werbespots. Die Versuchspersonen konnten sich an mehr Einzelheiten erinnern, wenn die Informationen eines Kanals nicht durch (die inhaltlich darauf bezogenen) Informationen des zweiten Kanals überlagert wurden. Dies widerspricht zumindest teilweise den Ergebnissen einer Literaturanalyse von Schulz (1975).

Insgesamt steckt die Erforschung der Wahrnehmungs- und Verarbeitungsprozesse beim Fernsehen noch in den Anfängen. Mehr Aufschlüsse darüber erhofft man sich von einer Verbindung mit der neurophysiologischen Forschung. Offensichtlich werden in der linken Gehirnhälfte vor allem logische, sprachliche und analytische Leistungen erbracht, während die rechte Hemisphäre eher für holistische, nonverbale und emotionale Wahrnehmungen zuständig ist (vgl. Anderson et al. 1979, Gazzaniga 1974). Ebenso nimmt man an, daß in der linken Hemisphäre eher positive und in der rechten Hemisphäre eher negative Emotionen angesiedelt sind (vgl. Leventhal und Tomarken 1986).

Krugman (1971) hatte als erster Vermutungen darüber angestellt, daß diese Spezialisierung Konsequenzen für die unterschiedliche Wirkung von Presse und Fernsehen haben könnte. Er konnte jedoch dafür keinen empirischen Nachweis führen. Inzwischen liegt eine Untersuchungen vor, der zumindest die Lokalisierung von positiven und negativen Emotionen beim Fernsehen gelang. Reeves et al. (1989) präsentierten ihren Versuchspersonen ein Videoband mit Ausschnitten aus verschiedenen Fernsehsendungen. Diese Ausschnitte waren vorher von Experten danach beurteilt worden, ob sie eher positive oder negative Szenen enthielten. Mit einem EEG wurde gemessen, in welcher Hemisphäre die Versuchspersonen die jeweiligen Sequenzen verarbeiteten. Nach den Ergebnissen wurden negative Szenen signifikant häufiger in der rechten als in der linken Hemisphäre verarbeitet, positive Szenen dagegen häufiger in der linken als in der rechten (nicht signifikant).

5. Verständnis, Bedeutung und Erinnerung

Die meisten bisher berichteten Erkenntnisse der Psychologie basieren auf der Wahrnehmung von kleinen sprachlichen Einheiten wie einzelnen Buchstaben, Buchstabengruppen oder Wörtern. Erst später beschäftigte man sich mit der Wahrnehmung größerer Bedeutungseinheiten, also ganzen Sätzen, Texten oder Vorstellungen. Für die Erforschung von Medienwirkungen ist dieser Bereich jedoch mindestens ebenso wichtig.

Offensichtlich macht das menschliche Gedächtnis zwischen der Speicherung des sprachlichen Ausdrucks und der Bedeutung von Texten einen Unterschied. Sachs (1967) präsentierte ihren Versuchspersonen einen Testsatz zwischen mehreren anderen Sätzen. Anschließend wurde der Testsatz einmal mit rein formaler Veränderung, einmal mit syntaktischer Veränderung und schließlich mit inhaltlicher Veränderung wieder präsentiert. Die Versuchspersonen sollten angeben, ob der Satz mit dem vorher dargebotenen übereinstimmt. Die syntaktischen und formalen Änderungen wurden kaum wahrgenommen, die inhaltlichen aber von den meisten Versuchspersonen erkannt. Ein anderer Befund ergab sich nur, wenn der Testsatz ganz am Ende präsentiert worden war. Dann wurden auch die formalen und syntaktischen Veränderungen erkannt, und zwar vermutlich deshalb, weil sich der Satz noch im Kurzzeit-Gedächtnis befand (ein ähnliches Ergebnis auch bei Bramford et al. 1972).

Kintsch und Monk (1972) wiesen das gleiche Phänomen auf anderem Wege nach: Sie präsentierten ihren Versuchspersonen Sachverhalte einmal in einfachen, einmal in komplexen Sätzen. Die Fähigkeit zur Wiedergabe der Sätze war erwartungsgemäß in beiden Gruppen deutlich unterschiedlich. Die Fähigkeit, aus den dargebotenen Sätzen Schlußfolgerungen zu ziehen, war jedoch bei beiden Versionen gleich. Mit anderen Worten: Auch die Gruppe, die die sprachliche Form der dargebotenen Texte nicht memorieren konnte, hatte die Bedeutung der Sätze ebenso gut erfaßt wie die Gruppe, der die einfachen Sätze präsentiert worden waren. Dies legt den Schluß nahe, daß sich das Gedächtnis sehr schnell von weniger wichtigem Ballast in den aufgenommenen Informationen befreit und lediglich eine komprimierte Bedeutung abspeichert, die das Individuum subjektiv für bedeutsam hält.

Daran schließt sich die Frage an, wie die Bedeutungen im Gedächtnis abgespeichert und so organisiert werden, daß sie später bei Bedarf dem Individuum wieder zur Verfügung stehen. Alle heute einflußreichen Ansätze legen ein Modell zugrunde, nach dem das Individuum die komplexen Strukturen der aufgenommenen Sätze in Propositionen zerlegt. Dabei handelt es sich um kleinere Einheiten, die durch bestimmte Beziehungen miteinander verbunden und in nächsthöhere Strukturen hierarchisch eingebettet sind (vgl. beispielsweise Anderson und Bower 1973, Norman und Rumelhart 1975). Bei der Reproduktion dieser Repräsentationen von Texten im Gedächtnis werden diese jedoch nicht einfach abgerufen, sondern in der Regel mit eigenem Vorwissen und Schlußfolgerungen ergänzt. Die Wiedergabe stellt eine Mischung aus reproduktiven, konstruktiven und rekonstruktiven Prozessen dar (vgl. Kintsch 1982: S. 310, Higgins und Bargh 1987: S. 388ff.).

Die Schema-Theorie stellt einen Versuch dar, die Prozesse zwischen Informationsaufnahme und -wiedergabe in Form eines Verhaltensoutputs zu beschreiben. Sie gilt heute als ein allgemein akzeptiertes Modell für die Repräsentation von Bedeutung. In ihrer Grundannahme geht sie davon aus, daß das Wissen über irgendein Konzept, eine Handlung oder ein Ereignis gegliedert vorliegt. Diese Gliederung hat die Funktion, bei der Enkodierung und Repräsentation einer neuen Information sowie bei der Interpretation und Gedächtnissuche für bereits abgespeicherte Informationen Raster zu bilden. Hierbei lassen sich Personen-Schemata, Rollen-Schemata und Ereignis-Schemata unterscheiden, die jeweils wieder in viele Einzelschemata untergliedert werden können.

Die wesentlichen Elemente der Schema-Theorie für das Verständnis von Aufnahme und Verarbeitung von Informationen bestehen in folgenden Annahmen: 1. Informationen, für die wir kein Schema besitzen, können wir nicht verarbeiten; 2. bei der Zuordnung neuer Informationen zu einem Schema gehen immer Einzelaspekte verloren; 3. bestätigende Ereignisse werden stärker gewichtet als nicht-bestätigende Ereignisse (vgl. zur Schema-Theorie u.a. Axelrod 1973, Norman und Rumelhart 1975, Norman und Bobrow 1976, Smith 1982). Doris Graber (1984) hat die Schema-Theorie auf die Verarbeitung von Informationen aus den Massenmedien angewandt. Auf diese Studie wird an späterer Stelle zurückgekommen.

6. Folgerungen für die Selektion von Medieninhalten

Viele der hier berichteten physiologischen und psychologischen Bedingungen von Wahrnehmung lassen sich für die Erklärung von Selektionsvorgängen in der Massenkommunikation heranziehen. Auch wenn die Arbeitsweise des sensorischen Speichers, inbesondere der Grad der Entschlüsselung von Informationen vor dem Kurzzeitgedächtnis, noch nicht letztlich geklärt ist, so wird doch deutlich, daß hier eine Schlüsselstelle für die selektive Zuwendung zu und Wahrnehmung von Medieninformationen liegt. Beide Selektionsprozesse, Zuwendung und Wahrnehmung, lassen sich offensichtlich nicht eindeutig trennen. Es handelt sich vielmehr um einen fließenden Übergang, der durch den Verarbeitungsgrad der Informationen zwischen sensorischem Speicher und Kurzzeit- sowie gegebenenfalls Langzeitgedächtnis bestimmt wird. Man kann sich offensichtlich durchaus Informationen zuwenden und sie sogar teilweise verarbeiten, ohne sich später daran zu erinnern.

Die Erkenntnisse über den Lesevorgang, insbesondere die Augenbewegungen durch Sakkaden und Fixationen sowie die Bedeutung des parafovealen Bereichs, in dem in einem Umfeld von ca. 10 Grad Wortgrößen und -formen wahrgenommen werden können, führen zu recht deutlichen Vermutungen über den Selektionsprozeß beim Zeitunglesen. Doris Graber (1984: S. 82) verglich das Überfliegen von Zeitungsseiten mit dem Ansehen der Landschaft aus einem Zugfenster: Hier wie dort würde man nur bei bestimmten Schlüsselreizen ("cues") seine Aufmerksamkeit erhöhen. Es ist offensichtlich möglich, in einem frühen Wahrnehmungsstadium und vielleicht im Umfeld eines Textes, dem man gerade seine Aufmerksamkeit widmet, bereits ganze Wörter teilweise zu entschlüsseln und zur Grundlage einer nachfolgenden Selektionsentscheidung zu machen. Mit dieser Erkenntnis können wir besser verstehen, warum Rezipienten beim Überfliegen von Zeitungsseiten an bestimmten Stellen innehalten, beim oder nach dem Lesen eines Artikels mit dem Auge in eine ganz bestimmte Richtung auf der Seite weiterwandern oder sich überhaupt nicht mehr an Schlagzeilen erinnern können, die mit hoher Wahrscheinlichkeit in ihr Blickfeld gerieten.

Die Erkenntnis, daß es offensichtlich eine sublimale Wahrnehmungsabwehr gegen unliebsame Begriffe gibt, macht deutlich, daß solche Entscheidungen kognitiv gesteuert sind, auch wenn sie dem Rezipienten nicht immer bewußt sind. Offensichtlich kann die Aufnahme von Informationen aus den Massenmedien unbewußt aus Gründen verweigert werden, die mit den vorhandenen Einstellungen und Gefühlen sowie dem vorher erworbenen Wissen zusammenhängen. Auch die Hypothesentheorie der Wahrnehmung stellt eine direkte Verbindung zwischen den bestehenden Kognitionen des Individuums und den in der Umwelt vorhandenen Informationen her.

Für Hochberg (1970) besteht die Aufgabe eines Lesers darin, "...to fixate only those parts of the visual array that (he) expects (on the basis of previous semantic and syntactic constraints and on the basis of how words and spaces appear to peripheral vision) and which will enable him to check his guesses about what is being said, and will help him to formulate further anticipations" (S. 117). Der Autor beschreibt hier die Wahrnehmungshypothesen als Folge der Merkmale des gerade aufgenommenen oder aufzunehmenden Textes. Genauso ist es aber möglich, die Hypothesen auf Merkmale des Rezipienten selbst zurückzuführen, der mit seinen Prädispositionen, z.B. seiner Meinung über eine Person, an einen Text herangeht und seine Vorstellungen bestätigen möchte.

Lilli (1984: S. 37) hält es daher für möglich, die Hypothesentheorie der Wahrnehmung "...auch unter konsistenztheoretischen Gesichtspunkten zu sehen, wenn man die Beendigung des Prozesses der Hypothesenprüfung als einen Zustand ansieht, bei dem ein Gleichgewicht zwischen Reizinformationen und Erwartung erreicht ist." Higgins und Bargh (1987: S. 397 ff.) stellen diese Verbindung zur Konsistenztheorie explizit her und werfen die Frage auf, ob seine subjektiven Einstellungen und Erwartungen den Menschen nicht grundsätzlich zu einem "faulty computer" und "biased information processor" machten, der eine angemessene Wahrnehmung der Realität seiner kognitiven Konsistenz opfert.

Schließlich bietet die Schema-Theorie ein Modell an, mit dem sich die Zuordnung und Repräsentation von aus den Medien aufgenommenen Informationen zu bereits bestehenden Kognitionen beschreiben läßt. Hier liegt möglicherweise ein Schlüssel für das Verständnis von Phänomenen der unterschiedlichen Wahrnehmung gleicher Medieninhalte durch verschiedene Rezipienten, wie sie in dissonanztheoretischen Untersuchungen sowie in den Studien zum "hostile media phenomen" (vgl. Vallone et al. 1985) entdeckt wurden.

V.

Informationsselektion in der Theorie der kognitiven Dissonanz

1. Grundannahmen

Leon Festingers Theorie der kognitiven Dissonanz war lange Zeit die bedeutendste Erklärung für kognitive Ursachen der Informationsselektion. Ihr Grundkonzept ist die Annahme, daß Menschen dazu tendieren, ein Gleichgewicht in ihrem kognitiven System anzustreben. Wie bei allen Konsistenz-Theorien wird dabei das "Gesetz der guten Gestalt" auf die Beziehungen zwischen den Kognitionen eines Menschen übertragen. Festinger:

> "The basic hypotheses I wish to state are as follows: 1. The existence of dissonance, being psychologically uncomfortable, will motivate the person to try to reduce the dissonance and achieve consonance. 2. When dissonance is present, in addition to trying to reduce it, the person will actively avoid situations and information which would likely increase the dissonance" (S. 3).

Dissonanz definiert Festinger dabei wie folgt:

> "...two elements are in a dissonant relationship if, considering these two alone, the obverse of one element would follow from the other" (1957: S. 13).

Ist ein solcher Spannungszustand einmal entstanden, dann wird die betreffende Person motiviert, ihn abzubauen. Dies kann sie durch Hinzufügen neuer konsonanter Kognitionen, den Abbau der dissonanten oder durch Substitution der dissonanten durch konsonante Kognitionen erreichen.

Für Festinger war die Informationsselektion nur eine unter fünf Situationen, in denen Dissonanz entstehen oder abgebaut werden kann. Er behandelte diesen Teil seiner Theorie unter der Überschrift "Voluntary and Involuntary Exposure to Information". Darin beschrieb er einerseits die Funktion der aktiven Informationssuche zur Reduktion von Dissonanz und andererseits die Möglichkeiten der passiven Entstehung von Dissonanz durch Informationsaufnahme.

Möglichkeiten, wie Dissonanz durch die Informationsaufnahme entstehen kann, sah Festinger unter folgenden vier Konstellationen: 1. zufällige Informationsaufnahme ("accidental exposure"), 2. Zuwendung zu Informationen, die man zunächst als irrelevant für das eigene Einstellungsgefüge ansah ("exposure on an irrelevant basis"), 3. erzwungene Informationsaufnahme ("forced exposure") sowie 4. Informationsaufnahme durch soziale Interaktion ("interaction with other people", S. 132f.). Festinger nahm eine aktive Selektivität ausschließlich für den Zustand der Dissonanz an, vor allem nach getroffenen Entscheidungen:

"If a system of relevant cognitive elements is characterized by a total or near total absence of dissonance, then...there should be little or no avoidance of relevant new information which might impinge on the person. Under such circumstances it is quite conceivable, and even likely, that simply through accidental exposure dissonance may be introduced into this largely consonant system" (1957: S. 132).[1]

Man erkennt daran, daß sich in Festingers Vorstellung das Individuum selektiv entsprechend der eigenen Prädispositionen nur dann verhält, wenn Dissonanz bereits besteht. Über eine aktive Selektivität zugunsten der eigenen Meinung im Zustand der Konsonanz sagte Festinger nichts aus. Insofern ist die Behauptung gerechtfertigt, daß die Anwendung der Theorie der kognitiven Dissonanz in der Publizistikwissenschaft durch Festingers Hypothesen überhaupt nicht abgedeckt war. Auf diesen Umstand wird an späterer Stelle noch einmal zurückgekommen.

Bereits in seinem 1957 veröffentlichten Buch wies Festinger auf die Rolle der Dissonanzstärke hin. Dabei nahm er einen kurvilinearen Verlauf zwischen der Stärke der entstandenen Dissonanz und der Selektivität gegenüber Informationen an. Für das Suchen konsonanter Informationen sagte er eine U-Kurve, für das Vermeiden dissonanter eine umgekehrte U-Kurve voraus (vgl. S. 130). Mit anderen Worten: Geringe Dissonanz und sehr starke Dissonanz erzeugen nach dieser Hypothese das gleiche Selektionsverhalten. Mit einem Experiment, bei dem er bei seinen Versuchspersonen während eines Kartenspiels unterschiedlich starke Dissonanzen erzeugte, konnte er diese Vermutung bestätigen: Versuchspersonen, bei denen er nur schwache und solche, bei denen er sehr starke Dissonanz erzeugt hatte, wandten sich den dissonanten Informationen gleichermaßen lange zu. Personen mit einer mittleren Dissonanz vermieden dagegen solche Informationen am stärksten (vgl. Festinger 1957: S. 170).[2]

2. Verlauf der Dissonanzforschung in der Psychologie

Die Akzeptanz der Dissonanz-Theorie in der Psychologie verlief wellenförmig. Nach einer ersten euphorischen Aufnahme Ende der fünfziger und zu Beginn der sechziger Jahre, die teilweise auf das zu dieser Zeit vorherrschende konsistenztheoretische Paradigma in der Sozialpsychologie zurückgeführt werden kann (vgl. u.a. Newcomb 1953, Osgood und Tannenbaum 1955, Heider

---

[1] Frey (1984: S. 267) vertritt hierzu eine andere Auffassung. Er nimmt an, daß selektive Informationssuche bereits vor Entscheidungen auftritt, wenn zumindest eine "tentative Entscheidung" getroffen worden ist und diese aufrechterhalten werden soll. Er äußert sich jedoch nicht zu dem für die Mediennutzung wichtigsten Fall, daß eine Entscheidung unter der Voraussetzung bereits bestehender Kognitionen zum gleichen Thema für das Individuum überhaupt nicht ansteht.

[2] Das Experiment wurde zwei Jahre später mit geringfügigen Modifikationen von Cohen, Brehm und Latane (1959) mit den gleichen Ergebnissen repliziert.

1958), brachten vor allem die Aufsätze von Freedman und Sears ab 1965 eine gewisse Ernüchterung. Eine Beziehung zwischen den Einstellungen der Individuen und den Inhalten der von ihnen ausgewählten Informationen sei zwar nachweisbar, aber die dissonanztheoretische Begründung für dieses Verhalten entbehre einer hinreichenden Bestätigung durch die empirische Forschung: "Clearly, experimental evidence does not show that there is a general psychological tendency to avoid nonsupportive and to seek out supportive information" (Freedman und Sears 1965: S. 69).

Der von Abelson und anderen herausgegebene Reader "Theories of Cognitive Consistency", in dem sich mit Elihu Katz erstmals auch ein Kommunikationswissenschaftler eher skeptisch zur Anwendung der Theorie auf die Massenkommunikation äußerte, brachte die Theorie praktisch zu Fall. Abelson bemerkte 15 Jahre später: "When in 1968 Elliot Aronson, Bill McGuire, Ted Newcomb, Milt Rosenberg, Percy Tannenbaum, and I edited the monumental sourcebook...we experienced considerable wry awareness that in so exhaustively reviewing this domain we were killing it, or else it was already dead in defiance of all our effort" (1983: S. 38). Abelsons Inhaltsanalyse der psychologischen Fachliteratur über Erwähnungen von Dissonanz- und anderen Konsistenztheorien zeigt aber auch, daß diese Ansätze ab Mitte der siebziger Jahre eine Renaissance erlebten.

Vermutlich haben, ähnlich wie bei der wissenschaftlichen Karriere der Selektionsregel, auch außerwissenschaftliche Gründe dabei eine Rolle gespielt: Die Theorie der kognitiven Dissonanz stellte erstens eine normative Herausforderung dar, weil sie nicht dem Bild des rationalen Menschen entsprach. Sie hatte zweitens, wie alle Gestalttheorien, einen ästhetischen Appeal. Und ihre Hypothesen entsprachen drittens in vielerlei Hinsicht der Alltagserfahrung der Menschen. Die Experimente wurden jedenfalls fortgesetzt, von den einen mit dem Ziel, die Theorie endgültig zu falsifizieren; von anderen mit dem Ziel, zumindest ihren Kern zu retten. Hinzu kam, daß Mills (1968) bei seiner Re-Analyse der Re-Analysen von Sears und Freedman zu einem deutlich positiveren Urteil über die Theorie gekommen war. Er fand nicht eine einzige Studie, "...which would provide substantial evidence against the hypothesis" (S. 774).

Kaum eine andere Theorie spaltete die wissenschaftliche Gemeinschaft so sehr in zwei Lager. Frey (1984) hat Festingers Theorie als die "einflußreichste aller aus der Gestaltpsychologie hervorgegangenen kognitiven Konsistenztheorien" (S. 243) und gleichzeitig als "eine der umstrittensten Theorien in der Sozialpsychologie" (S. 280) bezeichnet. Greenwald und Ronis (1978: S. 55) meinten ironisch, ihre Wissenschaftsgeschichte sei so verlaufen, als wollten diejenigen, die sich mit der Theorie beschäftigten, sie durch ihr eigenes Verhalten bestätigen. Mit anderen Worten: Die Befürworter nahmen die erfolgreichen Falsifikationen und die Gegner die bestätigenden Ergebnisse nicht zur Kenntnis. Die Menge der einschlägigen Publikationen erleichterte dabei den Sozialpsychologen ihre selektive Wahrnehmung: Alleine bis 1978 waren über 800 Studien zu dem Thema publiziert worden.[3]

3. Theoretische und methodische Probleme

Festingers Theorie enthält zumindest in ihren ersten Fassungen eine Reihe von *theoretischen Unklarheiten*. Sie führten zu dem geflügelten Satz seiner damaligen Kollegen: "If you want to be sure, ask Leon" (Frey 1984: S. 246). In der psychologischen Literatur hat man sich eingehend damit auseinandergesetzt. Nur zwei dieser theoretischen Probleme sollen hier kurz angesprochen werden.

Erstens wird in der Theorie nicht zwischen allgemeinen und singulären Kognitionen unterschieden. Dies wird deutlich, wenn man Irles und Möntmanns Definition von kognitiver Dissonanz folgt, die sie in Anlehnung an die Hypothesentheorie der Wahrnehmung (vgl. Kapitel IV) in wissenschaftslogischer Terminologie formulieren. Dissonanz tritt dann auf, wenn ein empirischer Sachverhalt x -> non y existiert, der gemäß einer Hypothese H nicht sein kann und/oder nicht sein darf (vgl. Irle und Möntmann 1978: S. 300).[4]

Irle und Möntmann machen hier also keinen Unterschied zwischen einfachen Kognitionen (x, y) und einer Hypothesen-Kognition (H). Man kann aber annehmen, daß zwischen Einzel-Beobachtungen oder Einzel-Informationen (wissenschaftslogisch: Protokollsätzen) und allgemeinen Fürwahrhaltungen (wissenschaftslogisch: Gesetzen) ein gravierender Unterschied hinsichtlich ihrer Stärke und damit ihrer Bedeutung als Selektionskriterium gegenüber neuen Informationen besteht. Komplizierend kommt hinzu, daß aus der Umwelt angebotene Informationen ebenfalls aus Protokollsätzen oder Gesetzen bestehen können. Sowohl auf der Seite des Individuums als auch auf der Seite der Umweltinformationen stehen sich somit theoretisch zwei Formen von Kognitionen gegenüber. Dies eröffnet eine Vielzahl verschiedener Konstellationen für das Vorhandensein oder die Entstehung von Konsonanz und Dissonanz, die die Theorie nicht berücksichtigte (ähnlich auch Chapanis und Chapanis 1964).

Zweitens wurde nie recht deutlich, welche Rolle das Suchen von konsonanten und das Vermeiden von dissonanten Informationen in der Theorie spielen. Festinger hatte mehrere Handlungsmöglichkeiten genannt, mit denen das Individuum auf Dissonanz reagieren kann: Einerseits kann das Individuum

---

[3] Diese Zahl ermittelten Irle und Möntmann (1978). Nach Entstehung und Folgen von Dissonanz wurde praktisch überall gesucht von der kognitiven Inkonsistenz bei Revolutionären Mozambiques (vgl. Opello 1977) bis zur dissonanzreduzierenden Wirkung von Alkohol (unter dem Titel "Drinking your troubles away", vgl. Steele et al. 1981). Die Forschungsthemen waren thematisch praktisch grenzenlos.

[4] In dieser formalistischen Formulierung ist die Stärke der kognitiven Dissonanz dann eine Funktion der subjektiven Sicherheit für die Wahrheit von H. Diese Sicherheit muß < .5 sein, wenn nur eine Alternative "NON-H" kognitiv existiert. Die subjektive Sicherheit für die Wahrheit, d.h. die empirische Geltung und Erklärungskraft einer Hypothese ist ihrerseits eine Funktion des Verhältnisses von empirischen Bestätigungen und Widerlegungen, die die Person im Laufe der Zeit erfahren hat.

die Aufnahme von neuen Informationen vermeiden und gleichzeitig die bestehenden Kognitionen uminterpretieren. Andererseits kann es aktiv neue Informationen suchen, die mit einer der beiden vorhandenen konsonant sind, um somit im Sinne einer "Mehrheitsentscheidung" die zweite, Dissonanz auslösende Hypothese auszuschalten. In einem bestehenden Dissonanzzustand ist demnach ein logisches Verhalten immer die Suche, nicht das Vermeiden von Informationen. Umgekehrt verhält es sich bei einem Individuum in konsonantem Zustand. In diesem Fall ist ebenfalls nur ein Verhalten sinnvoll: das Vermeiden dissonanter Informationen. Da kein Spannungszustand besteht, gibt es keinen Grund für eine aktive Suche nach neuen Informationen.

Von *methodischer Seite* wurden gegen viele Dissonanzstudien Mängel der internen und der externen Validität sowie Meßprobleme ins Feld geführt. Bei der internen Validität lassen sich noch einmal drei Gesichtspunkte unterscheiden: das direkte Validitätsproblem, das Kontrollproblem sowie das Reduktionsproblem. Das direkte Validitätsproblem betrifft die Frage, ob nicht anstelle der beabsichtigten Manipulation und Messung von Dissonanz tatsächlich andere Variablen gemessen werden und damit irrtümlicherweise deren Wirkung auf die abhängige Variable als Folge des vermeintlichen Dissonanzzustandes ausgegeben wird. Als Beispiele für dieses Validitätsproblem gelten Persönlichkeitsmerkmale wie Dogmatismus (vgl. Chapanis und Chapanis 1964) oder Selbstwertgefühl (vgl. Greenwald und Ronis 1978).

Das Kontrollproblem betrifft die Frage, ob nicht vielleicht Variablen, die im Experiment nicht gemessen bzw. kontrolliert wurden, die abhängige Variable ebenso beeinflussten wie die kognitive Dissonanz. Beispiele hierfür sind die Neugier für die zur Auswahl angebotenen Informationen oder deren Nützlichkeit für das auswählende Individuum (vgl. Feather 1962, Rosen 1961).[1]

Das Reduktionsproblem der Validität betrifft schließlich die Frage, inwieweit die Anordnungen der Dissonanz-Experimente nicht das menschliche Kognitionensystem unzulässig vereinfachten. Bereits 1964 hatten Chapanis und Chapanis kritisiert, es sei unrealistisch, das Kognitionssystem eines Individuums auf ausschließlich zwei miteinander in Konsonanz oder Dissonanz stehende Kognitionen zu reduzieren, von denen auch noch mindestens eine erst künstlich im Labor erzeugt wird. Wahrscheinlicher sei es, daß die experimentellen Manipulationen in den Versuchspersonen sehr viel mehr Kognitionen auslösten oder (bereits bestehende) "anstießen" als gemessen und mit dissonanztheoretischen Annahmen begründet würden. Das beobachtete Verhalten der Versuchspersonen sei somit das Produkt einer Vielzahl von Kognitionen, von denen nur die induzierten und gemessenen bekannt seien.

Hinsichtlich der externen Validität wurden die Auswahl der Versuchspersonen und die Auswahl der experimentellen Stimuli kritisiert. Wie in den

---

[1] Wicklund und Brehm (1976) diskutieren einzelne die Theorie bestätigende oder falsifizierende Studien unter dem Gesichtspunkt des Kontrollproblems für intervenierende Variablen und gelangen danach zu einem eher positiven Urteil über den Bestätigungsgrad der Theorie.

meisten psychologischen Experimenten waren die Versuchspersonen Studenten. Im Falle der Dissonanzstudien kann dieser Umstand die Verallgemeinerbarkeit der Ergebnisse noch mehr infragestellen als sonst. Einerseits weiß man, daß Studenten weniger dogmatisch sind als der Durchschnitt der Bevölkerung. Andererseits zeigte sich in der Dissonanzforschung (vgl. Donohew und Palmgreen 1971 a/b), daß weniger dogmatische Personen sich auch weniger selektiv gegenüber dissonanten Informationen verhalten. Barlett et al. (1974) vermuten hier eine Erklärung für viele Falsifikationen der Dissonanz-Hypothese. Andere Kritiker zogen in Zweifel, daß die konstruierten Konflikte, in die man die Versuchspersonen brachte, bedeutend genug waren, um ihnen tatsächlich die Verweigerung dissonanter Informationen nahezulegen. Vielfach waren die als dissonant deklarierten Informationen so irrelevant für das Einstellungssystem der Personen, daß sie ohne kognitive Schäden aufgenommen werden konnten (vgl. hierzu auch Abelson 1983).

Hinsichtlich der Meßprobleme wurde bemängelt, daß in vielen Experimenten die Dissonanzstärke nur dichotomisch gemessen wurde, obwohl sowohl Festinger als auch Forscher nach ihm einen kurvilinearen Zusammenhang nachgewiesen hatten (vgl. u.a. Lowin 1967). Auch hätten die meisten Studien analytisch nicht zwischen Suchen und Vermeiden von Informationen unterscheiden können, da ihnen eine neutrale Grundlinie hinsichtlich des kognitiven Zustandes der Versuchspersonen fehlte. Carter et al. (1969) wiesen darauf hin, daß Suchen und Vermeiden nur dann die beiden Seiten einer Hypothese darstellen, wenn die homöostatische Annahme zu Beginn eines Experiments zutrifft. Ist bei einem Individuum jedoch bereits vorher ein dissonanter Zustand gegeben bzw. durch die experimentelle Anordnung induziert, dann hat es nur noch die Auswahl zwischen mehr oder weniger Dissonanz.

Aber es kam auch im Verlaufe der vielen Experimente zu einigen *methodischen Innovationen*, die die Akzeptanz der Theorie der kognitiven Dissonanz wieder steigerten. Donohew und Palmgreen (1971 a/b) konnten Dissonanz als Spannungszustand auch physiologisch nachweisen. Mit Hilfe eines Hautgalvanometers maßen sie die Veränderung des Hautwiderstandes bei ihren Versuchspersonen, wenn diese mit Dissonanzen erregenden Informationen konfrontiert wurden.[1] Damit war einer der Zweifel an den Grundvoraussetzungen für die Geltung von Festingers Theorie entkräftet, nämlich daß Dissonanz überhaupt einen physiologischen Instabilitätszustand darstelle.

Zum ersten Mal wurde auch das Selektionsverhalten zeitgleich im Kommunikationsprozeß und nicht nur bei angebotener bzw. antizipierter Kommunikation gemessen. Brock und Balloun (1967) gaben ihren Versuchspersonen die Möglichkeit, beim Anhören eines Textes bestimmte Passagen durch Knopfdruck so einzustellen, daß sie deutlicher hörbar und nicht durch ein Rauschen verzerrt

---

[1] Frey berichtet von Studien, nach denen sich bei Versuchspersonen unter hoher Dissonanz auch Hunger und Durst verringerten sowie ein geringeres Maß an ungesättigten Fettsäuren und Zuckergehalt im Blut nachweisen ließ (1984: S. 272).

waren. Teile dieser Texte waren konsonant, andere dissonant für die Probanden. Ihre Ergebnisse bestätigten die dissonanztheoretischen Annahmen.

In zahlreichen Studien wurde der von Chapanis und Chapanis (1964) geäußerten Kritik einer "large number of confounded variables" in den Dissonanz-Experimenten begegnet. Als vorrangige Störvariablen, die zu einer Konfusion über die Gültigkeit der Theorie geführt hatten, nennen Wicklund und Brehm (1976): Neugier, intellektuelle Ehrlichkeit, Nützlichkeit und die Attraktivität der Auswahlalternativen. Die theoretischen und empirischen Grenzen der Theorie der kognitiven Dissonanz wurden deutlicher, nachdem man diese und andere intervenierende Variablen kontrolliert hatte.

4. Intervenierende Variablen zur Dissonanz-Hypothese

Wissenschaftsgeschichtlich läßt sich die Entwicklung der Dissonanz-Theorie vor allem unter dem Aspekt der Kumulation von intervenierenden Variablen betrachten. Diese intervenierenden Variablen hatten zwei grundsätzlich verschiedene Funktionen: Sie waren entweder notwendig, um den Kern der Dissonanzhypothese zu retten, oder sie präzisierten die Grundannahme für bestimmte Randbedingungen. Die intervenierenden Variablen lassen sich nach drei Merkmalen unterteilen: 1. Ihrer Zuordnung, d.h. ob es sich um Merkmale des Rezipienten oder Merkmale der Information handelt; 2. ihrer Abhängigkeit, d.h. ob sie durch die Merkmale des jeweils anderen Objekts (Rezipient, Information) beeinflußt werden; sowie 3. ihrer Manipulierbarkeit, d.h. ob es sich um im Experiment veränderbare oder um zugewiesene Variablen handelt.

Schaubild 5.1 gibt einen Überblick über die wichtigsten intervenierenden Variablen und ihre Zuordnung entsprechend den genannten Kriterien.[1] Im folgenden Abschnitt werden für die wichtigsten intervenierenden Variablen beispielhaft einige Studien vorgestellt, an denen die inzwischen vorliegenden Modifikationen der Dissonanz-Hypothese deutlich werden.

Merkmale der Rezipienten

Das wichtigste *informationsunabhängige Merkmal der Rezipienten* ist der Dogmatismusgrad. Donohew, Parker und McDermott (1972) präsentierten ihren Versuchspersonen auf einem Bildschirm drei verschiedene Informationen, von denen eine zu deren eigener Meinung konsonant, eine andere dissonant und eine weitere neutral waren. Die Zuwendungszeit beim Lesevorgang wurde durch eine

---

[1] Nicht alle Zuordnungen in Schaubild 5.1 lassen sich eindeutig treffen. In solchen Fällen werden die Variablen in Klammern gesetzt. Bei einigen Variablen hängt es darüber hinaus von Definition und Operationalisierung ab, ob sie als rezipienten- bzw. informationsabhängig oder als aktive oder zugewiesene Variable gelten können.

Schaubild 5.1: Intervenierende Variablen zur selektiven Zuwendung in der dissonanztheoretischen Forschung der Psychologie

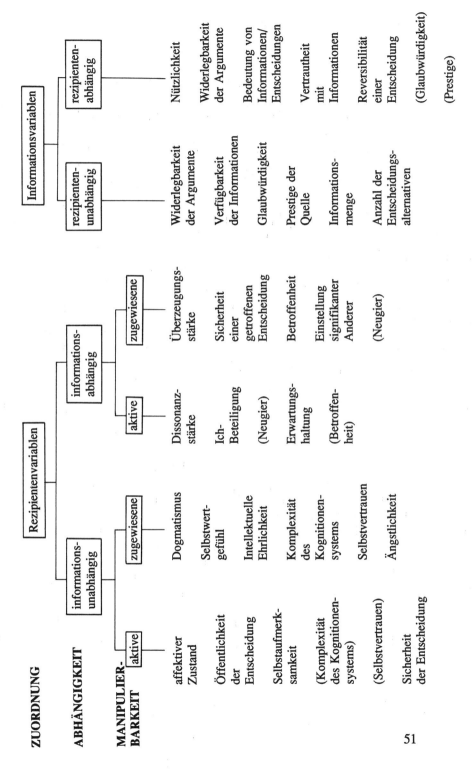

Augenbewegungs-Kamera nachgezeichnet, die physiologischen Reaktionen wurden durch einen Hautgalavanometer gemessen. Personen mit geringen Dogmatismuswerten setzten sich weniger den zu ihrer eigenen Meinung diskrepanten Informationen aus als Personen mit höheren Dogmatismuswerten. Letztere erlebten aber offensichtlich einen geringeren körperlichen Stress bei der Verarbeitung von Dissonanzen (vgl. auch Donohew und Palmgreen 1971b). Die Autoren führen ihre Ergebnisse darauf zurück, daß sich tolerantere Personen eher verpflichtet fühlen, sich mit dissonanten Informationen auseinanderzusetzen, dann unter dieser Dissonanz aber deutlich mehr leiden. Dogmatiker hätten es dagegen leichter, die nicht zu ihrem eigenen Einstellungsgebäude passenden Informationen als irrelevant abzutun (vgl. zum Dogmatismgrad auch Innes 1978, Durand und Lambert 1975, Clarke und James 1967).

Auch eine generelle Ängstlichkeit korreliert nach einer nichtexperimentellen Studie von Hawkins (1972) hoch mit der Tendenz, nach Entscheidungen Dissonanzgefühle zu empfinden. Hawkins kam nach seiner Studie zu dem Fazit: "...it appears that a general tendency to worry after making a decision is closely related to chronic or trait anxiety" (S.65).

Olson und Zanna (1979) untersuchten das Selektionsverhalten von repressiven und sensitiven Personen. Es zeigte sich, daß repressive Personen eher dissonante Informationen vermeiden. Die Autoren kennzeichen sie als "people who emphasize positive or supportive information when faced with an anxiety-provoking situation". Dagegen neigten sensitive Personen eher dazu, sich dissonanten Informationen zuzuwenden. Sie suchten eine intellektuelle Auseinandersetzung und Konfrontation mit den dissonanten Informationen als Strategie für ihre Angstreduzierung.

Das bedeutendste *informationsabhängige Merkmal der Rezipienten* ist die Dissonanzstärke. Auf sie wurde bereits oben verwiesen. Es handelt sich bei ihr um keine intervenierende Variable im engeren Sinn, da sie bereits Bestandteil der Grundhypothese Festingers war. Da sie aber durch die Art der Information bzw. Situation beeinflußt wird, läßt sie sich hier mit aufführen. Cohen, Brehm und Latane (1959) bestätigten mit einem ähnlichen Experiment, wie es Festinger durchgeführt hatte, den Befund einer U-Kurve zwischen Dissonanzstärke und selektiver Zuwendung. Keinen eindeutigen Zusammenhang fanden dagegen Mills, Aronson und Robinson (1959). Ihre Versuchspersonen wählten lediglich positive Informationen über eine von ihnen getroffene Entscheidung im Falle von Konsonanz häufiger aus, nicht jedoch negative (vgl. zur Dissonanzstärke auch Rhine 1967).

Mills und Ross (1964) variierten die Selbstverpflichtung ihrer Versuchspersonen, indem sie einer Gruppe ankündigten, ihr Standpunkt würde anschließend veröffentlicht werden. Die Sicherheit des eigenen Urteils wurde bei den Versuchspersonen durch eine Selbsteinstufung gemessen. Anschließend wurden den Versuchspersonen Informationen angeboten, die entweder ihren eigenen Standpunkt unterstützten oder kritisierten. Es zeigten sich starke Interaktionseffekte zwischen den beiden unabhängigen Variablen. Wenn sich die Versuchspersonen auf ihren Standpunkt verpflichten mußten und unsicher waren, präferierten sie unterstützende Informationen. Aber auch wenn ihr Standpunkt nicht veröffentlicht werden sollte und sie sich ihrer eigenen Meinung sicher waren, bevorzugten sie die Argumente, die ihren Standpunkt stützten.

Schließlich stellt der Grad der Betroffenheit durch das Thema (ego involvement) eine weitere wichtige intervenierende Variable dar. Chaffee und Roser (1986) weisen mit einigen Einschränkungen nach, daß Personen mit starker Betroffenheit eher dazu tendierten, ihr Wissen, ihre Einstellungen und ihr Verhalten in Bezug auf ein Gesundheitsthema in Einklang zu bringen als Personen mit geringer Betroffenheit. Korgaonkar und Moschis (1982) kamen zu einem ähnlichen Ergebnis im Bereich der Konsumforschung. Personen mit starker Produktbindung (product involvement) wählten nach einer Kaufentscheidung eher unterstützende Informationen aus als Personen mit geringer Produktbindung.

Merkmale der Information

Bei den Informationsvariablen ist es nur schwer möglich, die vorgeschlagenen Unterscheidungen in abhängige und unabhängige sowie aktive und zugewiesene Merkmale durchzuhalten. Die Kategorisierung hängt in hohem Maße von der jeweiligen Operationalisierung ab. Eher unabhängig von den Merkmalen des Rezipienten sind Glaubwürdigkeit und Prestige der Informationsquelle. Die hierzu vorliegenden Experimente maßen nicht die Informationsselektion sondern die Wirkung zwangsweise aufgenommener Informationen auf Einstellungen und Verhalten. Die Versuchspersonen in Tans (1975) Experiment nahmen dissonante Informationen aus glaubwürdigen Quellen näher am eigenen Standpunkt wahr als sie es tatsächlich waren (Assimilation). Im Experiment von Manis (1961) kam es zu einer gegenteiligen Reaktion: Die Versuchspersonen distanzierten bei der Wiedergabe den Standpunkt der Quelle von der eigenen Meinung. In beiden Fällen versuchten sie aber, Konsistenz herzustellen.

Die Nützlichkeit von Informationen kann den Einfluß von Konsonanz und Dissonanz ausschalten. Hillis und Crano (1973) stellten ihren Versuchspersonen die Aufgabe, eine Rede zum Thema Schwangerschaftsabbruch zu halten, wobei die Tendenz der Rede (pro und contra) nach dem Zufallsprinzip zugeordnet wurde. Zur Vorbereitung auf ihre Aufgabe konnten die Versuchspersonen befürwortende und ablehnende Argumente einsehen. Art, Anzahl und Dauer der eingesehenen Informationen bildeten in diesem Fall die abhängige Variable. Die Ergebnisse zeigen einen deutlichen Einfluß der Nützlichkeit: Auch Gegner der Abtreibung, die eine befürwortende Rede halten sollten, widmeten sich überwiegend den Pro-Argumenten und umgekehrt. Insgesamt 48 Prozent der Varianz in der Zuwendung zu Informationen konnten durch die Nützlichkeit und nur knapp 5 Prozent durch Konsonanz und Dissonanz erklärt werden[1] (vgl. zur Nützlichkeit auch Canon 1964 und Freedman 1965).

Bereits Festinger hatte vermutet, daß die Widerlegbarkeit von Argumenten die Rolle von Konsonanz und Dissonanz beeinflusse. Lowin (1967) konnte diesen Zusammenhang in einem Feldexperiment nachweisen. Er verschickte an rund 600 Personen Wahlkampfbroschüren mit verschieden starken Argumenten für und gegen die Kandidaten Johnson und Goldwater. Zu diesen Argumenten konnten die Versuchspersonen mit Hilfe einer Antwortpostkarte zusätzliche Informationen anfordern. Die Ergebnisse lassen sich in vier Punkten zusammenfassen: 1. überzeugende konsonante Argumente wurden schwachen konsonanten vorgezogen; 2. schwache dissonante Argumente wurden überzeugenden dissonanten vorgezogen; 3. überzeugende konsonante Argumente wurden überzeugenden dissonanten vorgezogen; 4. schwache dissonante Argumente wurden schwachen konsonanten vorgezogen.[2] Die Ergebnisse wurden mit einer anderen experimentellen Anordnung von Kleinhesselink und Edwards (1975) in jedem einzelnen Punkt bestätigt.[3]

5. Bestätigungsgrad der Dissonanz-Hypothese aus heutiger Sicht

Die Vielzahl der in der Zwischenzeit durchgeführten Studien hat bis heute nicht dazu geführt, daß es in der wissenschaftlichen Gemeinschaft ein allgemein anerkanntes Urteil darüber gibt, ob Festingers Grundannahmen und deren spätere Modifikationen als bestätigt oder falsifiziert gelten können. Man kann heute in der psychologischen Fachliteratur allenfalls eine Einigkeit darüber feststellen, daß die Theorie in ihrem ursprünglichen Anspruch nicht zu halten ist.

Es war anfangs Festingers Hoffnung gewesen, die Theorie der kognitiven Dissonanz als ein allgemeines psychologisch-biologisches Gesetz zu etablieren, wie seine Experimente mit Ratten zeigen (vgl. Lawrence und Festinger 1962). Dieser Anspruch ist eindeutig gescheitert. Übrig geblieben ist die Frage, ob Menschen generell danach streben, Inkonsistenzen in ihren Kognitionen abzu-

---

[1] Die den Versuchspersonen gestellte Aufgabe, eine Rede zu halten, ist ein besonders stark motivierender Stimulus, der den Einfluß der Nützlichkeit gegenüber dem Einfluß von Konsonanz und Dissonanz unrealistisch in die Höhe getrieben haben dürfte. Dennoch ist unzweifelhaft, daß die Nützlichkeit der Information eine wichtige intervenierende Variable darstellt.

[2] Die Ergebnisse lassen sich auch unter dem Aspekt der Nützlichkeit (s.o.) interpretieren: Schwache Argumente für den eigenen Standpunkt nützen für politische Auseinandersetzungen weniger als die Vertrautheit mit den Argumenten des Gegners.

[3] Die Autoren wandten das von Brock und Balloun (1967) entwickelte Verfahren zur synchronen Messung der Informationsselektion an (s.o.). Hierzu wurde den Versuchspersonen entweder eine Rede für oder gegen die Legalisierung von Marihuana auf Tonband vorgespielt. Die Reden waren durch ein Geräusch überlagert. Die Versuchspersonen hatten die Möglichkeit, diese Maskierung durch Knopfdruck zu unterdrücken, um die Argumente ungestört zu hören.

bauen bzw. zu vermeiden. Aronson hatte bereits im TOCCAS-Band vermutet: "Man cannot live by consonance alone" (1968: S. 26). Die Tendenz, zwischen den vorhandenen Kognitionen eine Stimmigkeit herzustellen, ist *eine*, aber offensichtlich nicht die dominierende Antriebskraft für die Dynamik der menschlichen Realitätswahrnehmungen und Einstellungen.

Im Zusammenhang mit den intervenierenden Variablen wurde bereits die Vielzahl der einschränkenden Randbedingungen angesprochen. Sie bilden die Grenzen des Geltungsbereichs der Theorie. Irle und Möntmann nennen sie "Rückzugsgefechte", mit denen versucht wurde - relativ erfolgreich nach Auffassung der Autoren - von der Theorie zu retten, was zu retten ist. Abelson (1983) kommt nach seinem Rückblick auf die Forschung zu dem Urteil: "The long-term trend since the early 1960s thus seems to indicate a steady loss of faith that inconsistency reduction is an independent human motive" (S. 40). Greenwald und Ronis (1978) gehen in ihrer Kritik noch weiter: Die heute akzeptierten Versionen der Dissonanz-Theorie hätten nichts mehr mit der ursprünglichen Hypothese Festingers zu tun. Was an einigermaßen gesichertem Wissen vorliege, werde praktisch durch die "self-esteem-Theorie" erklärt: "Dissonance theory has evolved, in other words, in the direction of convergence with a body of theory that predated it" (S. 55, vgl. auch Frey 1984: S. 276).

Es ist allerdings fraglich geblieben, inwieweit die oft falsifizierenden oder zumindest widersprüchlichen Ergebnisse der Dissonanzforschung auf Probleme der Geltung der Theorie (Wahrheitsproblem) oder auf Probleme der Messung (Validitätsproblem) zurückzuführen sind. Mit den methodischen Fortschritten bei späteren Experimenten wuchs auch die Gewißheit, daß das Streben nach Konsonanz bzw. das Vermeiden von Dissonanz zumindest eine unter mehreren Erklärungsvariablen für die Informationsselektion darstellt. Cotton (1985: S. 19) kommt daher auch zu einem eher positiven Fazit der jüngeren Dissonanzforschung, die er ab Ende der sechziger Jahre ansiedelt: "The later research on selective exposure, generally more carefully controlled, has produced more positive results. Almost every study found significant selective-exposure effects." (S. 25).

Vor dem Hintergrund der bisherigen Forschung läßt sich der Bestätigungsgrad der Dissonanz-Theorie in den folgenden fünf Thesen zusammenfassen:

1. Das Vermeiden von Dissonanz bzw. das Streben nach Konsonanz im Kognitionen-System sind Motive, die bei der Zuwendung zu Informationen eine eigenständige Rolle spielen. Die behauptete Kausalbeziehung hat aber nicht den Charakter eines allgemeinen Gesetzes, dem alle anderen Ursache-Variablen für die Informationsselektion unterzuordnen sind.

2. In vielen Experimenten, insbesondere der frühen Forschungsphase, wurde die Bedeutung der kognitiven Dissonanz überschätzt, weil man sie mit anderen Ursache-Variablen für die Informationsselektion konfundierte. Später haben sich

die folgenden Faktoren als Alternativ-Erklärungen anstelle der Dissonanz herausgestellt: Nützlichkeit, Attraktivität und Vertrautheit von Informationen sowie Interesse, Neugier und intellektuelle Ehrlichkeit des Rezipienten. Wann immer diese Variablen nicht zusätzlich zu Konsonanz und Dissonanz gemessen wurden, kommen sie als alternative Interpretation für solche Ergebnisse in Betracht, die prima facie die Dissonanz-Hypothesen zu bestätigen schienen.

3. Im Verlauf der empirischen Forschung haben sich einige andere Faktoren herauskristallisiert, mit denen sich die Bedingungen präzisieren lassen, unter denen Festingers Hypothese überhaupt zutrifft. Als bedeutendste Randbedingung ermittelte man, daß die angebotenen Informationen für das Individuum relevant sein müssen.

4. Man kann heute mit relativ großer Sicherheit Merkmale des Rezipienten und Merkmale der Information benennen, die Prognosen über das Ausmaß der Wirkung von Konsonanz und Dissonanz erlauben. Die wichtigsten Rezipienten-Merkmale sind dabei dessen Dogmatismusgrad, seine Ängstlichkeit bzw. sein Selbstvertrauen und der Grad der entstandenen Dissonanz. Die bedeutendsten Informationsmerkmale sind die Widerlegbarkeit bzw. Stärke der angebotenen Argumente sowie die Glaubwürdigkeit der Quelle.

5. Weiterhin unklar ist die Frage, inwieweit zwischen der Suche nach konsonanten und dem Vermeiden von dissonanten Informationen unterschieden werden kann. Bisher haben nur wenige Studien analytisch eindeutig selektives Vermeiden nachgewiesen (Mills 1965, Rhine 1967, Cotton und Hieser 1980). Ziemke (1980) schlägt vor, die Unterscheidung ganz fallen zu lassen, da sie eine unnötige Einengung der Perspektive darstelle und auch für Festingers Ausgangs-Hypothese theoretisch nicht erforderlich sei.

Frey formuliert insgesamt sechs Ansprüche an die zukünftige Forschung: 1. Gegenseitige Evaluation der verschiedenen Modifikationen, die die Theorie inzwischen erfahren hat; 2. Präzisierung der Wenn-Komponente, d.h. Antwort auf die Frage, ob auch Erkenntnis- und nicht nur Handlungsentscheidungen von der Theorie abgedeckt werden; 3. Präzisierung der Dann-Komponente, d.h. Antwort auf die Frage, welche Kognitionen überhaupt für Änderungen mit dem Ziel der Dissonanz-Reduktion zur Disposition stehen; 4. mehr Feld- statt Labor-Studien, d.h. Studium der Informationsauswahl unter natürlichen Umständen; 5. mehr Untersuchungen, die den Erregungszustand des Individuums als unabhängige bzw. intervenierende Variable einbeziehen und 6. Aufarbeitung des Theorie-Defizits (Frey 1984: S. 281f.).

6. Fazit für die publizistikwissenschaftliche Selektionsforschung

Unter den von Frey genannten Leitlinien für die zukünftige Dissonanzforschung befinden sich drei, die vor allem aus publizistikwissenschaftlicher Sicht von Bedeutung sind. Dazu gehört die Frage, inwieweit die Dissonanz-Theorie nicht nur für Handlungs- sondern auch für Erkenntnisentscheidungen gilt. In der gesellschaftlichen Kommunikation geht es überwiegend um solche Erkenntnisentscheidungen, etwa das Fürwahrhalten von Sachverhalten oder die Zuordnung von Eigenschaften zu Personen. In der psychologischen Forschung dominierten jedoch bisher Studien, die die kognitive Dissonanz über Handlungsentscheidungen operationalisierten.

Auch Freys Wunsch nach einer Klärung der Frage, welche Kognitionen in welchem Ausmaß zur Reduktion von Dissonanz geändert werden, ist für die Massenkommunikation von Bedeutung. Man weiß bis heute wenig darüber, bei welchen Medieninhalten Konsonanz und Dissonanz zwischen der Meinung des Rezipienten und den angebotenen Informationen eine Rolle spielen und wann diese Beziehung eher unbedeutend, d.h. ohne Wirkung auf die Selektionsentscheidung ist.

Schließlich ist Freys Plädoyer für mehr Feld- statt Labor-Studien im Interesse der Publizistikwissenschaft:

"Eine Theorie kann um so mehr Geltungskraft beanspruchen, je mehr sie auch in 'relevanten' und 'problematischen' Sachverhalten außerhalb des Labors getestet wurde" (Frey 1984: S. 281, vgl. auch Cotton 1985).

Die Befunde zur Theorie der kognitiven Dissonanz stehen in einem eigentümlichen Paradox zu den Befunden der Wirkungsforschung: Im Gegensatz zum Nachweis von Medienwirkungen, die im Labor stark und im Feld nur schwach oder überhaupt nicht gefunden wurden, mißlangen häufig Nachweise für Selektivität in der psychologischen Laborforschung. Gleichzeitig fand die publizistikwissenschaftliche Feldforschung viele, wenngleich methodisch unzureichende Indizien für die Selektivität des Publikums. Beide Phänomene könnten in einem Zusammenhang stehen. Die Mehrzahl der Labor-Experimente schuf vermutlich zu unrealistische Situationen, um den Schutzschild der selektiven Zuwendung zu aktivieren. Gleichzeitig führten die auf diese Weise aufgenommenen Informationen zu Wirkungen, die sich in der natürlichen Situation nicht reproduzieren ließen.

Von großer Bedeutung ist für die Publizistikwissenschaft auch die Auseinandersetzung darüber, ob Selektivität zur Vermeidung von Dissonanz auch im Zustand der Konsonanz stattfinden kann oder lediglich, wie dies Festinger behauptete, nur zum Abbau bereits bestehender Dissonanz eingesetzt wird. Dies führt wieder zu dem bereits mehrfach angesprochenen Problem zurück, zwischen Informationssuche und Informationsvermeidung unterscheiden zu können. Der Publizistikwissenschaft geht es nicht primär darum, ob die Rezipienten ihre Selektivität funktional dazu einsetzen, um eine bestehende Dissonanz abzubauen. Viel bedeutsamer ist für sie, ob die Dissonanz-Theorie ein generelles Erklärungsmodell für das Auswahlverhalten gegenüber Medieninhalten anbieten kann, zumindest gegenüber solchen Informationen, die einen Bezug zu den bereits vorhandenen Einstellungen der Rezipienten haben. Mit anderen Worten: für die publizistikwissenschaftliche Selektionsforschung sind nicht die Medieninhalte potentielle Instrumente zur Reduktion von Dissonanz, sondern ist die *Selektivität ein Instrument zur Kanalisierung von Medieninhalten entsprechend den kognitiven Bedürfnissen des Rezipienten.*

Folglich steht gerade das Selektionsverhalten in einem spannungslosen Zustand im Mittelpunkt des Interesses. Für diesen Zustand hatte Festinger überhaupt keine Hypothesen entworfen. Spätere Experimente zur Informationsselektion, vor allem in der Publizistikwissenschaft, unterstellten einfach die Übertragbarkeit der Hypothese auf konsonante Konstellationen.[1] Damit bleiben vor allem zwei Fragen offen: 1. Gibt es überhaupt ein Selektionsverhalten zugunsten der bestehenden Meinung, wenn keine Dissonanz besteht? 2. Wenn ja, handelt es sich dabei um ein passives Vermeiden dissonanter oder eine aktive Suche zusätzlicher konsonanter Informationen?[2] Schaubild 5.2 stellt schematisch die verschiedenen Verhaltensoptionen und die damit verbundenen offenen Fragen gegenüber.

In diesem Zusammenhang können dann auch die physiologischen Bedingungen der Wahrnehmung die Rolle von Konsonanz und Dissonanz in einem neuen Licht erscheinen lassen. Die Kausalitätskette zwischen dem kognitiven Zustand eines Individuums und seinem Selektionsverhalten gegenüber Informationen kann wesentlich komplexer sein, wenn im sensorischen Speicher Signale vorkodiert und aufgrund dieser Vorkodierung eine Filterung vorgenommen werden kann. Die Diagnose eines konsonanten oder dissonanten Zustandes des Rezipienten wird dann zu einer Frage des Ortes und der Zeit: Während im sensorischen Speicher für Bruchteile von Sekunden eine Dissonanz entsteht, bleiben die dauerhaften Kognitionen des Rezipienten davon unberührt. Diese Konstellation wäre dann als passives Vermeiden zu klassifizieren.

In einer zweiten Phase könnte, unter der Bedingung, daß unbeabsichtigt oder aus anderen Gründen (z.B. Interesse oder Nützlichkeit), diskrepante Informationen dennoch aufgenommen und in den Kurzzeit- oder sogar Langzeitspeicher gelangen, der kurzfristig vorhandene Spannungszustand zu einer verstärkten Suche nach Informationen für den eigenen Standpunkt führen. Dieses Verhalten wäre dann als aktive Suche zu klassifizieren. Mit anderen Worten: Die Matrix in Schaubild 5.2 ist vermutlich noch zu grob, um die möglichen Kombinationen zwischen kognitivem Zustand und Informationsverhalten zu beschreiben, wie sie gerade in der Massenkommunikation vorkommen.

---

[1] Vgl. etwa Barlett et al. (1974); auf diese Studien wird im nächsten Kapitel zurückgekommen.

[2] Der bolstering-Effekt, den Festinger (1957), Abelson (1959), Brehm und Cohen (1962) sowie Weick (1968) beschreiben, geht ebenfalls vom Zustand bereits vorhandener Spannungen aus und liefert somit keine Antwort auf diese Frage.

Schaubild 5.2: Suchen und Vermeiden von Informationen

Kognitiver Zustand

		Dissonanz	Konsonanz
V e r h a l t e n	aktiv	Suche nach konsonanten Informationen*	Suche nach zusätzlichen konsonanten Informationen(??)
	passiv	Vermeiden dissonanter Informationen (??)	Vermeiden dissonanter Informationen(??)

* In der Theorie der kognitiven Dissonanz prognostiziert

VI.

Informationsselektion in der Massenkommunikation

Wie eingangs erwähnt, war die Theorie der kognitiven Dissonanz die herausragende theoretische Begründung für die Informationsselektion in der Massenkommunikation. Ich werde daher auch in diesem Kapitel den Blick vor allem auf solche Ansätze und Befunde richten, die die Mediennutzung mit den bestehenden Einstellungen der Rezipienten erklären. Allerdings konkurriert mit diesen Ansätzen eine Reihe weiterer Forschungsrichtungen, die hier nicht ganz vernachlässigt werden können. Die Auswahlentscheidungen der Rezipienten sind vermutlich das Ergebnis eines sehr komplexen Prozesses, in dem verschiedene Ursachefaktoren zusammenspielen bzw. je nach Situation das Verhalten steuern.

1. Teilhabe an der Massenkommunikation als Selektion

Zunächst stellt sich die Frage, welche Auswahlentscheidungen der Rezipienten vor dem Hintergrund der in Kapitel III vorgeschlagenen Definition noch zur "Selektion" gerechnet werden sollen. Bei einem sehr weit gefaßten Selektionsbegriff könnte man auch noch die Entscheidung, überhaupt an der Massenkommunikation teilzunehmen, dazurechnen (vgl. Donsbach 1989a). Vor allem in den Vereinigten Staaten gibt es eine recht umfangreiche Forschungsrichtung, die sich der Frage widmet, welche Merkmale Nutzer von Massenmedien und Nicht-Nutzer unterscheidet. In den meisten Fällen lassen sich diese Ansätze hier ausgrenzen, da das dort untersuchte Verhalten nicht mit "physischen oder inhaltlichen Merkmalen der Signale" (vgl. die Definition in Kapitel III) sondern ausschließlich mit demografischen Merkmalen der Rezipienten erklärt wird.

So ermittelten beispielsweise Sobol und Jackson-Beeck (1981), daß unter den knapp 5 Prozent Erwachsenen in den USA, die keine Zeitung lesen, mehr ältere, verwitwete, geschiedene und ärmere Menschen sind (vgl. auch Burgoon und Burgoon 1980, Bogart 1981, 1989).[1] Mit dem Kosten-Nutzen-Ansatz zur Erklärung des Zeitunglesens operiert eine Studie von Chaffee und Choe (1981). Die Autoren nehmen an, daß Zeitunglesen mit bestimmten Kosten verbunden ist und durch Zwänge eingeschränkt wird, die sowohl auf den Einzelnen von außen einwirken als auch in ihm selbst vorhanden sind. Strukturelle Gründe bestimmen danach, ob eine Person über die Zeit konstant keine Zeitungen liest. Transitionale Gründe, vor allem Mobilität und Alter, erklären am besten einen Verhaltenswechsel. Im Zuge der Ausbreitung neuer Kommunikationstechniken

---

[1] Eine deutsche Studie von Berg und Kiefer (1982: S. 17) ermittelte ebenfalls Einkommen und politisches Interesse als dominante Faktoren für die Teilnahme an der Massenkommunikation. Ein Einkommen unter DM 1.500 verdoppelt die Wahrscheinlichkeit, daß in einem Haushalt keine Tageszeitungen gelesen wird. Etwas geringer ist der Einfluß des politischen Interesses.

wie Kabel- und Satellitenfernsehen untersuchten mehrere Studien auch die Merkmale von Personen, die diese neuen Übertragungstechniken nutzen bzw. nicht nutzen (vgl. Noelle-Neumann und Schulz 1988, Reagan 1989, Umphrey 1989).

In einem Grenzbereich zu der hier untersuchten Frage bewegen sich Studien, die die Teilhabe an der Massenkommunikation durch allgemeine Verhaltens-Theorien zu erklären versuchen. Diese Studien gehen implizit von Merkmalen des Medieninhalts aus. Ein klassischer Ansatz ist hier die Spiel-Theorie Stephensons (1967). Der Autor erklärte das Zeitunglesen mit dem Spaß, den die Leser daran haben.[1] Ebenfalls zu den klassischen Ansätzen gehören funktionale Analysen, mit denen die manifesten und latenten Bedürfnisbefriedigungen durch Massenmedien beschrieben werden sollen. Aufbauend auf allgemeinen soziologischen Theorien (vgl. vor allem Merton 1949, zusammenfassend: Turner und Maryanski 1979) finden die Vertreter dieses Ansatzes zu Erklärungen sowohl für die Mediennutzung allgemein als auch für spezifische Inhalte der Medien (vgl. Herzog 1944, Lasswell 1948, Warner und Henry 1948, Wright 1960).

Eine willkommene Situation für funktionale Analysen stellt das Verhalten der Menschen bei Wegfall der Institution dar, deren Funktion man untersuchen will. Berühmt geworden sind daher die Studien von Berelson über die Folgen der beiden New Yorker Zeitungsstreiks von 1945 und 1958 (vgl. Berelson 1949, Berelson und Kimball 1959, Heilmann 1964, vgl. auch de Bock 1980, Rosenberg und Elliott 1987). Berelson und Kimball ermittelten sechs verschiedene Gratifikationen, die die Zeitungen für die Bürger erfüllen, darunter Überwachung des Lebensbereiches (surveillance), Sozialprestige durch die Möglichkeit, als gut informiert zu gelten, und Entspannung vom Alltag. De Bock (1980) untersuchte die Funktionen der Massenmedien in Holland während eines Druckerstreikes (keine Zeitungen) und während eines Stromausfalls (kein Fernsehen). Der Autor nimmt an, daß die Presse generell eher eine Überwachungs-Funktion erfüllt, während das Fernsehen eher eine Beschäftigungs-Therapie darstellt. Für beide Medien gilt aber gleichermaßen stark, daß sie mit ritualisiertem, habitualisiertem Verhalten verbunden sind, das oftmals unabhängig von den angebotenen Inhalten ist.[2]

Ein weiterer funktionaler Ansatz geht davon aus, Mediennutzung könne als Ersatz für fehlende soziale Beziehungen in der Wirklichkeit dienen. Die Vertreter dieses Ansatzes nehmen an, daß Rezipienten über die Identifikation

---

[1] In einem theoretischen Beitrag bezeichnet Glasser Zeitunglesen als eine befreiende Tätigkeit, deren Bedeutung über die reine Informationsaufnahme weit hinausgehe. Nachrichten seien einerseits ästhetisch ansprechend und vermittelten andererseits eine symbolhafte Verkörperung des "generalized other" (Glasser 1982).

[2] Unter Habitus wird dabei eine stereotype Verhaltensweise verstanden, die zur gleichen Zeit und unter den gleichen Bedingungen immer ausgeübt wird (vgl. hierzu auch die Studien von Stone und Wetherington (1979) und Rubin (1983)).

mit handelnden Personen (vor allem im Fernsehen) eine soziale Interaktion erfahren, die ihnen in ihrem wirklichen Leben fehlt (para-soziale Interaktion, vgl. Horton und Wohl 1956, Rosengren und Windahl 1972, Levy 1979, Rubin et al. 1985, Rubin und McHugh 1987).[1]

Die nachfolgenden Abschnitte richten sich nach den in Kapitel III aufgeführten vier Selektionsphasen: Auswahl des Mediums, Zuwendung zu redaktionellen Einheiten, Zuwendung zu und Erinnerung an Informationseinheiten. Dabei werden zunächst jeweils andere, nicht-dissonanztheoretische Ansätze für das erklärte Verhalten behandelt. Abschließend werde ich für jede Selektionsphase Studien darstellen, die explizit oder implizit auf der Theorie der kognitiven Dissonanz aufbauen.

2. Vorauswahl des Mediums

Intermediäre Selektion

Eine auf den Inhalt bezogene Selektion beginnt im Massenkommunikationsprozeß bei der Entscheidung für eines der verfügbaren und im Prinzip gegenseitig substituierbaren Medien. Diese Selektionsentscheidung bezieht sich insofern auf den Inhalt der Medien, zwischen denen eine Wahl getroffen wird, weil Rezipienten in der Regel Vorstellungen davon haben, welche Gratifikationen sie von welchem Medium erwarten können. Betrachtet man das Selektionsergebnis zunächst unter dem Aspekt der zeitlichen Zuwendung, dann gewinnt neuerdings der Hörfunk diesen Wettbewerb mit leichtem Vorsprung vor Fernsehen und Zeitungen (Kiefer 1989: S. 341f.). Die Rangfolge ändert sich jedoch, wenn man die Betrachtung auf die Nutzung der Medien als Quelle für Informationen und Meinungsbildung eingrenzt. Für jeden zweiten Bundesbürger spielte 1986 das Fernsehen die wichtigste Rolle als Informationsquelle für aktuelle Geschehen (Zeitung: 32 Prozent) und 42 Prozent nannten es an erster Stelle, wenn es um die Meinungsbildung geht (Zeitung: 31 Prozent).[2]

Mehrere Studien in den USA kommen sogar zu dem Ergebnis, daß die Zeitungen die wichtigste Informationsquelle sowohl für lokale als auch für nationale Ereignisse darstellen (vgl. Newspaper Readership Project 1978, Houghton-Larsen 1982). Anderslautende Rangfolgen führt Lichty (1982) darauf zurück, daß im subjektiven Eindruck der befragten Rezipienten die Informationsfunktion des Fernsehmediums beträchtlich überschätzt wird. Während auf die Frage nach dem wichtigsten Informationsmedium 64 Prozent das Fernsehen nannten, ergab seine Re-Analyse, daß tatsächlich 68 Prozent der amerikanischen

---

[1] Allerdings bestehen hier gegensätzliche Auffassungen hinsichtlich der Kausalitätsrichtung. Einige Autoren nehmen an, ein hoher Medienkonsum sei erst die Ursache für die Vernachlässigung echter sozialer Beziehungen.

[2] Quellen: Allensbacher Archiv, IfD-Umfragen 4084/I und 4002.

Erwachsenen von den Tageszeitungen und nur weniger als ein Drittel von den täglichen nationalen oder lokalen Nachrichtensendungen im Fernsehen erreicht werden (vgl. auch Bogart 1989).

Einige Studien versuchen, die Interdependenzen zwischen der Nutzung verschiedener Medien zu beschreiben. So gaben in einer Studie von Poindexter (1979) 60 Prozent der Personen, die keine Zeitungen lasen, das Fernsehen als Begründung an. Etwas mehr als die Hälfte bezog seine aktuellen Informationen aus dem Radio. Andere Gründe wie etwa die Kosten oder Werturteile über die Zeitungen traten demgegenüber weit zurück. Bei einer acht Jahre früher durchgeführten Befragung von amerikanischen Bürgern, die keine Tageszeitung abonniert hatten, gaben nur 12 Prozent als Begründung an, aus Fernsehen und Radio alle wichtigen Informationen zu erhalten (vgl. Bogart 1981: S. 61). Methodische Vergleichbarkeit vorausgesetzt, bedeutet dies, daß die Rolle des Fernsehens als Substitut für Zeitungen innerhalb weniger Jahre erheblich gestiegen ist (hierzu auch Stevenson 1990). Nach neueren Daten aus der Bundesrepublik ist der Einfluß eines Mediums auf die Nutzung der anderen Medien differenziert zu betrachten und vor allem von der Generationszugehörigkeit abhängig (Kiefer 1989: S. 343).

Allerdings hat das Fernsehen auf fast allen Beurteilungsdimensionen einen Vorsprung vor anderen Medien. So wurde es 1987 von 50 Prozent der Bevölkerung für das glaubwürdigste Medium gehalten. Die Zeitung nannten dagegen nur 17 Prozent (vgl. Noelle-Neumann 1989a: S. 367, dazu auch Berg und Kiefer 1987, Roper Organization 1983, Gannett Center for Media Studies 1985, Times Mirror 1989). Diese Beurteilungen sind jedoch in hohem Maße von soziodemographischen Faktoren, insbesondere der Bildung, abhängig. Wie die zuvor genannten Ergebnisse zeigen, spiegeln sie zudem nicht unbedingt die tatsächlichen Relationen in der Nutzung der Medien wieder.

Bei der intermediären Selektion ist unklar, wie hoch der Anteil des habitualisierten Verhaltens ist, das nicht mit den Inhalten begründet werden kann. Allerdings lassen sich auf der Grundlage von Ergebnissen des Instituts für Demoskopie Allensbach näherungsweise Aussagen machen. Auf eine Frage zum persönlichen Fernsehverhalten gab nur jeder fünfte an, das Fernsehprogramm ganz gezielt zu nutzen ("ich suche mir vorher im Programm aus, was ich sehen will und schaue mir nur das an"). Die meisten Fernsehzuschauer kommen auch oder sogar überwiegend zufällig mit Fernsehinhalten in Kontakt, entweder, indem sie nach einer gezielt ausgewählten Sendung weitersehen (51 Prozent), zwischen den Programmen hin und herschalten (28 Prozent), "einfach einmal anschalten", weil ihnen das Programmheft zu wenig Informationen gibt (21 Prozent), oder weil andere Personen das Fernsehen eingeschaltet haben (12 Prozent, Noelle-Neumann und Piel 1983, vgl. auch Rubin 1984).

Intramediäre Selektion

Die Mediaforschung beschreibt die Beurteilungskriterien der Rezipienten für einzelne Medienangebote. Dabei wird unterstellt, daß diese Kriterien auch die Auswahl bei Kauf oder Abonnement eines Presseprodukts beeinflußt haben, was in der Regel jedoch nicht nachgewiesen werden kann. Bei Tageszeitungen ergab sich in verschiedenen Studien vor allem die Glaubwürdigkeit des Blattes als ein Faktor, der die Meinung des Lesers über seine Zeitung prägt. Burgoon, Burgoon und Wilkinson (1981) ermittelten, daß die Verbindung von "Kompetenz" und "Vertrauen" am stärksten mit einem positiven Image der Zeitung korrelierte (vgl. auch Mulder 1981).

Mit der Rolle gestalterischer Merkmale bei der Beurteilung von Zeitungen beschäftigten sich Burgoon, Burgoon und Burch (1981). Danach wird die Zufriedenheit der Leser am meisten geprägt durch die Genauigkeit der Überschriften, den generellen Eindruck des Layouts und die Möglichkeit, sich einfach in der Zeitung zurechtfinden zu können (vgl. auch Bogart 1981: S. 195). Haskins und Miller (1984) ermittelten in einer experimentellen Studie, daß auch der Anteil positiver und negativer Nachrichten die Beurteilung der Zeitung beeinflussen kann. Leser, die die Ausgabe mit einem höheren Anteil an positiven Meldungen zu lesen bekamen, beurteilten anschließend die Zeitung als objektiver und lokal engagierter.

Zu den bedeutendsten Parametern der Leserschaftsforschung gehört die Leser-Blatt-Bindung. Mit ihr wird eine eher psychische Affinität der Leser zu ihrer Zeitung oder Zeitschrift beschrieben. Auf dieser Grundlage lassen sich Prognosen über das "Aufnahmeklima" für Informationen, vor allem für Werbebotschaften ("Kontaktqualität") machen.[1]

Konsonanz und Dissonanz als Selektionsfaktoren

Die bisher erwähnten Beurteilungskriterien für Zeitungen beziehen sich zwar auf den Inhalt oder dessen Gestaltung und Präsentation, sie drücken aber keine Relation zwischen den Einstellungen der Leser und der redaktionellen Haltung der Zeitung aus. Im Sinne der Theorie der kognitiven Dissonanz läßt sich jedoch annehmen, daß Personen, denen eine Auswahl zwischen substituierbaren Presseprodukten überhaupt möglich ist, auch dieses Kriterium bei ihrer Selektionsentscheidung (bewußt oder unbewußt) anwenden. Die wenigen publizistikwissenschaftlichen Studien, die sich bisher damit beschäftigt haben, konnten jeweils einen solchen Zusammenhang finden.

---

[1] Es besteht in der Mediaforschung keine Einigkeit über die angemessenen Indikatoren für die Leser-Blatt-Bindung. Merbold und Johannsen ermittelten bereits 1977 nicht weniger als 31 verschiedene nominale oder operationale Definitionen, in denen sowohl Nutzungs- als auch Einstellungsindikatoren verwendet wurden.

So fanden McLeod und seine Mitautoren bei einer Studie in Wisconsin, daß 70 Prozent der Wähler der Demokratischen Partei die als liberal eingestufte Zeitung und 43 Prozent die als konservativ geltende Zeitung am Ort regelmäßig lasen. Bei den Wählern der Republikaner war die Verteilung noch krasser: Von ihnen lasen 90 Prozent das konservative und nur 19 Prozent das liberale Blatt (vgl. McLeod u.a. 1965). Ähnliche Ergebnisse fanden Butler und Stokes bei einer Wahl-Studie in Großbritannien. Dort lasen 83 Prozent der Anhänger der Konservativen die konservative und 64 Prozent der Anhänger der Labour-Partei die progressive Zeitung (vgl. Butler und Stokes 1969, Atkin 1973). Eine Studie, die auch eine Inhaltsanalyse zur Messung der tatsächlichen Zeitungstendenz einschloß, führte Diab (1965) durch. Er ermittelte, daß sich libanesische Leser ganz überwiegend solchen Zeitungen zuwandten, die in der Frage der Arabischen Einheit eine redaktionelle Linie vertraten, die ihrer eigenen Meinung entsprach.

Die Vorauswahl des Mediums (oder "Quellenselektion", vgl. Atkin 1973) ist eine Domäne für korrelative, nicht-experimentelle Studien. Diese Studien finden zwar einen Zusammenhang zwischen den Einstellungen der Rezipienten und der redaktionellen Tendenz der von ihnen genutzten Medien, die Ursachen für diesen Zusammenhang bleiben aber Spekulation (de facto-Selektivität, vgl. Freedman und Sears 1965). Motivstudien über die Gründe für Abonnements oder Kaufentscheidungen könnten hier mehr Klarheit bringen. Experimentelle Studien sind für einen Wirkungsnachweis in diesem Zusammenhang kaum geeignet, da in der Regel langfristig entstandene Informationen und Images die Selektionsentscheidung beeinflussen und diese Situation im Experiment nicht zu simulieren ist.

Atkin glaubt dennoch, daß "these habitual media source preferences strongly suggest that readers and listeners are seeking information to satisfy reinforcement needs" (1973: S. 227). Trotz methodischer Unzulänglichkeiten der bisherigen Studien kann man mit einiger Gewißheit annehmen, daß Entsprechungen zwischen Medieninhalten und Rezipientenmeinungen zumindest auch motivationale Ursachen haben. Ob dieses Motiv die von Festinger vermutete Tendenz zur Vermeidung kognitiver Dissonanz ist, sei zunächst dahingestellt.

3. Auswahl redaktioneller Angebote

In der zweiten Selektions-Phase können Rezipienten einzelne redaktionelle Beiträge innerhalb des Medium auswählen, dem sie sich in der ersten Phase (z.B. durch ein Zeitungsabonnement) generell zugewandt haben. Auch hierbei können verschiedene Faktoren entweder einzeln oder im Zusammenspiel die Auswahl bestimmen. In der nachfolgenden Darstellung bisheriger Ansätze und Ergebnisse wird zwischen formalen, sprachlichen, thematischen und solchen Ansätzen unterschieden, die die kognitive Beziehung des Rezipienten zum Inhalt der angebotenen Beiträge zum Gegenstand haben.

Formale Merkmale der Beiträge

Den deutlich stärksten Einfluß auf die Zuwendung der Leser zu Artikeln hat die formale Betonung der Beiträge. Bei Pressemedien kann ein Beitrag z.B. durch seine Plazierung, seinen Umfang oder die Größe seiner Überschrift betont werden. McCombs und Mauro (1977) ermittelten die durchschnittliche Zuwendung zu Zeitungsartikeln durch die Leser einer amerikanischen Tageszeitung und verbanden diese Ergebnisse mit einer Inhaltsanalyse derselben Artikel. Plazierung und Umfang der Artikel erklärten danach mit Abstand am besten deren Nutzung durch die Leser. Je weiter vorne in der Zeitung ein Artikel abgedruckt und je umfangreicher er war, desto größer war seine Chance, daß die Leser ihn teilweise oder ganz lasen. Die Stilform spielte nur im Zusammenhang mit bestimmten Inhalten eine Rolle. Ähnliche Befunde ermittelten Studien von Weaver und Mauro (1978) und Weaver (1979).

Powers und Kearl (1968) kombinierten Copy-Tests, Lesbarkeits-Tests und eine Inhaltsanalyse derjenigen Artikel, deren Nutzung ermittelt worden war. Als Maß für die Betonung der Beiträge bildeten sie einen Index aus Überschriftengröße und Umfang des Artikels. Auch hier bestimmte in erster Linie das formale Merkmal der Betonung, ob ein Artikel gelesen wurde. Die sprachliche Aufbereitung hatte dagegen keinen signifikanten Einfluß auf die Nutzung.

Mit dem Sonderfall von Artikeln, die auf der nachfolgenden Seite fortgesetzt werden, beschäftigte sich Bain (1980). Seine experimentelle Studie ergab, daß Artikel, die vollständig auf einer Seite stehen, eine größere Chance haben, ganz gelesen zu werden. Nach dem Fortsetzungspunkt fällt die Nutzung drastisch ab. Die Entscheidung, einen Artikel überhaupt zu beachten und zumindest anzulesen, wird durch den Umlauf auf eine folgende Seite dagegen nicht beeinflußt (ähnlich auch Donsbach und Donnerstag 1986). Schramm (1947) untersuchte den Zusammenhang zwischen der Artikellänge und der Artikelnutzung. Je nach Zeitungstyp verliert danach ein Artikel von Absatz zu Absatz zwischen 5 und 11 Prozent der Leser. Umfangreiche Artikel ziehen demnach offensichtlich viel Aufmerksamkeit auf sich (siehe oben), werden aber selten ganz gelesen.

Sprachliche Merkmale

Bisher wurde nur selten die Nutzung von Artikeln mit deren Lesbarkeit erklärt. Häufiger untersuchte man dagegen, welche sprachlichen Gestaltungsmerkmale die Lesbarkeit erhöhen. Dabei lassen sich mehrere Ansätze unterscheiden. Man weiß heute, daß die Lesbarkeit durch die Häufigkeit von Worten oder Satzteilen (vgl. z.B. Smith und Fowler 1982), die Satzlänge (vgl. z.B. Catalano 1990), aktiven oder passiven Stil (Bostian 1983), die inhaltlich-logische Komplexität des Textes (vgl. z.B. Yngve 1960) oder formale redaktionelle Merkmale wie Datumszeilen, den Einbau von Zitaten u.a. (vgl. z.B. Smith und

Voelz 1983) beeinflußt wird. In der weiter oben berichteten Studie von Powers und Kearl hatte die Lesbarkeit der Artikel im Vergleich mit Betonungsmerkmalen keinen meßbaren Einfluß auf die Nutzung.

Früh (1978, 1980) verband Text- und Rezipientenmerkmale, um mit Hilfe einer Kosten-Nutzen-Relation die Zuwendung zu und Verarbeitung von Textinhalten zu erklären. Wortfrequenz, Satzverschachtelung, Monotonie und verwendetes Vokabular wirkten sich zum Teil erheblich auf das Textverständnis und auf die Textbeurteilung aus. In den meisten Fällen zeigten sich jedoch Interaktionseffekte mit dem Bildungsstand der Probanden, so daß eindeutige Aussagen über generelle Effekte daraus nicht ableitbar sind.

Thematische Merkmale

Die mit Abstand meisten Untersuchungen widmeten sich der Frage, welche Themen die Leser besonders anziehen. Die Ergebnisse variieren in der Regel stark, je nachdem, welche Methode angewandt und wie die Themen kodiert wurden. So ermittelten Nafziger, McLean und Engström (1951), daß amerikanische Zeitungsleser am liebsten leichte, unterhaltende Beiträge, Informationen von allgemeinem öffentlichen Interesse sowie Gesellschaftsnachrichten lasen. In einer Studie von McCombs und Mauro (1977) korrelierte dagegen als einziges inhaltliches Merkmal die geografische Nähe des Ereignisorts positiv mit der Artikelnutzung.

Miettinen (1979) befragte regelmäßige Leser elf größerer finnischer Abonnementzeitungen nach ihrer Nutzung der publizierten Artikel und Fotos an ausgewählten Tagen und verband diese Ergebnisse mit einer Inhaltsanalyse der Beiträge. Sowohl bei Texten als auch bei Fotos erzielten Darstellungen von Unfällen die höchste Aufmerksamkeit. Bei den Artikeln folgten auf den nächsten Plätzen Berichte über den Haushalt sowie internationale und regionale Nachrichten. Bei den Fotos wurden nationale Ereignisse stärker beachtet. Die Beachtung von Beiträgen korrelierte im allgemeinen mit der Intensität der Nutzung.

Bogart (1989: S. 314ff.) befragte einen Querschnitt der amerikanischen Bevölkerung nach ihrer Nutzung von Beiträgen in der Zeitung des Vortages sowie nach ihrem subjektiven Interesse an den Themen. Dabei zeigten sich zum Teil erhebliche Diskrepanzen in den Rangreihen. Beispielsweise bekundeten viele Leser ein persönliches Interesse an Kommentaren oder Gesundheitsthemen, ohne die entsprechenden Beiträge über diese Themen auch tatsächlich gelesen zu haben. Dies läßt darauf schließen, daß Studien, die Rezipienten nur nach dem Interesse an Themen fragen, ohne die faktische Nutzung zu erheben, wenig valide sind. Sie messen eher sozial wünschbares Verhalten als tatsächliche Präferenzen (vgl. z.B. Burgoon et al. 1983).

Ähnliche Studien führte man auch für die Nutzung von Fernsehsendungen durch. Eine Typologie von deutschen Fernsehzuschauern mit Hilfe einer Cluster-Analyse ergab fünf unterschiedliche Nutzer-Typen: "Film", "Information", "Alles" und "Wenig" (vgl. Espe, Seiwert und Lang 1985). Das gleiche Verfahren wurde von Espe und Seiwert auch auf einen Vergleich von belgischen, deutschen, französischen, italienischen und luxemburgischen Fernsehzuschauern angewandt und führte dort zu ähnlichen Clustern (vgl. Espe und Seiwert 1986). Diese Ansätze haben in der Regel nur eine geringe Aussagekraft für die tatsächliche Nutzung, weil sie einerseits lediglich das Interesse der Zuschauer messen und andererseits auf sehr groben, oberflächlichen Kategorisierungen des Programms beruhen.

Einen regelrechten Forschungs-Boom hat in den letzten Jahren die Mediennutzung von Frauen erlebt. Die Ergebnisse der entsprechenden Studien widersprechen sich zum Teil. Während Wulfemeyer (1983) sowie McCombs und Mauro (1977) keine Unterschiede in der Artikelnutzung von Frauen und Männern feststellen konnten, zeigen andere Studien deutlich verschiedene Themenpräferenzen. So konnte Bogart zeigen, daß Frauen seltener Artikel über Lokal- und Landespolitik, Energieprobleme, politische Kolumnen, Sport und Wirtschaft lasen. Sie interessierten sich dagegen z.B. mehr für allgemeine lokale Meldungen, Gesundheits-Themen, Unterhaltung und Mode. Bogart fand jedoch keine Unterschiede für das Interesse an nationaler und internationaler Politik sowie an allgemeinen Nachrichten. Auf der Grundlage mehrerer Studien kann als gesichert gelten, daß Unterschiede in der Themenpräferenz von Männern und Frauen ganz überwiegend auf die Berufstätigkeit und damit den subjektiven Nutzen der entsprechenden Medieninhalte zurückzuführen sind. Mit anderen Worten: die Themen-Präferenzen berufstätiger Frauen und Männer unterscheiden sich praktisch nicht (z.B. Murray 1983).

Einen starken Einfluß auf die Nutzung von Zeitungsartikeln hat die Tatsache, ob man bereits am Vortag aus anderen Medien Informationen zum gleichen Thema erhalten hat. Fedler und Taylor (1978) wiesen einen solchen Zusammenhang nach. Die Tatsache, ob man bereits aus anderen Medien Vorinformationen zu einem Thema aufgenommen hatte, wirkte sich dabei um so deutlicher auf die Zuwendung zu Zeitungsartikeln über diese Themen aus, je wichtiger die Nachrichten waren (vgl. auch Bush 1967, Rarick 1975).

Gratifikations-Ansätze

Wilbur Schramm hat bereits 1949 einen Ansatz vorgelegt, der die Nutzung von Zeitungsartikeln mit der Belohnung für die Rezipienten erklärt: "I think it is self-evident that a person selects news in expectation of a reward" (S. 260). Schramm unterscheidet zwei Arten von Belohnungen, die an die Freudsche Unterteilung in "Lustprinzip" und "Realitätsprinzip" angelehnt sind: direkte Belohnungen ("immediate rewards") und verzögerte Belohnungen ("delayed rewards"). Zur ersten Kategorie zählt er Nachrichten über Verbrechen, Unfälle, Sport und Freizeit, zur zweiten solche über Politik und öffentliche Angelegenheiten, Wirtschaft, soziale Themen, Wissenschaft, Bildung und Gesundheit.

Die direkten Belohnungen bestehen darin, daß sie sofort eine "Triebbefriedigung" oder eine "künstliche Erfahrung" vermitteln, die indirekten Belohnungen darin, daß für spätere Lebenssituationen ein bestimmtes Wissen bereitgehalten wird: "When a reader selects delayed reward news, he jerks himself into the world of surrounding reality to which he can adapt himself only by hard work. When he selects news of the other kind, he retreats usually from the world of threatening reality towards the dream world" (S. 261).

Auf der Grundlage von Leserschaftsstudien konnte Schramm zeigen, daß das Interesse an den von ihm so klassifizierten Nachrichten mit Bildung, Einkommen und Alter korreliert. Inwieweit aber tatsächlich diese Belohnungen von den Lesern gesucht und gefunden wurden, blieb spekulativ. Der Ansatz stellt mehr einen Interpretationsversuch als eine empirisch bewiesene Hypothese dar. Nachfolgende Untersuchungen, die sich auf ihn berufen, sind theoretisch über die erste Grundlegung von Schramm nicht hinausgekommen. In der Regel handelte es sich um Selektionsstudien, bei denen einzelne Nachrichtentypen mit den Kategorien Schramms benannt wurden (vgl. z.B. Robeck und Troldahl 1966, Stempel 1967, Miettinen 1979). Lediglich Holmlöv (1982) geht theoretisch über diesen Ansatz hinaus, indem er das Leseverhalten zum Wissen in Beziehung setzt. Danach korreliert nicht das Ausmaß des Zeitungslesens, sondern die jeweilige Motivation des Lesers im Hinblick auf die erwartete Belohnungsart positiv mit dem Wissen über lokalpolitische Themen. Badii und Ward (1980) ermittelten, daß die Zuwendung zu Medieninhalten einer Belohnungsart nicht notwendigerweise negativ mit der Zuwendung zu Inhalten der anderen Belohnungsart korrelieren muß und daß weder Bildung noch Alter eindeutige Prädiktoren für die Präferenzen darstellen.

Im Grunde waren bei Schramm bereits die Elemente des späteren Nutzen-Ansatzes (uses and gratifications approach) angelegt (vgl. z.B. Blumler und Katz 1974, Rosengren et al. 1985). Auch hierbei handelt es sich um ein funktionalistisches Konzept, weil die Zuwendung zu Medieninhalten auf bestimmte Informationsbedürfnisse des Rezipienten zurückgeführt und damit die Selektion teleologisch erklärt wird. Insofern ist der Nutzenansatz auch keine wirklich neue Hypothese, sondern eine Fortführung, gelegentlich auch nur eine Komprimierung früherer Ansätze. Sein Erklärungsanspruch erstreckt sich sowohl auf die Zuwendung zu Kommunikationsinhalten als auch auf deren Wirkung (vgl. Schulz 1982: S. 54f.).

Den Erklärungsanspruch des Nutzenansatzes für die Selektion von Medieninhalten faßt Kunczik zusammen:

"Im Rahmen des 'uses and gratifications approach' wird unterstellt, daß mit Bedürfnissen ausgestattete Individuen aktiv nach deren Befriedigung streben, wobei die Massenmedien eine Möglichkeit der Bedürfnisbefriedigung bieten. Massenmediale Inhalte werden demnach entsprechend der jeweiligen Bedürfniskonstellation gewählt und konsumiert, um Bedürfnisbefriedigung zu erreichen" (1984: S. 55).

McQuail, Blumler und Brown (1972) haben beispielsweise die folgende Typologie von Gratifikationen zusammengestellt: Information, persönliche Identität, Integration und soziale Interaktion sowie Unterhaltung. Jede dieser Kategorien enthält ihrerseits einzelne Subkategorien.

Der Ansatz birgt mehrere theoretische Probleme, auf die hier nicht im Einzelnen eingegangen werden kann (vgl. hierzu Kunczik 1984: S. 56). Im Hinblick auf die Erklärung von Selektionsentscheidungen sind jedoch zwei methodische Hinweise wichtig. Erstens ist der Ansatz ausschließlich auf die Angaben der Rezipienten angewiesen. Seine Vertreter müssen die unrealistische Annahme machen, daß sich Menschen ihrer Bedürfnisse bewußt sind (vgl. Katz, Blumler und Gurevitch 1974: S. 21f.). Man kann jedoch vermuten, daß es erstens bewußte und verbalisierbare, zweitens bewußte, aber nicht verbalisierbare und drittens unbewußte Motive (latente Funktionen im Mertonschen Sinne) bei der Zuwendung zu Medieninhalten gibt. Zillmann und Bryant (1985b) nehmen an, daß die unbewußten Motive gerade bei der Zuwendung zu Medieninhalten dominieren: "Consistent with reinforcement theory generally..., it is assumed that individuals execute choices rather 'mindlessly', that is, without awareness of choice criteria and without deliberate consideration of desirable effects. Often so by no means always persons will simply do things or make selections spontaneously or on impulse" (S. 161).

Zweitens ist unklar, inwieweit sich einzelne Programme oder Artikelinhalte eindeutig den Bedürfniskategorien zuordnen lassen. McQuail sieht dieses Problem selbst: "It is even more difficult than usual to connect a motive, expectation or use with a specific type of content, since media use may be considered to supply at one time or another all the benefits named" (McQuail 1987: S. 73). Die Mehrzahl der Studien führte daher zu eher banalen Erkenntnissen über die Gratifikationen.

Die mit Abstand meisten Untersuchungen betreffen die Fernsehnutzung (vgl. bspw. Wenner 1983, Lichtenstein und Rosenfeld 1983, Rayburn et al. 1984, Stanford und Riccomini 1984). McDonald (1990) verglich die Gratifikationen von Nachrichten in Zeitungen und im Fernsehen. Überwachung der Umwelt (surveillance) und Nützlichkeit für die soziale Kommunikation (communicatory utility) erklärten für beide Medien die größte Varianz in der Nutzung. Eine Untersuchung von Burgoon und Burgoon (1982) kann noch einmal exemplarisch die begrenzte Aussagekraft und Validität des Ansatzes deutlich machen. Die Autoren befragten in einer Telefonumfrage Leser verschiedener Tageszeitungen, welche Bedürfnisse ihre jeweiligen Zeitungen für sie erfüllen. Die Angaben der Leser wurden anschließend mit Hilfe einer Faktorenanalyse zu vier Dimensionen zusammengefaßt: 1. Unverzüglichkeit und Gründlichkeit; 2. Informiertheit über Lokales; 3. Vertrautheit und Unterhaltung; 4. Ausdehnung des sozialen Lebens und Klatsch. Die beiden ersten Funktionen sind nach den Ergebnissen dieser Studie die wichtigsten und werden jeden Tag von der Zeitung erwartet. Auf der Grundlage solch allgemeiner Erkenntnisse lassen sich kaum Prognosen über die Selektion von konkreten redaktionellen Einheiten machen, die den Rezipienten in den Massenmedien angeboten werden.

Psychologische Ansätze

Psychologische Ansätze erklären die Zuwendung zu bestimmten Medieninhalten mit den psychischen Zuständen des Rezipienten. Auch hierbei handelt es sich letztlich um funktionalistische Ansätze. Sie zeichnen sich aber in Theorie und Empirie im Vergleich zum Nutzenansatz durch präziser formulierte Kausalhypothesen und validere Messungen aus. Ihre Vertreter legen die Annahme zugrunde, daß die Massenmedien im allgemeinen, einzelne Medien wie beispielsweise das Fernsehen oder konkrete Medieninhalte bestimmte psychische Bedürfnisse der Menschen befriedigen. Dabei können die Medien entweder die primäre Institution der Bedürfnisbefriedigung oder (häufiger) ein funktionales Äquivalent für andere, traditionelle Institutionen sein (vgl. Cazeneuve 1974: S. 213ff.)

Atkin (1985: S. 65ff.) unterscheidet zwei Kategorien von Studien, die psychische Motivstrukturen zum Ausgangspunkt für die Erklärung der Mediennutzung nehmen: "guidance orientierte" und "reinforcement orientierte" Studien. Bei den erstgenannten Ansätzen bildet der Wunsch nach Verhaltenshilfen im Alltag den Antrieb, bei den zweiten der Wunsch, bestehende Spannungen und Unsicherheiten abzubauen oder eigene Meinung und eigenes Verhalten zu verifizieren (eine andere Kategorisierung bietet McGuire 1974).

Fenigstein und Heyduk (1985) haben diesen zweiten Ansatz auf die Zuwendung zu aggressiven Medieninhalten angewandt. Eigene und Experimente anderer Autoren hatten gezeigt, daß Personen, die selbst Gewalt ausgeübt hatten, ein stärkeres Interesse an Filmen mit gewalttätigem Inhalt zeigten. Dieses Selektionsverhalten erklären sie mit drei verschiedenen psychischen Bedürfnissen: mit dem Bedürfnis nach sozialen Vergleichen zum Verhalten von anderen, ebenfalls Gewalt ausübenden Personen ("social comparison"); mit dem Bedürfnis nach Rechtfertigung des eigenen Verhaltens durch das gleiche Verhalten anderer ("justification"); schließlich durch das Bedürfnis nach Desensibilisierung der eigenen Person ("desensitization").

Auch der Befund, daß Personen mit aggressiven Phantasien eher aggressive Fernsehinhalte auswählen würden, läßt sich nach Ansicht der Autoren mit der Bedürfnisstruktur erklären: "On the basis of this model, it may be suggested that thinking about aggression activates an anticipatory aggression schema that creates both readiness to perceive aggression and a tendency to explore the environment for schema-relevant information, that is, aggressive stimuli, which may take the form of attraction to media violence" (1985: S. 132). Im Gegensatz zu den bis in die siebziger Jahre dominierenden Stimulus-Response-Studien wird also die Kausalität zwischen Medieninhalt und Verhalten umgedreht und die Mediennutzung zur abhängigen Variablen erklärt. Fenigstein und Heyduk schwächen ihre Hypothese jedoch dadurch ab, daß sie einen "bidirectional flow of effects" (S. 135) annehmen, bei der die psychische Prädisposition des Rezipienten einerseits Ursache der Zuwendung, andererseits notwendige Randbedingung für die Wirkung der aufgenommenen Stimuli ist.

Tannenbaum (1985) ermittelte, daß Menschen bei bestimmten Sendungsgattungen lieber ein Programm auswählen, das sie bereits gesehen haben als eine ihnen unbekannte Sendung. Er erklärt dieses Verhalten mit der Vermutung, daß bestimmte Medieninhalte dem Individuum einen angenehmen Zustand des "emotional arousal" schaffen und bereits bekannte Stimuli die Sicherheit dafür bieten, daß diese Gratifikation auch tatsächlich eintreten wird (S. 238).

Auch der affektive Zustand, in dem sich eine Person befindet, scheint ihre Programmauswahl erheblich zu beeinflussen. Zillmann, Hezel und Medoff (1980) stellten fest, daß Personen, die in eine negative Stimmung versetzt worden waren, signifikant häufig Komödien vermieden, und zwar vor allem solche, in denen feindselige und bissige Dialoge vorkamen. Sie erklären ihren Befund mit dem Bedürfnis nach erleichternden ("relief") Medieninhalten (ähnlich auch Medoff 1982). Auch die bereits weiter oben, im Zusammenhang mit der generellen Teilhabe an Massenkommunikation, angesprochene Funktion der para-sozialen Interaktion, läßt sich mit Einschränkungen zu den psychologischen Ansätzen der Selektionsforschung zählen (vgl. Rubin, Perse und Powell 1985).

Trotz zum Teil uneinheitlicher Ergebnisse und methodischer Probleme einzelner Studien kann man heute das generelle Fazit ziehen, daß eine Reihe von psychischen Faktoren kognitiver und affektiver Natur eine nachweisbare Ursache für die Zuwendung zu bestimmten Medieninhalten sind. Sowohl Donohew und seine Mitautoren (1978) als auch Zillmann und Bryant vermuten dabei, daß ein Bedürfnis nach psychischem Gleichgewicht oder *Homöostase* der entscheidende Antrieb bei den Selektionsentscheidungen der Rezipienten ist. Zillmann und Bryant:

> "...it can be safely concluded that affects, moods, and emotions do influence selective exposure to communication. Individuals are apparently sensitive to the effects of a variety of properties of available messages, and they apparently employ this sensitivity to select exposure to messages that are more capable than others of achieving desirable ends. Generally speaking, these ends are excitatory homeostasis, the maximization of positive affect, and the minimization of aversion" (Zillmann, Bryant 1985b: S. 186).

Konsonanz und Dissonanz als Selektionsfaktoren

Am Anfang der publizistikwissenschaftlichen Selektionsforschung standen Befunde über den Zusammenhang zwischen der eigenen Meinung der Rezipienten und ihrer Nutzung redaktioneller Beiträge. Das hierzu zentrale Ergebnis der Studie von Lazarsfeld, Berelson und Gaudet (1944: S: 89) lautete:

"By and large about two thirds of the constant partisans - the people who were either Republican or Democratic - from May right through to Election Day managed to see and hear more of their own side's propaganda than the opposition's. About one fifth of them happened to expose more frequently to the other side, and the rest were neutral in their exposure. But - and this is important - the more strongly partisan the person, the more likely he is to insulate himself from contrary points of view." (1944: S. 89)

Mehrere Autoren haben sich bisher mit der Frage auseinandergesetzt, ob Lazarsfeld und seine Mitautoren möglicherweise eine Scheinkausalität übersehen hatten, die aus der unterschiedlichen Verfügbarkeit von unterstützenden und gegnerischen Argumenten resultieren könnte (vgl. Freedman und Sears 1965, Katz 1968, Ziemke 1980). Atkin (1973) weist jedoch deutlich nach, daß das Selektionsverhalten der Wähler in Erie-County dadurch alleine nicht erklärt werden kann: Über 70 Prozent der Republikaner und Demokraten nahmen überwiegend Informationen und Argumente ihrer eigenen Partei bzw. ihres bevorzugten Kandidaten auf.

Wie bereits an anderer Stelle erwähnt, hat dieser Befund eine Flut von Nachfolgeuntersuchungen ausgelöst. Dennoch ist heute kaum eine eindeutige Aussage darüber möglich, welche Rolle Konsonanz und Dissonanz bei der Zuwendung zu Medieninhalten spielen. Zu dieser Unsicherheit haben nicht zuletzt methodische Probleme beigetragen. Die nachfolgende Übersicht ist daher auch nach den wichtigsten Methoden gegliedert, die diesen Studien zugrundeliegen.

Experimentelle Studien

Unter allen publizistikwissenschaftlichen Studien, die die Selektion von Medieninhalten unter dissonanztheoretischen Gesichtspunkten im engeren Sinne betrachten, befindet sich nur eine einzige experimentelle Studie. Charles Atkin (1971) untersuchte den Einfluß der verfügbaren Informationen über einzelne Standpunkte sowie von Dissonanz und Konsonanz auf das Lesen von Zeitungsartikeln. Der Autor stellte von einer Universitätszeitung acht Versionen her, die sich nur durch Aufmachung und Schlagzeile eines Artikels auf der Titelseite unterschieden. Er variierte den Betonungsgrad (Plazierung und Länge) sowie die Tendenz der Überschrift dieses Artikels hinsichtlich der Republikanischen bzw. Demokratischen Partei. Die Ergebnisse bestätigen die Selektions-Hypothese. Die Versuchspersonen lasen signifikant häufiger diejenigen Artikel, die ihre Parteipräferenz bestätigten. Dies taten sie auch dann, wenn diese konsonanten Artikel formal wenig betont waren. Mit anderen Worten: Konsonanz bzw. Dissonanz hatten einen stärkeren Einfluß auf die Selektion als der Betonungsgrad.

Eine ähnliche, jedoch nur quasi-experimentelle Studie von Stempel (1961) kam zu gleichen Befunden. Ein Drittel der Studenten las intensiver den Artikel über den von ihnen unterstützten Kandidaten für die studentische Selbstverwaltung als den Artikel über den Gegenkandidaten, obwohl sich beide Beiträge in Plazierung, Aufbau und Länge nicht unterschieden. Nur zwei Prozent der Befragten lasen mehr über den Kandidaten, den sie selbst nicht wählen wollten.

Nur noch am Rande mit Phänomenen der Massenkommunikation beschäftigt sich die Selektionsstudie von Barlett und seinen Mitautoren (1974). Ähnlich wie in der Studie von Lowin (1967, vgl. Kapitel V) verschickte man Briefe an Stichproben von republikanischen und demokratischen Wählern des Wahlkampfs 1972 zwischen Nixon und McGovern. Die Briefe waren verschlossen und unterschieden sich äußerlich lediglich im Absender. In zwei Fällen handelte es sich um Wähler-Initiativen für einen der beiden Kandidaten, eine dritte Version gab eine neutrale staatsbürgerliche Initiativgruppe als Absender an. Diejenigen Empfänger, die die Briefe öffneten, fanden darin einen Text, der die Aktion als Teil eines Forschungsprojekts (zu einem anderen Thema) deklarierte und wurden gebeten, eine beiliegende Postkarte zurückzusenden. Die Versuchspersonen sandten doppelt so häufig Postkarten zurück, wenn sie Briefe von Wähler-Initiativen für die von ihnen bevorzugte Partei erhalten hatten, als wenn der Absender die Gegenpartei war.[1]

Der starke Feldcharakter dieser Studien macht sie, trotz methodischer Mängel und der Tatsache, daß es sich nicht um Medieninhalte im engeren Sinne handelte, wertvoll für Fragen der Massenkommunikation. Man ermittelte die Zuwendung zu politisch relevanten Informationen, ohne daß sich die Versuchspersonen ihrer Rolle als Probanden bewußt waren und dadurch möglicherweise ein untypisches Verhalten zeigen konnten. Dies gilt auch für zwei weitere Feldexperimente von Farquhar (1978) und Milburn (1979). Beide Autoren beschäftigten sich mit der Bereitschaft von Personen in bestimmten Testgebieten, sich über einen längeren Zeitraum hinweg solchen Gesundheitsinformationen zuzuwenden, die entweder konsonant oder dissonant zu ihrem eigenen Verhalten waren (Ernährungsgewohnheiten und Rauchen).

Auch einige der eher psychologisch orientierten Studien (vgl. den vorangegangenen Abschnitt) lassen sich unter dem Gesichtspunkt von kognitiver Dissonanz betrachten. So versetzte Boyanowsky (1977) mit manipulierten Informationen Studentinnen in Angst vor einem fiktiven Triebverbrecher. Anschließend ermittelte er die Präferenz seiner Versuchspersonen für verschiedene Filme. Entgegen den Erwartungen zeigten sich keine signifikanten Unterschiede in den Präferenzen der Versuchspersonen für Liebesfilme oder einen als besonders nützlich angesehenen Film über Selbstverteidigung. Die in Angst versetzten Frauen wollten sich dagegen dreimal so häufig wie die Kontrollgruppe einen Spielfilm mit Gewaltszenen zwischen Männern und doppelt so häufig einen pornografischen Film ansehen.

Ein ähnliches Experiment von Wakshlag et al. (1983) versetzte mit Hilfe

---

[1] Die Rücklaufquote war mit 18 Prozent (37 Fälle) ähnlich gering wie bei Lowin, was die Aussagekraft beider Studien relativiert.

eines Dokumentarfilms über Kriminalität die Versuchspersonen in Angst, selbst Opfer eines Verbrechens zu werden. Anders als die Kontrollgruppe wollten diese Personen anschließend seltener Filme ansehen, in denen Menschen Opfer von Gewalt und häufiger solche Filme, in denen Verbrecher einer gerechten Strafe zugeführt wurden.

Bei Studien dieser Art können allerdings die Beziehungen zwischen affektiven bzw. kognitiven Voraussetzungen, den Inhalten der angebotenen Informationen sowie der Auswahlentscheidung der Rezipienten nur noch interpretativ hergestellt werden. So ließe sich beispielsweise bei dem Befund von Wakshlag et al. vermuten, daß die Versuchspersonen erstens ihren Gefühlszustand (Angst vor Kriminalität) mit der Einstellung rationalisierten, daß Verbrecher keine Chance haben, und zweitens nach Informationen suchten, die diese Einstellung unterstützen.

Panel-Studien

Bei Panel-Studien beobachtet man die Mediennutzung derselben Personen über einen längeren Zeitraum hinweg. Atkin, Galloway und Nayman (1973) befragten eine Stichprobe von wahlberechtigten Studenten während des Wahlkampfes zwischen McGovern und Nixon mehrfach im Laufe der Kampagne nach den von ihnen genutzten Medien und Medieninhalten. Sie fanden bei allen Kommunikationsformen (Nutzung einzelner Nachrichtensendungen, Fernsehansprachen der Kandidaten, Werbespots im Fernsehen und Wahlberichterstattung in den Tageszeitungen), daß sich die McGovern-Anhänger mehr den Informationen über McGovern und die Nixon-Anhänger mehr den Informationen über Nixon zuwandten. Bei eindeutig parteiischen Beiträgen war die Selektivität am größten, bei Fernsehnachrichten am geringsten. Stark dogmatische Personen wählten die Medieninhalte am meisten entsprechend ihrer politischen Meinung aus. Dies bestätigt Ergebnisse der psychologischen Forschung (vgl. Kapitel V).[1]

Den Zusammenhang zwischen politischen Einstellungen und dem Interesse an sowie der Zuwendung zu Informationen über die Watergate-Hearings untersuchten Sweeney und Gruber (1984). Ihr Panel bestand aus Anhängern McGoverns bzw. Nixons und unentschiedenen Wählern. Sie wurden vor Beginn, im Verlaufe und kurz vor Abschluß der Hearings befragt. Die Nixon-Anhänger zeigten generell ein geringeres Interesse an den für ihren Kandidaten unangenehmen Verhandlungen und nutzten seltener die in den Medien veröffentlichten Informationen als die beiden anderen Gruppen. Am Ende war dementsprechend ihr Kenntnisstand über die Watergate-Affäre auch deutlich geringer als bei den beiden übrigen Gruppen.

---

[1] Eine ähnliche Studie mit Kindern zwischen 10 und 17 Jahren über den Wahlkampf Reagan-Carter fand eine geringere Selektivität, ist jedoch aufgrund des Alters der Versuchspersonen wenig aussagekräftig (Chaffee und Miyo 1983).

Doris Graber untersuchte die Nutzung und Verarbeitung politischer Informationen im amerikanischen Wahlkampf 1976. Ihr Panel bildeten 21 Personen, die nach bestimmten sozialen und Persönlichkeitsmerkmalen ausgewählt wurden. Mit Hilfe von Copy-Tests, Intensiv-Interviews und Tagebucheintragungen ermittelte die Autorin u.a., welche Zeitungsartikel die Personen lasen. Rund zwei Drittel der politischen Beiträge wurden danach völlig mißachtet.[1] Die von den Befragten selbst genannten Gründe für die Mißachtung bestimmter Artikel enthielten überwiegend andere Gründe als solche, die sich dissonanztheoretisch begründen ließen. Am häufigsten gaben sie an, die Artikel einfach verpaßt (47 Prozent) oder kein Interesse am Thema gehabt zu haben (28 Prozent). Graber gibt keine Häufigkeitszahlen für die dissonanztheoretischen Gründe an, bemerkt jedoch allgemein: "dissonance avoidance is another, relatively minor reason for claiming that information lacks interest" und an anderer Stelle "...dissonance is not necessarily a reason for rejecting information. All our panelists were willing to pay attention to some dissonant messages" (Graber 1984: S. 89).[2]

Wilhoit und de Bock (1976) untersuchten den Zusammenhang zwischen Persönlichkeitsmerkmalen holländischer Fernsehzuschauer und ihrer Nutzung der amerikanischen Unterhaltungsserie "All in the Family", in der ein autoritärer und reaktionärer Charakter auftritt. Personen mit hohem Toleranz- bzw. niedrigem Dogmatismusgrad sahen sich die Serie häufiger an als Personen mit den entgegengesetzten Merkmalen. Die Autoren stellen ihr Ergebnis als Bestätigung der Dissonanz-Theorie dar: Die Sendung halte intoleranten Menschen einen Spiegel vor, weshalb diese die Sendung eher vermieden. Auch hier ist kein schlüssiger Nachweis möglich, da man das gleiche Ergebnis auch als Widerlegung der Dissonanz-Theorie ansehen kann.[3]

Ex-post-facto Studien

Am häufigsten findet man in der Forschungsliteratur solche Studien, die die Merkmale eines bestimmten Medieninhalts zu den Merkmalen der Personen in Beziehung setzen, die diesen Medieninhalt nutzen bzw. meiden. Da der angenommene Wirkungsstimulus auf diese Weise nicht systematisch variiert wird und eine Selbstselektion der Untersuchungspersonen stattfindet, ist ein

---

[1] Zumindest konnten sich die Panel-Mitglieder zum Zeitpunkt der Befragung nicht mehr daran erinnern, sie gelesen zu haben. Allerdings sind hier Vorbehalte zu machen, da die Befragungen zum Teil mehrere Wochen nach der Veröffentlichung der Artikel in den Zeitungen durchgeführt wurden.

[2] Hierin besteht ein weiteres methodisches Problem der Studie: Bei den Angaben handelt es sich um solche Gründe, die den Befragten bewußt waren und die sie selbst verbalisierten.

[3] Man kann ebenso davon ausgehen, daß intolerante Personen im Verhalten des Protagonisten der Sendung eine Rechtfertigung für ihr eigenes Verhalten erkennen können. In diesem Fall müßten sie die Serie *häufiger* ansehen als tolerante Personen.

schlüssiger Kausalnachweis der tatsächlichen Selektionsgründe hierbei in der Regel nicht möglich.

Zu diesen Ansätzen gehört beispielsweise eine frühe Studie von Hyman und Sheatsley (1947) über die Kenntnis politischer Sachverhalte. Unter denjenigen amerikanischen Bürgern, die politische Erklärungen dem Inhalt nach kannten, befanden sich überwiegend solche, die diese Erklärungen auch politisch unterstützten. Hyman und Sheatsley interpretieren diesen Befund als Bestätigung der Selektionsregel. Eine ebenfalls frühe Studie dieser Art stellt Schramm und Carters (1955) Untersuchung über das "Telethon"[1] des republikanischen Politikers Knowland in San Francisco dar. Die als Wahl-Kampagne gedachte viertägige Fernsehsendung des Kandidaten wurde ganz überwiegend nur von seinen Anhängern gesehen und gewann vermutlich nicht einen einzigen neuen Wähler.

Auch in der Folgezeit führten Publizistikwissenschaftler immer wieder Studien dieser Art durch. Sie fanden in der Regel die vermutete Beziehung zwischen Einstellungen und Inhalten. Beispiele hierfür sind Studien über den Besuch von Anti-Vietnam-Filmen oder politischen Reden zum Vietnam-Krieg (McGinnies und Rosenbaum 1965, McCroskey und Pritchard 1967, Paletz et al. 1972), über das Ansehen von Wahlkampf-Spots im Fernsehen (Freedman und Sears 1963, Blumler und McQuail 1969) oder über die Rezeption von Umfrageergebnissen vor Wahlen (Donsbach 1984).

Einen weiterführenden Ansatz entwickelte Noelle-Neumann (1973a, 1973b) in einer Leserschaftsstudie für den Züricher Tages-Anzeiger. Die Autorin ermittelte die Selektivität der Leser anhand ihrer Nutzung konkreter Zeitungsartikel und anhand ihrer Meinungen über die redaktionelle Tendenz der Zeitung. Einen Artikel, der sich positiv mit dem amerikanischen Engagement in Vietnam auseinandersetzte, lasen 44 Prozent der Leser, die die amerikanische Politik in Vietnam billigten, aber nur 26 Prozent derjenigen, die sie verurteilten. Ähnliche Unterschiede ergaben sich auch für Artikel zu anderen Themen. Gleichzeitig meinten 52 Prozent der Vietnam-Befürworter, der Tages-Anzeiger verteidige die amerikanische Vietnampolitik, während nur 23 Prozent der Vietnam-Gegner dieser Ansicht waren (vgl. Noelle-Neumann 1973b: S. 28).

Noelle-Neumann wies auch mit Umfragen nach, daß sich Menschen selektiv zugunsten ihrer bestehenden Meinung verhalten. Einen Artikel über "Bessere Chancen für Barzel" wollten 53 Prozent der Befragten lesen, die Anhänger Barzels waren, aber nur 31 Prozent der Anhänger Brandts. Umgekehrt war das Verhältnis für einen Artikel "Neue Ehrung für Willy Brandt" (60 zu 27 Prozent). Diese Unterschiede können nicht nur mit einem größeren Interesse am bevorzugten Politiker erklärt werden, da negative Meldungen auch dessen Gegner lesen wollten: Am Beitrag "Wachsender Widerstand gegen Barzel" zeigten 53 Prozent seiner Anhänger, aber immerhin auch 45 Prozent der Anhänger Brandts Interesse. Ähnliches galt für einen negativen Artikel über Brandt (vgl. Noelle-Neumann 1973b: S. 31)

---

[1] "Telethon" steht für television marathon.

Auf die besonderen Umstände der selektiven Zuwendung zu Beiträgen im Fernsehen macht eine Studie von Atkin und Mitarbeitern (1973b) aufmerksam. Die Autoren konnten zwar keine selektive Zuwendung der Zuschauer zu Wahlspots feststellen, aber eine selektive Aufmerksamkeit: Bei 20 Prozent der untersuchten Personen stieg die Aufmerksamkeit, wenn der eigene Kandidat, bei nur 3 Prozent, wenn der Gegenkandidat im Fernsehen erschien (vgl. mit ähnlichem Ergebnis auch Sheinkopf et al. 1972). Sieht man einmal von dem methodischen Problem ab, das Aufmerksamkeitsniveau beim Fernsehen durch Telefonumfragen zu messen, lassen sich aus diesem Ergebnis zwei Hinweise für die Selektivität beim Fernsehen ableiten: 1. Das Fernsehen läßt dem Zuschauer aufgrund seiner zeitlichen Abfolge offensichtlich nur wenig Möglichkeiten zur selektiven Zuwendung; 2. der Zuschauer versucht, vermutlich unbewußt, diesen Mangel durch Variation seiner Aufmerksamkeit auszugleichen, wobei er die Aufmerksamkeit bei konsonanten Informationen erhöht und bei dissonanten verringert.

Zusammenfassung

Die weitaus meisten Studien zur Nutzung redaktioneller Beiträge in den Medien konnten aufgrund ihrer methodischen Anlage keine schlüssigen Aussagen über die Ursachen der Selektion machen. Es blieb in der Regel offen, ob die Rezipienten mit ihrer Selektionsentscheidung kognitive Dissonanz vermeiden wollten oder ganz andere Gründe für die beobachtete de-facto-Selektivität verantwortlich waren. Hinzu kommt, daß die Selektionen der Rezipienten das Ergebnis komplexer Entscheidungsprozesse sind, an denen viele verschiedene Faktoren mitwirken.

Doris Graber faßt ihre Ergebnisse zur Nutzung von politischen Zeitungsartikeln so zusammen: "When people pay attention to news, stories are processed if they are interesting enough to be remembered, if they are simple to understand, and if they are believable" (1984: S. 91). Daneben entscheiden die Betonung (Plazierung, Überschrift) und die persönliche Motivation für einzelne Themen darüber, ob sich die Rezipienten einzelnen Meldungen zuwenden (S. 82ff.). Graber vergleicht das Zeitunglesen mit dem Ansehen der Landschaft aus einem schnell fahrenden Zug. Erst bei bestimmten Schlüsselreizen ("cues") wie einzelnen Begriffen oder Namen, die einem etwas bedeuten, steigern die Leser ihre Aufmerksamkeit und wenden sich einem Beitrag zu. Die bisherige Forschung legt trotz ihrer zum Teil widersprüchlichen Ergebnisse nahe, daß bei diesem Prozeß auch Konsonanz und Dissonanz eine Rolle spielen.

4. Auswahl von Informationen

Wenn Leser ihre Aufmerksamkeit einem Artikel oder Zuschauer einem Nachrichten- oder Magazinbeitrag schenken, dann stellt sich als nächste Frage, welche einzelnen Informationen, Argumente oder Wertungen sie daraus entnehmen. Dieses Phänomen hat die Forschung bisher als selektive Wahrnehmung im engeren Sinne bezeichnet. Damit können ganz verschiedene Prozesse verbunden sein. Man kann sie mit den Begriffen faktische Selektion, kognitive Selektion und evaluative Selektion unterscheiden. Als faktische Selektion bezeichne ich dabei, ob ein Rezipient eine bestimmte Information überhaupt physisch aufnimmt, unabhängig davon, wie er sie aufnimmt. Als kognitive Selektion bezeichne ich die Frage, welche Bedeutung ein Rezipient der oder den aufgenommenen Informationseinheiten zuordnet, oder alltagssprachlich: wie er sie "verstanden" hat. Als evaluative Selektion bezeichne ich, wie eine Mediendarstellung bewertet wird, d.h. welche Eigenschaften ihr als Repräsentation eines Ereignisses, eines Sachverhalts oder einer Person beigemessen werden.

Faktische Selektion

Die faktische Selektion stellt für die Wissenschaft vor allem ein Meßproblem dar, da es sich bei der Selektion von Informationen aus den Massenmedien um einen sehr flüchtigen Sachverhalt handelt. Daher haben bisher die weitaus meisten Studien auch nicht die direkte Zuwendung bzw. Wahrnehmung zu einzelnen Informationseinheiten in den Medien gemessen, sondern die Erinnerung an diese Informationen. Beispiele hierfür sind die vielen Studien zur Rezeption von Fernsehnachrichten, die notwendigerweise auf Erinnerungsangaben der Befragten basieren (als Überblicke vgl. Frost et al. 1987, Brosius und Berry 1990). Eine Ausnahme bilden lediglich die physiologischen Messungen der Gruppe um Reeves und Thorson (1986) sowie Chaffees und Schleuders (1986) Studie zum unterschiedlichen Einfluß von Zuwendung (exposure) und Aufmerksamkeit (attention) bei Nachrichten auf den politischen Kenntnisstand. Auch hier stellen sich jedoch erhebliche Validitätsprobleme.

Wie in Kapitel IV beschrieben, hängt die Informationsselektion von mehreren Faktoren ab, die zum Teil überindividuell gleich sind, zum Teil von individuellen physischen und psychischen Faktoren abhängen. Für eine weitgehend ähnliche Wahrnehmung spricht beispielsweise eine Studie von McCombs und Smith (1969). Sie fanden eine hohe Übereinstimmung zwischen verschiedenen, voneinander unabhängigen Nachrichten über ein und dasselbe Ereignis. Wie sehr dagegen auch die Informationsselektion von subjektiven Voraussetzungen, in diesem Fall der Erwartung an ein Ereignis, abhängen kann, wiesen Massad und seine Mitautoren (1979) nach. Personen, die ein Ereignis unter einer bestimmten, ihnen eingangs vorgegebenen Interpretation betrachtet hatten, waren anschließend nicht mehr in der Lage, das Ereignis unter einem anderen, gegensätzlichen Aspekt zu beschreiben. Ihnen fehlten offensichtlich aus der vorangegangenen, gesteuerten Ereigniswahrnehmung die dazu notwendigen Informationen. Erst wenn sich die Versuchspersonen das Ereignis ein zweites Mal ansehen konnten, waren sie anschließend in der Lage, es unter dem alternativen Aspekt zu beschreiben.

Die Befunde sprechen dafür, daß offensichtlich die Wahrnehmungs-Hypothesen die Informationsselektion so stark steuern, daß nach der Konfrontation mit einem Ereignis oder einer Ereignisdarstellung in den Medien Bewertung und Interpretation des Ereignisses nicht mehr frei wählbar sind. Denn: solche Informationen, die nicht der Wahrnehmungs-Hypothese entsprechen, nimmt der Rezipient gar nicht erst auf (vgl. Higgins und Bargh 1987: S. 397ff.). Hier liegt möglicherweise auch ein Schlüssel für die Konsonanz der Medienberichterstattung, also journalistische Selektionsprozesse, die ebenso durch bestimmte Hypothesen - Halloran und seine Mitautoren nennen sie "frames of reference" - gesteuert sind (vgl. Halloran et al. 1970, auch Lang und Lang 1953, Noelle-Neumann und Mathes 1987). Diese wie auch die weiter oben beschriebenen Ansätze ließen sich in einem weiten Sinne auch unter dem Aspekt der kognitiven Dissonanz interpretieren, da sie beim Rezipienten das Motiv unterstellen, Wahrnehmungen und Wahrnehmungs-Hypothesen in Übereinklang zu bringen.

Unter dem Gesichtspunkt der selektiven Wahrnehmung von Informationen lassen sich auch einige der Studien interpretieren, die mit der Methode der "signaled stopping technique" durchgeführt wurden. Dabei handelt es sich um ein Testverfahren, mit dem gemessen wird, an welchen Stellen und warum Menschen das Lesen von Texten unterbrechen (vgl. Carter et al. 1969, Carter et al. 1973). Die Versuchspersonen markierten mit einem Strich Leseunterbrechungen und zusätzlich mit einem Kürzel den von ihnen selbst wahrgenommenen Grund dafür. Die Autoren nehmen an, daß es grundsätzlich zwei Ursachen für Unterbrechungen gibt: Erstens eine kognitive Diskrepanz zwischen Leser und Text sowie zweitens einen Verlust des Textverständnisses. Zur ersten Ursache schreiben Stevenson und Greene: "A cognitive discrepancy results when incoming information conflicts with some criterion of evaluation such as the mental picture already existing in the mind of the news consumer" (Stevenson und Greene 1980: S. 118).

Die bisher vorliegenden Ergebnisse, die mit der Methode erzielt wurden, sind in ihrer Tendenz uneinheitlich. Nur in einem Experiment (Everett 1970) führten dissonante Informationen häufiger zu Unterbrechungen als konsonante. In einem weiteren Experiment (Stevenson und Greene 1980) korrelierten Stops mit der Beurteilung der Textstellen als einseitig. Es ist zweifelhaft, ob mit der Methode Phänomene selektiver Wahrnehmung gemessen werden können. Texte mit der Aufgabe zu lesen, Unterbrechungen zu markieren und zu begründen, ist ein höchst künstliches Verhalten. Zudem laufen vermutlich gerade die wichtigsten Selektionsprozesse unbewußt ab. Schließlich sind sich selbst die Anwender der Methode nicht darüber einig, was Leseunterbrechungen überhaupt bedeuten.

So unterstellte Everett, daß Unterbrechungen eine intensive Zuwendung zur jeweiligen Information bedeuten, während andere Autoren das gleiche Verhalten als Abwehr gegenüber der betreffenden Information interpretierten (Carter et al. 1973, Stevenson und Greene 1980).

Kognitive Selektion

Enger an der Dissonanz-Theorie sind solche Studien, die sich der kognitiven Selektion, also der Frage zuwenden, welche Bedeutungen und Beurteilungen Ereignisse oder Personen erfahren, die in den Massenmedien vorkommen. Eine klassische Studie dieser Art ist Kendalls und Wolfs (1949) Untersuchung über die Perzeption von Karikaturen, die sich gegen rassische Vorurteile richteten. Sie ergab, daß die eigene Einstellung der Versuchspersonen zu Rassenfragen die Wahrnehmung weitgehend determinierte. Personen, die selbst rassische Vorurteile hatten, nahmen die intendierte Bedeutung der Karikaturen nicht wahr, sondern hielten die Bilder für Bestätigungen ihres Vorurteils. Ähnlich in ihren Ergebnissen ist die bereits weiter oben angesprochene Studie von Wilhoit und de Bock (1976) über die Wahrnehmung eines autoritären Charakters in einer Fernsehserie (vgl. auch Hastorf und Cantril 1954).

Mehrere Studien beschäftigten sich mit der Wahrnehmung von Politikern und deren Argumenten in Fernseh-Debatten. So ermittelten Kraus (1962) für die Debatte zwischen Kennedy und Nixon sowie Apple (1976) für die Debatte zwischen Ford und Carter, daß die Politiker von ihren Anhängern deutlich häufiger als rhetorische Gewinner der Diskussionen angesehen wurden als von den Anhängern des Gegenkandidaten. Sebald (1962) konnte mit einer Vorher-Nachher-Messung zeigen, daß die unterschiedliche Wahrnehmung der Fernseh-Debatte auch die Präferenz für den jeweils bereits vorher geschätzten Kandidaten (Kennedy und Nixon) signifikant verstärkte. Ebenfalls mit einer Panel-Studie fand Stricker (1964), daß sich erstens die Abstände zwischen der Beurteilung des favorisierten und des Gegenkandidaten vor der Wahl vergrößerten und zweitens die Anhänger des Verlierers Nixon den Gewinner Kennedy besser beurteilten als vorher. Entgegen den Annahmen beurteilten aber drittens nach der Wahl auch die Anhänger Kennedys den Verlierer Nixon besser, so daß sich insgesamt zu diesem Zeitpunkt die Beurteilungen beider Lager wieder deutlich angepaßt hatten.

Das erste Ergebnis läßt sich als Folge selektiver Wahrnehmung der Informationen über die Kandidaten, der zweite Befund als Folge kognitiver Anpassungen der eigenen Einstellungen an die Realität interpretieren. Baas und Thomas (1980) wiederholten die Untersuchung während des Wahlkampfes zwischen Ford und Carter und bestätigten im wesentlichen die Befunde von Stricker. Sherrod (1971) ermittelte Konsistenzen bzw. Inkonsistenzen zwischen dem eigenen Standpunkt von Wählern zu politischen Themen, ihrer Wahrnehmung der Standpunkte verschiedener Kandidaten und ihrer Präferenz für diese Kandidaten. Zusätzlich stellte sie fest, welche Standpunkte die Kandidaten tatsächlich einnahmen. Es zeigte sich, daß bei Inkonsistenzen zwischen der eigenen Meinung zu einem Thema und der tatsächlichen Meinung des favorisierten Politikers die Haltung des Kandidaten so wahrgenommen wird, daß sie mit der eigenen Meinung übereinstimmt.

Ähnlich sind auch die Ergebnisse von O'Keefe und Mendelsohn (1974) über die selektive Wahrnehmung von Informationen zu den Watergate-Hearings. Bei diesen konsistenztheoretisch begründeten Studien muß man jedoch bedenken, daß weder die Medieninhalte noch deren Nutzung durch die Befragten kontrolliert wurden. Einstellungsveränderungen können daher nur interpretativ als Folge einer möglichen selektiven Wahrnehmung von Medieninhalten betrachtet werden.

Dies gilt nur in abgeschwächter Form für die Befunde Noelle-Neumanns aus der bereits erwähnten Studie mit Lesern des Züricher Tages-Anzeigers. Dort hatte sich gezeigt, daß die Abonnenten bei verschiedenen politischen Themen die redaktionelle Haltung der Zeitung überwiegend so einschätzten, wie sie selbst über die Themen dachten (vgl. Noelle-Neumann 1973b). Gleichzeitig konnte die Verfasserin nachweisen, daß die einzelnen Lager auch in unterschiedlichem Ausmaß Artikel mit einer klar erkennbaren Tendenz lasen. Ob es sich dabei jedoch um Prozesse der selektiven Wahrnehmung oder der Projektion handelt, muß auch diese Studie offen lassen (vgl. zur Wahrnehmung von Zeitungstendenzen Donsbach 1989a, 1990).

Wie sehr auch die Wahrnehmung (und Darstellung) von Ereignissen durch Journalisten von deren Hypothesen abhängt, macht die Studie von Shields und MacDowell (1987) deutlich. Sie untersuchten, wie Kommentatoren die Fernsehdebatte zwischen Bush und Ferraro 1984 hinsichtlich persönlicher Eigenschaften beurteilten, die die beiden Kandidaten während der Debatte zeigten. Die Kommentare unterschieden sich ganz deutlich danach, ob es sich um Beobachter handelte, die entweder Bush oder Ferraro nahestanden.

Eine theoretische Neuorientierung in der Forschung zur selektiven Wahrnehmung stellt Doris Grabers Studie über die Verarbeitung von Medieninformationen im US-Wahlkampf 1976 dar. Sie analysierte einen Teil ihrer Befunde unter dem Gesichtspunkt der Schema-Theorie (vgl. Kapitel IV). Schemata sind stark vereinfachte, häufig stereotypisierte Hypothesen über die Wirklichkeit in Form von Bewertungen und Relationen, die durch soziales Lernen, Imitation und persönliche Erfahrung entstehen und verändert werden können. Änderungen treten immer dann ein, wenn die vorhandenen Schemata dem Individuum für die Verarbeitung neuer Informationen nicht mehr angemessen erscheinen. Da sie aber andererseits auch die Informationsaufnahme steuern, tendieren sie eher zur Stabilität als zur Veränderung (vgl. Axelrod 1973, Ferguson et al. 1987).

Graber erhob ihre Daten über die Informationsverarbeitung der Rezipienten durch Intensiv-Interviews mit Panel-Befragten. Die Protokolle dieser Interviews ließ die Verfasserin anschließend nach Kategorien kodieren, die jeweils verschiedene kognitive Schemata repräsentieren sollen. Auf diese Weise fand sie fünf Haupt-Schemata für die Verarbeitung von politischen Informationen: 1. Ursachen für Probleme, 2. Charakter von politischen Institutionen, 3. Rolle einzelner Akteure, 4. kulturelle Werte und 5. Beziehung zwischen Politik und menschlichen Werten. Im Anschluß daran ermittelte Graber für insgesamt neun verschiedene Einzelthemen, mit welchen Schemata sie am häufigsten verarbeitet wurden. Es zeigte sich unter anderem, daß die Befragten beim Thema Inflation neue Informationen am häufigsten unter dem Schema "Charakter von Institutionen" rubrizierten, beim Thema Wohlstand unter dem Personen- und Akteurs-Schema, beim Thema Energieversorgung unter dem Ursachen-Schema (vgl. Graber 1984: S. 190).

Die Autorin zieht das Fazit: "Cognitive processing does follow patterns that are best explained in terms of schema theory. In the realm of political news, our panelists coped with the floodtide of information through a manageable, limited array of schemas that were simple and sparse in basic dimensions, as well as in the number of themes included in the dimensions" (S. 198). Diese Anwendung der Schema-Theorie auf die Informationsverarbeitung der Medienrezipienten ist nicht unproblematisch. Die empirischen Überprüfungen beruhen ausschließlich auf verbalen Äußerungen der Versuchspersonen und deren Einordnung in ein vorher definiertes Kategoriensystem von Schemata. Die verbalen Äußerungen der Rezipienten sind jedoch selbst bereits gefilterte und auf unbekannte Weise übertragene Repräsentationen der (angenommenen) realen Schemata im Kognitionensystem.

Doris Graber hat selbst keinen Zusammenhang zwischen der Schema-Theorie und der Theorie der kognitiven Dissonanz hergestellt. Im Grunde verhält sich das Individuum jedoch im Modell der Schema-Theorie ähnlich wie in den dissonanztheoretischen Annahmen: Neue Kognitionen werden darauf geprüft, ob sie mit den vorhandenen vereinbar sind oder nicht. Nur nimmt die Schema-Theorie an, daß dieser Abgleichungsprozeß auf einer höheren Abstraktions-Ebene stattfindet. Mit anderen Worten: Einzel-Informationen werden darauf geprüft, ob sie in allgemeine Realitätsvorstellungen passen, während in der Dissonanzforschung die kritischen Konstellationen in der Regel auf einer niedrigeren und gleichen hierarchischen Ebene, nämlich zwischen Einzel-Kognitionen, erzeugt wurden.

Evaluative Selektion

Als evaluative Selektion wurde bezeichnet, wie der Medieninhalt selbst bewertet wird, welche Eigenschaften ihm als Repräsentation eines Ereignisses, eines Sachverhalts oder einer Person vor dem Hintergrund der eigenen Einstellungen vom Rezipienten beigemessen werden. Der Begriff Selektion wird hier also in einem weiteren Sinn gebraucht und auf die unterschiedliche Wahrnehmung und Bewertung der Angemessenheit von Wirklichkeitsdarstellungen in den Medien angewandt. Für Schulz (1982) gehört es zur "politischen Dimension" der Wirkungsforschung, daß Rezipienten häufig von Medieninhalten annehmen würden, sie seien gegen den eigenen Standpunkt gerichtet. Inzwischen gibt es hierfür einige empirische Hinweise.

Unter dem Namen "hostile media phenomenon" veröffentlichten Vallone und seine Mitautoren eine Studie, in der sie testeten, wie Anhänger verschiedener politischer Lager die Ausgewogenheit bzw. Verzerrung von Fernsehberichten über ein Ereignis wahrnahmen. Hierfür stellten sie eine künstliche Nachrichtensendung aus realen Beiträgen über ein Massaker israelischer Truppen in einem palästinensischen Flüchtlingslager zusammen, führten die Sendung Versuchspersonen mit pro-arabischer, pro-israelischer und neutraler Haltung vor und maßen anschließend deren Beurteilung der Beiträge.

Bei allen Indikatoren unterschieden sich die Wahrnehmungen der Anhänger der beiden Lager signifikant voneinander. So schätzten beispielsweise die Anhänger Israels, daß die Nachrichtensendung 16 Prozent positive, aber 57 Prozent negative Bemerkungen über Israel enthielt. Bei den Anhängern des arabischen Standpunkts war das entsprechende Verhältnis 42 zu 26 Prozent. Weiterhin unterstellten die Israel-Anhänger dem verantwortlichen Redakteur der Sendung einen pro-arabischen, die Anhänger der Araber einen pro-israelischen Standpunkt. Je mehr Kenntnisse die Personen über das Thema hatten, desto eher sahen sie die Sendung gegen ihren Standpunkt gerichtet. Die Beurteilungen der neutralen Zuschauer lagen bei allen Indikatoren zwischen denen der beiden Meinungsfraktionen (vgl. Vallone et al. 1985: S. 581). Perloff (1987) wiederholte die Studie mit einem anderen Thema und kam zu gleichlautenden Ergebnissen.

Die Autoren sehen zwei mögliche Erklärungen für ihren Befund. Erstens könnte es sein, daß die beiden Lager tatsächlich unterschiedliche Informationen wahrgenommen hätten (faktische Selektion). Zweitens sei es möglich, daß gleiche Informationen unterschiedlich bewertet wurden. Für die erste Interpretation spricht, daß pro-israelische und pro-arabische Personen den Anteil von Argumenten für einen der beiden Standpunkte völlig verschieden einschätzten. Für die zweite Interpretation spricht das Ergebnis einer weiterführenden Analyse der Autoren: Auch diejenigen Personen, die sich in der Wahrnehmung des Inhalts nicht unterschieden, beurteilten Fairness und Objektivität ganz unterschiedlich. Die Tatsache, daß vor allem gut informierte Personen die Berichte als besonders verzerrt ansahen, läßt sich möglicherweise damit erklären, daß diese Personen über besonders viele Argumente für ihren eigenen Standpunkt verfügen und vor diesem Hintergrund auch eine ausgewogene Darstellung als unausgewogen wahrnehmen.

Ergebnisse, die sich als Folge eines "hostile-media-Effekts" interpretieren lassen, die jedoch aufgrund der Untersuchungsanlage weniger aussagekräftig sind, erbrachte eine Studie von Granberg (1971), bei der Studenten einerseits nach ihrer Einstellung zu Rassenfragen und andererseits nach ihrer Nutzung und Beurteilung der Medienberichterstattung über die Ermordung Martin Luther Kings befragt wurden. Zwischen einer negativen Einstellung zur Rassentrennung und der Zuwendung zur Medienberichterstattung über das Ereignis bestand ein leicht positiver Zusammenhang, was als Indikator für selektive Zuwendung interpretiert werden kann; die beiden Meinungsfraktionen unterschieden sich nur geringfügig in der Schätzung, wieviel die Medien ingesamt über das Ereignis berichteten (selektive Wahrnehmung); sie unterschieden sich deutlich in der Beurteilung, ob die Medien ausreichend über das Ereignis berichteten (evaluative Selektion).

Insgesamt kommen jedoch die Studien zum Phänomen des 'feindlichen Mediums' zu eher widersprüchlichen Ergebnissen (vgl. Kocher und Shaw 1981, Evans 1987). Analysen des Verfassers haben deutlich gezeigt, daß durchschnittliche Rezipienten ihrer Tageszeitung ganz überwiegend eine redaktionelle Tendenz zuschreiben, die ihrer eigenen Meinung entspricht (Donsbach 1990). Nur bei sehr kontroversen Themen und bei sehr festgelegter Meinung der Rezipienten hat die Hypothese des feindlichen Mediums ein gewisses Erklärungspotential.

Zusammenfassung

Das große Problem der meisten Studien zur Selektion einzelner Informationen aus den Medien ist ihre oft mangelnde Validität, die aus der Flüchtigkeit des Kommunikationsprozesses resultiert. Als Folge lassen sich Annahmen über eine selektive Wahrnehmung fast nie direkt, sondern immer nur indirekt und ex post über die Einstellungen bzw. Einstellungsveränderungen der Rezipienten prüfen. Selektive Zuwendung, Wahrnehmung und Erinnerung bzw. post-kommunikative Rationalisierungs- und Harmonisierungsprozesse können somit nicht unterschieden werden. Auch ist der Übergang zwischen Wahrnehmungs- und Verstehensprozessen eher fließend. Eine Studie von Jacoby und Hoyer (1989) mit Zeitschrifteninhalten kam zu dem Ergebnis, daß Zuwendung und Aufmerksamkeit nicht unbedingt mit einem korrekten Verständnis der Botschaft einhergehen.

Folgt man aber den Interpretationen, die die jeweiligen Autoren für ihre Befunde anbieten, dann lassen sich drei Wege erkennen, auf denen sich Rezipienten selektiv gegenüber einzelnen Informationen in den Medien verhalten: 1. sie nehmen einzelne Informationen überhaupt nicht wahr, d.h. sie dekodieren sie nicht, wenn sie in einer dissonanten Beziehung zu ihren Kognitionen stehen; 2. sie nehmen sie zwar physisch wahr, passen sie aber an eines der vorhandenen Schemata an; 3. sie verändern ihre Wahrnehmungen in der post-kommunikativen Phase, indem sie dissonante Informationen vergessen oder ihnen eine andere Bedeutung geben.

Die hier referierten Studien können in der Regel keine Antwort darauf geben, welchen Selektionsvorgang sie tatsächlich gemessen haben. Folgt man dem Ergebnis von Wilhoit und de Bock (1976) über die Verarbeitung von Spielhandlungen im Fernsehen sowie den Ergebnissen der "social cognition"-

Forschung, dann sind die zweite und dritte Variante wahrscheinlicher als die erste. Ebenso legen es die Befunde, die mit der "signaled-stopping"-Methode erzielt wurden, eher nahe, daß eine Selektion nicht durch ein Überlesen oder Überhören dissonanter Informationen zustandekommt. Wie Sherrods (1971) Analyse der Wahrnehmung von politischen Kandidaten zeigte, sprechen die meisten Befunde stattdessen für eine kognitive Selektion. Mit anderen Worten: Informationen werden zwar aufgenommen, aber in ihrer Bedeutung so verändert, daß möglichst keine Dissonanzen entstehen können.

5. Erinnerung an Informationen

Die letzte hier behandelte Selektionsform betrifft die Erinnerung an ursprünglich einmal wahrgenommene Informationen. Für den Verlust der Erinnerung kann es verschiedene Ursachen geben. Eine Information kann erstens physisch im Langzeitspeicher zerfallen sein. Zweitens können der Zugang zu ihr, d.h. die Erinnerungspfade, entlang derer sie abgespeichert wurde, verloren gegangen sein. Schließlich kann drittens die Information im Laufe der Zeit so an die bestehenden Schemata angepaßt worden sein, daß sie auch für das betreffende Individuum ihre ursprüngliche Identität verloren hat. Aus publizistikwissenschaftlicher Sicht ist es dabei unerheblich, welcher Vorgang für das Ergebnis von Erinnerungs- bzw. Vergessensprozessen verantwortlich ist. Entscheidend ist, ob bestimmte Informationen nach einer gewissen Zeit noch vorhanden sind und somit Kenntnisse und Einstellungen mitbestimmen.

Die Forschungsansätze zur selektiven Erinnerung an Informationen in den Massenmedien lassen sich vergröbert zwei Traditionen zuordnen. Bei der ersten Tradition handelt es sich um die Rolle des Gedächtnisses bei Überzeugungsprozessen in der Tradition der wissenschaftlichen Rhetorik der Hovland-Schule. Bei der zweiten handelt es sich um Studien über die Vermittlungsleistungen von Fernsehnachrichten. Beide Ansätze haben das Ziel, die jeweiligen Kommunikationsprozesse möglichst effektiv zu gestalten, wobei das Interesse im ersten Fall der Meinungsänderung, im zweiten der Informationsvermittlung gilt.

Merkmale von Quelle, Botschaft und Rezipient

Studien von Hovland und seinen Mitautoren über die Wirkung von Argumenten in Propagandafilmen zeigten, daß der Vergessensprozeß offensichtlich nicht linear verläuft. An einige Informationen konnten sich die Versuchspersonen nach einer längeren Frist eher erinnern als nach einer kürzeren (sleeper effect, vgl. Hovland et al. 1949). Eine nachfolgende Untersuchung (Hovland und Weiss 1951) ermittelte, daß die Glaubwürdigkeit der Quelle direkt nach der Konfrontation mit der Botschaft einen starken Einfluß ausübte, daß sich aber zu einem späteren Zeitpunkt die Ergebnisse umkehrten: Der Meinungswandel ging bei der Gruppe, die die Botschaft aus der glaubwürdigen Quelle erhalten hatte, wieder zurück auf das vorherige Niveau; gleichzeitig zeigten sich nach vier Wochen positive Wirkungen der unglaubwürdigen Quelle. Als Ursache für diesen paradoxen Befund nimmt Hovland an, daß die Rezipienten sich zwar noch an die Quelle erinnerten, sie aber nicht mehr mit der von ihr zum Ausdruck gebrachten Meinung in Verbindung brachten. Als Folge konnte die Glaubwürdigkeit als Wirkungsfaktor nicht zum Tragen kommen (vgl. auch Hovland et al. 1953: S. 255).

Zwar weisen diese Experimente einige methodische Mängel auf, auf die hier nicht weiter eingegangen werden kann (vgl. hierzu Schenk 1987: S. 73ff., Capon und Hulbert 1973, Catton 1960). Es liegen aber bis heute keine Ergebnisse vor, die den sleeper effect widerlegen. Als einigermaßen gesichert kann zumindest der Befund gelten, daß die Art der vermittelten Botschaft (Informationen, Meinungen), der Zeitfaktor und die Art der Quelle einen Einfluß darauf haben, ob und wie sich die Rezipienten an die Inhalte erinnern.

Mit dem Zeitfaktor beschäftigte sich auch eine Studie von Lang und Lang (1978), die die Wahrnehmung von Präsidentschaftskandidaten direkt im Anschluß bzw. eine Woche nach einer Fernseh-Debatte untersuchten. Während die Zuschauer gleich nach der Sendung die Meinung äußerten, der von ihnen jeweils präferierte Kandidat habe den besten Eindruck in der Diskussion hinterlassen, zeigte sich später ein Meinungswandel zugunsten des Gegenkandidaten. Die Autoren führen diesen Befund darauf zurück, daß die Massenmedien die Debatte zugunsten des vermeintlichen Verlierers kommentierten. Im Gegensatz zu den Hovland-Experimenten, die einen autonomem Gedächtnisprozeß als Ursache für die Erinnerungsleistung unterstellten, handelte es sich hier demnach um den Einfluß eines externen Faktors, nämlich der nachfolgenden Medienberichterstattung.

Seit Mitte der siebziger Jahre beschäftigt sich die Kommunikationsforschung verstärkt mit den Vermittlungsleistungen von Fernsehnachrichten. Nach Brosius und Berry (1990) lassen sich drei Faktorengruppen unterscheiden, die einen Einfluß auf Verstehen und Erinnern haben: Gestaltungs- und Präsentationsmerkmale, Personenmerkmale und Merkmale der Interaktion von Information und Rezipient, wobei das Vorwissen der Rezipienten der einflußreichste Einzelfaktor ist. Nach Findahl und Höijer (1975) erklärt eine generelle Kenntnis des Zeitgeschehens 22 Prozent der Varianz bei der Erinnerung an Fernsehnachrichten. Auch Personen, die motiviert sind, sich zu einem bestimmten Thema Informationen zu suchen, zeigen deutlich bessere Erinnerungsleistungen (vgl. Gantz 1979, Berry et al. 1980).

Nur geringe Erinnerungsleistungen ermittelte Doris Graber in ihrer Langzeit-Studie: "...we concluded that the ability to recall news stories faded gradually and very substantially over time" (1984: S. 93). Dies gilt auch für Themen, die über längere Zeit in den Nachrichten behandelt wurden. Auch hier waren die Erinnerungen vom Interesse der Personen abhängig. Während Personen mit niedrigem politischen Interesse nach drei Monaten fast alle Details der

Nachrichten vergessen hatten, konnten Personen mit starkem politischen Interesse sich zum Teil sogar noch nach neun Monaten an Einzelheiten bestimmter Nachrichten erinnern. Im Durchschnitt behielten die Befragten 70 Prozent der Wahlkampfmeldungen für rund 60 Tage in irgendeiner Form, wobei sich jedoch nur 12 bis 18 Prozent von ihnen an Einzelheiten erinnern konnten. Nach zwei Monaten fiel die Erinnerungskurve rapide ab (vgl. ebda.).

Die einzige Studie, die sich spezifisch mit der Erinnerung an Zeitungsmeldungen beschäftigte, führte Bogart durch. Er verglich die Anteile verschiedener Themen in der Zeitungsberichterstattung mit der Häufigkeit, mit der sich die Zeitungsleser an diese Themen erinnern konnten. Stärker erinnert als publiziert wurden danach Berichte über Kriminalität, Unfälle und Katastrophen, nationale Politik sowie die Wettervorhersagen. Weniger erinnert als publiziert wurden Berichte über Lokal- und Landespolitik, Sport und Vermischtes. Bogart erfaßte jedoch nicht, welche Artikel die Rezipienten tatsächlich gelesen hatten. Es ist daher möglich, daß die gefundenen Unterschiede auch durch selektive Zuwendung und nicht nur durch selektive Erinnerung zustandekamen (vgl. Bogart 1981: S. 204).

Konsonanz und Dissonanz als Selektionsfaktoren

Erste Studien zur selektiven Erinnerung an Informationen, die sich dissonanztheoretisch interpretieren lassen, wurden bereits vor Festingers Publikation durchgeführt. So fanden Watson und Hartmann (1939), daß sich religiös gebundene und atheistische Personen an Informationen besser erinnern konnten, die ihre Weltanschauung stützten: "...material which supported the subjects' attitudinal frame was retained better than material which opposed it." Clark (1940) fand ähnliche Ergebnisse für die Erinnerung an Details eines den Versuchspersonen vorher geschilderten Konflikts zwischen einem Mann und einer Frau: Die Erinnerung an die jeweils positiven Aspekte des Verhaltens der beiden Akteure war geschlechtsspezifisch verschieden. Ebenfalls zu diesen Ansätzen gehört die Studie von Allport und Postman (1945) über die Veränderungen an Gerüchten. Sie ermittelten drei Typen von Veränderungen, von denen sie einen als Assimilation bezeichneten, d.h. die Einpassung des Gerüchts in eine bestehende kognitive Struktur: "So also many items take a form that supports the agent's habits of thought" (S. 62). Vor allem die vorhandenen Vorurteile der Personen dienten als Raster, in das die Fakten in der Erinnerung eingepaßt wurden.

Näher an Phänomenen der Massenkommunikation ist das Experiment von Levine und Murphy (1958). Je weiter der Meßzeitpunkt vom Zeitpunkt des Lesens entfernt war, desto stärker polarisierten sich die Erinnerungen der Versuchspersonen entsprechend ihrer eigenen Meinung zu dem Konfliktthema (separation). Die Phase, in der die meisten jener Informationen vergessen wurden, die mit der eigenen Meinung inkonsistent waren, lag eine Woche nach dem Kontakt mit der Botschaft, wobei der Meßzeitraum insgesamt vier Wochen umfaßte.

Eine Studie von Sebald (1962) über die Erinnerung an Argumente von Kandidaten, die in Fernsehdebatten auftraten, kam zu ähnlichen Ergebnissen. Die Befragten erinnerten sich erstens häufiger an Argumente des von ihnen favorisierten Kandidaten; sie erinnerten sich zweitens vor allem an solche Argumente ihres Kandidaten, die für sie aufgrund ihrer eigenen Meinung besonders annehmbar, und an solche des Gegenkandidaten, die für sie besonders unannehmbar waren; sie schrieben annehmbare Argumente des Gegenkandidaten später verstärkt dem eigenen Kandidaten und unannehmbare Argumente des eigenen dem Gegenkandidaten zu. Sebald schließt daraus: "The findings suggested that image-maintaining mechanisms function in a way as to preserve (1) a favorable image of the candidate of the preferred party; and (2) an unfavorable image of the candidate of the opposing party" (Sebald 1962: S. 149).

Auf der Grundlage seiner Theorie der instrumentellen Aktualisierung nimmt Kepplinger an, daß Rezipienten in ihrer Erinnerung solche Informationen aus den Medien aktualisieren, die instrumentell ihren Einstellungen zu Konfliktthemen nützen. Mit Panel-Befragungen im Abstand von zwei Monaten und einem Jahr konnte er diese Annahme für drei verschiedene Konfliktthemen bestätigen. Im Falle der 35-Stunden-Woche wuchs der Zusammenhang zwischen Erinnerung und eigener Meinung im Verlaufe des Untersuchungszeitraums linear an, im Falle des Nicaragua-Konflikts zeigte sich ein kurvilinearer Zusammenhang und im Falle der Ausländerproblematik (dort lagen nur zwei Meßzeitpunkte im Abstand von zwei Monaten vor) nahm die selektive Erinnerung leicht ab (Kepplinger et al. 1986a).[1]

Zusammenfassung

Für die selektive Erinnerung an Informationen aus den Massenmedien gilt ähnliches wie für die selektive Wahrnehmung von Informationen: Einerseits sind die meisten Studien nicht in der Lage, klare Kausalnachweise darüber zu führen, welche Prozesse tatsächlich für beobachtete Veränderungen verantwortlich sind. Andererseits sind die Befunde in der Regel konsistent mit dissonanztheoretischen Annahmen und weisen auf einen deutlichen Zusammenhang zwischen eigener Meinung und der Erinnerung an Informationen aus den Medien hin.

---

[1] Ein methodisches Problem besteht darin, daß Kepplinger keine Daten über den tatsächlichen Kontakt der Rezipienten mit den Informationen erhob. Dadurch ist es möglich, daß die genannten Korrelationen das Ergebnis von selektiver Zuwendung oder Wahrnehmung und nicht von selektiver Erinnerung sind.

VII.

Stand der dissonanztheoretischen Selektionsforschung

Welche Erklärungskraft haben - vor dem Hintergrund des vorangegangenen Kapitels - Konsonanz und Dissonanz als Ursachevariablen für die Selektion der Rezipienten? Man kann diese Frage zum einen aus dem Blickwinkel beantworten, wie valide die bisherigen Ergebnisse sind, zum anderen danach, welche alternativen theoretischen Ansätze man in der Zwischenzeit gefunden hat, um das Auswahlverhalten der Rezipienten zu erklären.

1. Methodische Probleme

Kausalprobleme

Elihu Katz hat bereits 1968 auf ein grundsätzliches methodisches Problem der publizistikwissenschaftlichen Dissonanz-Studien hingewiesen: "How ...does an individual select among communications according to the supportiveness principle without being exposed to them?" (S. 795). Anders als in den Laborexperimenten, wo man in der Regel die Tendenz einer angebotenen Information den Versuchspersonen deutlich macht, erklären viele Studien im Kontext der Massenkommunikation die Verweigerung von Informationen mit den Eigenschaften der Botschaften, die die Rezipienten angeblich gar nicht rezipiert haben und deren Tendenz sie mithin nicht kennen konnten. Wird damit nicht eine unzulässige Erklärungsvariable herangezogen? Zumindest für die selektive Zuwendung zu redaktionellen Beiträgen in Pressemedien kann diese Frage heute hinreichend beantwortet werden. Der Schlüssel liegt dabei einerseits in den Erkenntnissen über die menschliche Informationsverarbeitung und andererseits in der Rolle, die Artikel-Überschriften spielen.

Nach den in Kapitel IV dargestellten Befunden der Wahrnehmungspsychologie ist es durchaus möglich, daß Leser in einem frühen Stadium der Aufmerksamkeit Signale in relativ einfacher Kodierung so weit aufnehmen, daß sie eine Entscheidung über deren Weiterverarbeitung und über die Aufnahme zusätzlicher Informationen fällen können, daß sie aber gleichzeitig bei negativer Selektionsentscheidung keine Erinnerung an die Signale zurückbehalten. Weiterhin hatte die Leseforschung festgestellt, daß das Auge im Umfeld des gerade wahrgenommenen Textes (parafovealer Bereich) andere Signale bis zur Komplexität von ganzen Wörtern partiell wahrnehmen kann (vgl. hierzu auch Graber 1984, Ziemke 1980).

Bisher gibt es nur wenige Studien, bei denen man mit wahrnehmungspsychologischen Methoden versuchte, das Leseverhalten zu messen. Die meisten dieser Untersuchungen befaßten sich mit der Verarbeitung von Anzeigen (vgl. bspw. Barton 1980, Bogart und Tolley 1988). Bogart (1989) berichtet von einer

Serie von Studien, bei denen man Versuchspersonen beim Lesen von Zeitungsseiten entweder mit einer Videokamera filmte, ihre Blicke mit einer Augenbewegungs-Kamera festhielt, oder ihre Gehirnaktivitäten mittels eines EEG aufzeichnete. Aus den Ergebnissen dieser Untersuchungen lassen sich drei Schlüsse ziehen.

Erstens ist das Zeitunglesen offensichtlich ein Vorgang 'organisierter Suche'. Die Leser 'scannen' die Zeitungsseite mit hoher Konzentration, um eine begrenzte Anzahl von Informationen während kurzer Fixationszeiten auf bestimmten Punkten herauszuziehen. Die Gehirnaktivitäten sind in dieser Phase genauso stark wie beim eigentlichen Lesevorgang, also wenn man sich einem Beitrag genauer widmet. Dieses Überfliegen geschieht meistens in großen Schritten, um dann in kürzeren Sakkaden auf solche Inhalte zurückzukommen, die die Aufmerksamkeit des Lesers gefunden haben. Zweitens erinnern sich die Personen nur an etwa die Hälfte der Beiträge, die sie mit ihren Augen überflogen haben. Drittens bestätigten diese Studien die Bedeutung des parafovealen Bereichs. Die Versuchspersonen konnten offensichtlich in einem Durchmesser von 25 Zentimetern, also weit über den eigentlichen Fixationsbereich hinaus, Informationen bedingt verarbeiten. Die dort partiell wahrgenommenen Reize steuerten die weitere Wanderung des Auges über die Seite: "It is from the edges of this wider gaze that we pick up the cues that automatically tell to shift the eye's direction" (ebda.: S. 283).

Die Geschwindigkeit, mit der Seiten überflogen werden, das Vergessen des physischen Kontakts mit einzelnen Reizen und die Motivierung des Lesers durch nur peripher wahrgenommene Reize machen deutlich, daß Selektionsentscheidungen unter anderem durch solche Informationen verursacht werden, deren Wahrnehmung sich der Rezipient überhaupt nicht bewußt sein muß. Das von Katz formulierte Kausalitätsproblem von Selektionsstudien kann man daher als unbegründet ansehen.

Bei redaktionellen Texten spielen vermutlich die Überschriften der Beiträge eine entscheidende Rolle für die Selektionsentscheidungen. Sie bieten aufgrund ihrer Größe und Typografie leichter erkennbare Schlüsselreize an als der übrige Text auf einer Zeitungsseite. Eine deutsche Studie wies mit Augenbewegungs-Kameras nach, daß die Informationssuche der Leser immer erst bei großen Schlagzeilen und Bildern auf einer Seite beginnt (Die Zeitung 1990: S. 12). Stamm und Jacoubovitch (1980) ermittelten mit einem Copy-Test, daß amerikanische Zeitungsleser Überschriften rund doppelt so häufig lesen wie Artikeltexte (23 zu 12 Prozent).

Überschriften haben noch aus einem zweiten Grund eine bedeutende Funktion bei der selektiven Zuwendung zu Informationen: Sie geben dem Leser Anhaltspunkte für den Artikelinhalt. So gab in einer frühen Studie von Emig (1928) jeder zweite Leser an, sich seine Meinung über das im Artikel behandelte Thema durch die Überschriften zu bilden. Allport und Lepkin (1943) ermittelten experimentell, daß bei Artikeln über den Zweiten Weltkrieg die Gefühle der Leser gegenüber dem Krieg alleine durch die Formulierung der

Überschrift erheblich beeinflußt werden konnten.

Tannenbaum (1953) führte ein Feldexperiment durch, bei dem in verschiedenen Versionen einer Zeitung zwei Artikel mit jeweils drei verschiedenen Überschriften versehen waren. Die anschließende Befragung der Leser dieser Artikel ergab, daß die Überschrift die Meinung über die (jeweils gleichen) Texte erheblich beeinflußte und zwar um so mehr, je weniger sie vom Text des Artikels gelesen hatten. Die Wirkungsstärke der Überschriften ging sogar so weit, daß die Versuchspersonen trotz identischer Artikel den im Text vorkommenden Angeklagten eines Gerichtsprozesses signifikant unterschiedlich für schuldig oder unschuldig hielten. Tannenbaum: "the headline creates a first mood which unconsciously dominates the reader's attention as he pursues the whole story" (Tannenbaum 1953: S. 197). Amerikanische Gerichte haben inzwischen die rechtliche Bedeutung der Überschriften anerkannt. In den USA können die Informationen in der Schlagzeile hinreichender Grund für eine Verleumdungsklage sein, auch wenn die im nachfolgenden Artikel gegebenen Informationen korrekt sind (vgl. McLean 1989).

Die dominante Bedeutung, die die Leser den Überschriften als Indikator für den nachfolgenden Text beimessen, steht dabei offensichtlich in einem krassen Gegensatz zu deren tatsächlicher Funktion, den Artikelinhalt zusammenzufassen. Smith und Fowler (1982) lasen den Befragten in einer Telefon-Umfrage zufällig ausgewählte Schlagzeilen aus Tageszeitungen vor und baten sie anschließend um ein Urteil, welche Inhalte sie in dem dazugehörigen Artikel vermuteten. Nur in 43 Prozent der Fälle stimmten die Vermutungen der Leser aufgrund der Überschrift mit dem tatsächlichen Artikelinhalt überein: "The data suggest that the headlines do not tell the reader much about the story" (S. 308).

Validitätsprobleme

Ein durchgängiges Validitätsproblem besteht darin, daß für praktisch alle Selektionsphasen immer die gleiche abhängige Variable gemessen wurde, nämlich die Erinnerung an die Botschaft. Analytische Unterscheidungen nach selektiver Zuwendung, Wahrnehmung oder Erinnerung konnten somit nur interpretativ vorgenommen werden. Dies gilt auch für Copy-Tests, die ja lediglich statt der tatsächlichen Zuwendung die Kontakte messen, an die sich Leser zum Zeitpunkt der Befragung noch erinnern. Sofern andere mögliche Ursachevariablen kontrolliert werden, lassen sich auf diesem Wege zwar dissonanztheoretische Selektionsgründe ermitteln, aber es muß dann offen bleiben, in welcher Phase die Selektion stattgefunden hat. Dieser Einwand gilt vor allem für die genannten Studien über die Wahrnehmung von bzw. Erinnerung an Personen, Argumente und Sachverhalte im Fernsehen.

Bei einigen Studien bleibt selbst offen, ob sie überhaupt Selektionsprozesse maßen. Ein Beispiel hierfür ist das beobachtete Verhalten von Lesern, ihrer Tageszeitung eine redaktionelle Tendenz zuzuschreiben, die der eigenen Meinung entspricht (vgl. z.B. Noelle-Neumann 1973a,b). Der gleiche Befund, den die Autorin als Indiz für eine selektive Wahrnehmung interpretiert, ließe sich mit konsistenztheoretischen Überlegungen (vgl. Osgood und Tannenbaum 1955, Sherif und Hovland 1961) oder mit der Hypothese der looking-glass-perception (vgl. Fields und Schuman 1976) erklären. Träfen diese alternativen Erklärungen zu, dann hätte die Studie anstelle der Selektion von Medieninhalten Attributionen der Rezipienten gemessen (vgl. zur Wahrnehmung von Zeitungstendenzen Donsbach 1990). Die gleiche Unsicherheit, ob Prozesse der Selektion oder der Attribution gemessen wurden, tritt bei einer Reihe weiterer Studien auf, in denen die Wahrnehmung von Personen, Argumenten oder Sachverhalten gemessen wurde (vgl. z.B. Hastorf und Cantril 1954, Wilhoit und de Bock 1976, Sebald 1962, Sherrod 1971). Bei keiner dieser Studien war die Untersuchungsanordnung geeignet, diese alternativen Erklärungsmöglichkeiten auszuschließen.

Bei anderen Studien kann nicht zweifelsfrei geklärt werden, ob statt der Selektions- nicht Aktualisierungsprozesse gemessen wurden. Es handelt sich um Studien zur Veränderung der Einstellungen von Wählern zu Präsidentschafts-Kandidaten (vgl. Stricker 1964, Baas und Thomas 1980). Es ist möglich, daß die Wähler nicht deshalb im Verlaufe des Wahlkampfs eine immer bessere Meinung von ihrem von Anfang an präferierten Kandidaten erhielten, weil sie sich seinen Argumenten selektiv zuwandten, oder sie selektiv wahrnahmen und erinnerten, sondern weil die latent bereits vorhandenen Kognitionen mit näherrückendem Wahltermin und damit steigender Relevanz der Einstellungen aktualisiert wurden.

In vielen Studien kontrollierte man darüber hinaus nicht oder nur unzureichend solche Variablen, die für einen schlüssigen dissonanztheoretisch begründbaren Kausalnachweis erforderlich sind. Zu den Grundannahmen der Dissonanz-Theorie gehört die Annahme, daß sich aus den jeweiligen Konstellationen zwischen Informations- und Rezipientenmerkmalen Prognosen über die Zuwendung ableiten lassen. Vor diesem theoretischen Hintergrund ist es verwunderlich, daß die meisten publizistikwissenschaftlichen Studien ohne eine Inhaltsanalyse der Medieninhalte durchgeführt wurden. Entweder man berücksichtigte somit die tatsächlichen Merkmale der Informationen überhaupt nicht oder die jeweiligen Forscher klassifizierten sie nach ihrem subjektiven Eindruck. Damit fehlen überprüfbare Informationen darüber, ob die jeweiligen Botschaften erstens tatsächlich in Konsonanz oder Dissonanz zu den Einstellungen der Rezipienten standen und zweitens, welche anderen Merkmale neben Konsonanz bzw. Dissonanz möglicherweise die Selektion verursachten.

Der Verzicht auf eine Kontrolle anderer Variablen ist umso verwunderlicher, als die Publizistikwissenschaft eine ganze Reihe von Erkenntnissen über andere, nicht dissonanztheoretische Einflußfaktoren zusammengetragen hat. Sie lassen sich grob nach Merkmalen der Information und nach Merkmalen der Rezipienten gliedern. Zu den Merkmalen der Information gehören beispielsweise die Thematik, der Betonungsgrad sowie die verfügbare Informationsmenge über ein Thema bzw. eine Meinung. Zu den Merkmalen der Rezipienten, die neben Konsonanz und Dissonanz die Selektion steuern können, gehören die Habitualisierung des Medienverhaltens, Persönlichkeitsmerkmale, demografische Merkmale sowie die verfügbaren Vor-Informationen aus anderen Medien.

Schließlich stellt sich bei praktisch allen publizistikwissenschaftlichen Studien auch das sogen. Reduktionsproblem. Es bleibt offen, inwieweit die als unabhängige Variable definierte Beziehung zwischen dem Gehalt einer Information und einzelnen, isolierten Meinungen oder Einstellungen der Rezipienten nicht eine unzulässige Vereinfachung komplexer Kognitionssysteme darstellt (vgl. hierzu Chapanis und Chapanis 1964). Da die Mehrzahl der empirischen Studien nicht auf Experimenten beruhten, sondern die Zuwendung zu realen Medieninhalten maßen, ist dieses Problem hier noch gravierender als in der psychologischen Dissonanzforschung. Die meist höhere externe Validität mußte demnach mit geringerer interner Validität hinsichtlich der Beziehungen zwischen Stimuli und Rezipientenmeinungen erkauft werden. Hieran wird deutlich, daß die Alternative zwischen Labor- und Feldforschung zu kurz greift. Bereits Hovland (1959) vertrat die Auffassung, daß die Aussagekraft einer Studie weniger von der gewählten Methode, sondern viel mehr von der jeweiligen Operationalisierung abhänge (vgl. hierzu auch Katz 1968, McGuire 1968, Riecken 1954).

Meßprobleme

Die meisten Selektionsstudien ermittelten nicht den tatsächlichen Kontakt zwischen einem Rezipienten und einer Meldung. Die Prozesse der Zuwendung zu und Wahrnehmung von Informationen in der Massenkommunikation ist extrem flüchtig, was eine zeitgleiche Messung erheblich erschwert. Dies gilt insbesondere für das Fernsehen (vgl. Reeves und Thorson 1986). In der Regel können daher die von den Rezipienten wahrgenommenen Informationen nur über die erinnerten Botschaften rekonstruiert werden. Diese sind aber bereits durch den kognitiven Verarbeitungsprozeß und die (wiederum selektive) Erinnerungsfähigkeit gefiltert. Methodische Verfahren wie die signaled-stopping-Technik oder physiologische Messungen (EEG), die am Wahrnehmungsprozeß selbst ansetzen, weisen in der Regel erhebliche Validitätsprobleme auf, weil unklar bleibt, was die Reaktionen der Versuchspersonen wirklich bedeuten.

Bemerkenswert ist bereits die Tatsache, daß nur zwei Dissonanz-Studien die Zuwendung zu Pressemedien mit Hilfe des Copy-Tests maßen (Stempel 1961, Noelle-Neumann 1973a,b). Besonders fragwürdig erscheinen demgegenüber Untersuchungsansätze, bei denen die Befragten in Telefon-Interviews Auskunft darüber geben sollten, welche spezifischen Medieninhalten sie aufgenommen hatten (vgl. Atkin 1971, Atkin et al. 1973a, Chaffee und Miyo 1983). Jedoch muß auch der Copy-Test mit seinem relativ starken Feldcharakter als eine letztlich ungenügende Methode angesehen werden, da er den mehrstufigen Selektionsprozeß nicht differenziert genug erfassen kann. In den Angaben der

Leser, einen bestimmten Artikel gelesen zu haben, vermischen sich Effekte von selektiver Zuwendung, Wahrnehmung und Erinnerung.

Schließlich ist noch unklar, wie Selektion überhaupt operational definiert werden muß. Salmon (1986) kritisiert das üblicherweise verwendete Kriterium "time spent with a mass medium" als zu ungenau. Er schlägt stattdessen vor, die vom individuellen Rezipienten tatsächlich aus der Gesamtheit des Inhalts einer Botschaft extrahierten Informationseinheiten als Kriterium zu verwenden (vgl. Salmon 1986: S. 363, ähnlich auch Clarke und Kline 1974 und Kline 1977). Um angesichts der Vielzahl von ablenkenden Tätigkeiten, die Menschen während der Mediennutzung ausführen, die tatsächlich ausgewählten Inhalte erfassen zu können, schlagen Webster und Wakshlag (1985) vor, zusätzlich ein Maß für Aufmerksamkeit in die operationale Definition von Selektion aufzunehmen. Einen entsprechenden Vorschlag für die Messung der Fernsehnutzung haben Chaffee und Schleuder (1986) entwickelt.

2. Integration der Dissonanz-Theorie in andere Ansätze

Ähnlich wie in der psychologischen Dissonanzforschung wird von einigen Autoren die Frage aufgeworfen, ob die Theorie der kognitiven Dissonanz als ein allgemeines Konzept für die Erklärung von Selektionsprozessen in der Massenkommunikation überhaupt noch aufrechterhalten werden kann. Von einigen Verfassern, wie etwa Zucker (1978), wurde der Vorschlag gemacht, die Dissonanz-Theorie völlig aufzugeben. Nur wenige Autoren machen Vorschläge zur Theorien-Integration, bei denen das Dissonanz-Konzept als ein Unterfall anderer Erklärungen für die Mediennutzung der Rezipienten behandelt wird.

Information Utility-Ansatz

Katz stellte bereits in seinem Aufsatz aus dem Jahr 1968 den Zusammenhang zwischen Dissonanz und Nützlichkeit her: "...the supportive selectivity hypothesis is, in part, a special case of an approach to the problem of exposure in terms of 'uses and gratifications', i.e. in functional terms" (S. 796). Atkin hat diese Idee in seinem instrumental utility-Ansatz aufgegriffen. Er geht davon aus, daß die meisten Ergebnisse zur Selektivität der Rezipienten auch mit anderen Variablen wie etwa dem Interesse am Thema erklärt werden können (vgl. Freedman und Sears 1965). Atkin wendet dieses Argument gegen die Kritiker und behauptet, daß diese Faktoren selektives Verhalten zur Vermeidung von Dissonanz einschränkten und somit dessen Stärke sogar in den Ergebnissen eher unterdrückten (vgl. Atkin 1973: S. 233).

In seinem eigenen Ansatz stellt die Vermeidung kognitiver Dissonanz eine unter mehreren Nützlichkeits-Erwägungen dar, die Menschen zur Aufnahme von Informationen aus den Massenmedien motivieren. "A message has an instrumental utility for the receiver when it provides him with a helpful input for responding to everyday environmental stimuli or for defending personal predispositions. He may need information to keep abreast of governmental actions, to guide his consumer decision-making, or to reinforce his political preferences" (Atkin 1973: S. 205). Neben diese extrinsischen Motive, die auf die Bewältigung der Umweltanforderungen abzielen, stellt Atkin nicht-instrumentelle intrinsische Motive wie zweckfreies Interesse oder Bedürfnis nach Unterhaltung. Bei ihnen wird der Medieninhalt nicht zur direkten Problemlösung eingesetzt. Sie spielen daher im Konzept des Autors keine weitere Rolle.

Das Bedürfnis nach Aufnahme von Informationen entsteht immer dann, wenn das Individuum eine Diskrepanz zwischen seinem aktuellen und seinem gewünschten Wissensstand ("criterion state") im Hinblick auf relevante Themen wahrnimmt. Dies kann durch Erfahrungen in Gesprächen mit anderen, durch selbständiges Nachdenken oder durch die Inhalte der Massenmedien geschehen. Ein solcher Spannungszustand führt zu Unsicherheit und diese zum Informationsbedürfnis. Atkin unterscheidet vier Grundtypen von Anpassungs-Anforderungen des Individuums an seine Umwelt: 1. Kognitive Anpassung, d.h. die Vorgänge und Zusammenhänge in der Umwelt zu verstehen; 2. affektive Anpassung, d.h. diese Vorgänge und Sachverhalte einordnen und bewerten zu können; 3. Verhaltens-Anpassung, d.h. sich entsprechend den Erfordernissen der jeweiligen Situation verhalten zu können; 4. defensive Anpassung ("defensive adaption"), d.h. Unsicherheiten im eigenen Kognitionensystem so weit wie möglich beseitigen zu können.

Im Motiv der defensiven Anpassung ist das Element der kognitiven Dissonanz enthalten: "Post-cognitive uncertainty depends on the magnitude of the desire to verify cognitions currently in storage or recently learned. Similarly, the individual may not be confident that his firmly held attitudes or decisions are correct or appropriate...Each of these uncertainties resulting from self-doubt produces a need for reinforcement information" (Atkin 1973: S. 208f.). Bei der Selektionsentscheidung werde dann die Nützlichkeit gegen die aufzuwendenden Informationskosten (Zeit, Energie, Geld oder geistige Fähigkeiten) abgewogen, so daß die Theorie letztlich einen Kosten-Nutzen-Ansatz darstellt. Atkin hat mehrere Selektionsstudien unter dem Gesichtspunkt re-analysiert, inwieweit sie seinen Ansatz indirekt unterstützen. Hinsichtlich der defensiven Anpassung kommt er zu dem Schluß, daß erstens selektive Zuwendung bei der Auswahl der Quellen wesentlich stärker zu beobachten sei als bei der Auswahl einzelner Informationen, und daß zweitens auf Individual-Ebene die Befunde weniger überzeugend seien als auf Aggregat-Ebene. Die Ergebnisse zeigten aber in ihrer Gesamtheit "...consistently...an unbalanced pattern of exposure favoring supporting messages" (1973: S. 227).

Genova und Greenberg (1979) haben Atkins Ansatz in einer Panel-Studie aufgegriffen und versucht, den relativen Einfluß von individueller und sozialer Instrumentalität der Informationen zu bemessen. Die Befunde legen nahe, daß soziale Nützlichkeit deutlich stärker die Informationsaufnahme steuert als individuelle Nützlichkeit. Die Autoren schlossen in ihre Studie jedoch nicht die Konsonanz bzw. Dissonanz der Informationen ein, so daß eine zentrale Variable Atkins unberücksichtigt blieb. Einen spezifischeren Test stellt die Studie von Chaffee und McLeod (1973) dar. Die Autoren untersuchten anhand der Zuwendung zu Wahlkampf-Informationen den Interaktionseffekt zwischen dem Bedürfnis nach unterstützenden Informationen auf der einen und individuell bzw. sozial nützlichen Informationen auf der anderen Seite. Die Befragten bevorzugten generell die neutralen Informationen. Wenn parteiische Informationen gewählt wurden, dann baten die Befragten mehrheitlich um solche über ihren eigenen Kandidaten. Die soziale Nützlichkeit bestimmte generell die Informationsauswahl stärker als die individuelle Nützlichkeit. Da insgesamt die Quote zwischen dem Wunsch nach Informationen über den eigenen und den Gegenkandidaten nur 7:5 beträgt, schließen Chaffee und McLeod: "If we assume that all information-seeking is functionally selective, then an approach is needed that can account for the many cases in which opposition arguments are sought" (S .245).

Der information utility-Ansatz läßt sich im Vergleich zur Dissonanz-Theorie als eine Theorie höherer Ordnung verstehen, da in ihm das Vermeiden von Dissonanz bzw. das Herstellen von Konsonanz als eine unter mehreren Kriterien der Nützlichkeit von Informationen angesehen wird. In seiner vorliegenden Form kommt Atkins Ansatz allerdings nicht über ein Denkmodell hinaus. Die allgemeinen Annahmen des uses-and-gratifications-Ansatzes werden unterstellt, aber ihre Geltung nicht empirisch nachgewiesen. Insofern ist es kaum gerechtfertigt, von einer weiterführenden Theorie zu sprechen, die mehr leistet als Festingers Ansatz. Auch die empirisch zweifellos fruchtbare Studie von Chaffee und McLeod läßt sich ebensogut als eine Präzisierung der allgemeinen dissonanztheoretischen Hypothese betrachten. Bereits viele frühere Studien hatten gezeigt, daß die Nützlichkeit von Informationen eine wichtige intervenierende Variable zu Konsonanz und Dissonanz darstellt (vgl. hierzu Kapitel V).

Supportive Selection-Ansatz

Auch Ziemke (1980) integriert dissonanztheoretische Annahmen in sein Kosten-Nutzen-Modell. Das lange diskutierte Thema, ob es eine generelle psychologische Präferenz für bestätigende Informationen gebe, sieht er als eine falsch formulierte Forschungsfrage an. Stattdessen müsse geklärt werden, unter welchen Bedingungen die so motivierte Selektion stattfinde. Die Definition des Selektionsverhaltens als Abwehrregel sei zwar ein notwendiger Bestandteil von Festingers Theorie, aber für die Erklärung der Mediennutzung stelle sie eine unnötige Einengung der Perspektive dar. Seinen neuen Ansatz bezeichnet er als "supportive selection", womit er explizit die selektive Vermeidung von Informationen aus der Betrachtung ausschließt. Die Grundannahme lautet, daß

Informationen, die die Prädispositionen des Rezipienten unterstützen, mit geringeren Kosten aufgenommen werden können, da sie weniger Konzentration, Anstrengung, Zeit und kognitive Klärungsprozesse erfordern als Argumente, die dissonant zum Einstellungssystem sind (Ziemke 1980).

Ziemke befragte während des Wahlkampfs zwischen Carter und Ford zwei Stichproben von jüngeren und älteren Wählern nach den von ihnen genutzten politischen Informationen. Wie bereits andere Autoren vor ihm (z.B. Rhine 1967) fand er zunächst einen starken Interaktions-Effekt zwischen der Aufnahme bestätigender Informationen und der Sicherheit der eigenen Meinung. Sehr sichere und sehr unsichere Personen selektierten am wenigsten solche Informationen, die ihrer Präferenz entsprachen. Inwieweit das gemessene Verhalten jedoch auf geringere Kosten der unterstützenden Informationen schließen läßt, also den Faktor, den Ziemke als neue, übergeordnete Kategorie zur Dissonanz einführte, bleibt in den empirischen Ergebnissen und deren Interpretationen weitgehend unklar.

Gegen Ziemkes Ansatz lassen sich die gleichen Argumente wie gegen den information utility-Ansatz Atkins einwenden. Während Atkin die Nützlichkeit in den Vordergrund stellte, geht Ziemke von den Kosten, also praktisch dem Kehrwert in Atkins Modell aus. Auch hier steht die Reichweite der theoretischen Annahmen in keinem Verhältnis zu den empirischen Überprüfungen. Ziemke kritisiert die Vorgehensweise der traditionellen, dissonanztheoretischen Selektionsstudien, um sie dann selbst mit erheblich schwächeren Meßmethoden zu wiederholen. Was bei Chaffee und McLeod die Nützlichkeit der Information war, ist bei ihm die Sicherheit der eigenen Meinung: Auch sie wurde bereits sehr viel früher in den dissonanztheoretischen Experimenten als eine wichtige intervenierende Variable entdeckt.

Information Seeking-Ansatz

Auch Donohew und Tipton (1973), später Donohew, Tipton und Haney (1978), entwickelten einen neuen Ansatz zur Erklärung der Informationsselektion, der einerseits auf der Kritik an der Dissonanz-Theorie aufbaut, andererseits aber Elemente dieser Theorie in das eigene Konzept integriert. Angesichts der uneinheitlichen Ergebnisse der dissonanztheoretischen Selektionsstudien gehen die Autoren wie Ziemke davon aus, daß das Bestreben nach konsistenten Einstellungen kein dominantes Motiv darstellen könne. Mehrere Gründe könnten dazu führen, daß ein Individuum in seinem Einstellungssystem auch Inkonsistenzen zulasse, so etwa, wenn zwei einzelne, nicht miteinander vereinbare Kognitionen zu einer Konsistenz auf höherer Ebene führten, oder wenn andere Faktoren wie Neugier oder Betroffenheit die Aufnahme der inkonsistenten Informationen verlangten.

Ihrem eigenen Ansatz legen sie ein Modell des Menschen als informationsverarbeitendes System zugrunde. Entscheidend für das individuelle Verhalten bei der Informationsaufnahme und -verarbeitung sei das Wirklichkeitsbild eines Menschen. Dieses Wirklichkeitsbild bestehe aus drei Elementen: den Zielen, Einstellungen und Kenntnissen, dem Selbstbild und dem persönlichen Stil der Informationsverarbeitung. Den Ausgangspunkt eines Prozesses bilde die Entscheidung, ob eine Information, die die Aufmerksamkeitsschwelle überwunden hat, konsistent zu den Zielen, Einstellungen und bereits vorhandenen Informationen ist. Ist dies nicht der Fall, könne die Information verweigert, oder aber aufgenommen und abgespeichert werden. Jede aufgenommene Information, ob konsistent oder inkonsistent, werde dann daraufhin geprüft, ob sie zusätzliche Handlungen erforderlich macht, etwa die Aufnahme weiterer Informationen. Das menschliche Informationsverarbeitungs-System stelle letztlich einen permanenten Abgleich zwischen den Umwelt-Informationen und dem vorhandenen Kognitionensystem dar, das auf diese Weise dynamisch weiterentwickelt werde.

Donohew und seine Mitautoren (1978) haben anhand des Verhaltens von Personen in Spielsituationen verschiedene Informationsverarbeitungs-Stile empirisch nachgewiesen und daraus den Schluß gezogen, daß die Strategien, die der Einzelne bei der Informationssuche anwendet, langfristig die bedeutendste Variable bei der Bewältigung der alltäglichen Lebensaufgaben sei (S. 31). Die im theoretischen Modell differenziert ausformulierten Entscheidungspfade (vgl. das Schaubild bei Donohew et al. 1978: S. 26) konnte ihre Studie aber nicht empirisch nachweisen. Weder wurden alle darin enthaltenen Variablen, noch deren kybernetischer Zusammenhang operationalisiert. Vor allem sucht man in der Studie vergebens nach einer empirischen Überprüfung der Eingangs-Entscheidung, ob eine wahrgenommene Information für das Individuum konsonant oder dissonant ist.

Die Dissonanz-Theorie ist in diesem Ansatz praktisch nur noch formal vorhanden. Konsistenz oder Inkonsistenz steuern im kybernetischen 'System Mensch' nicht mehr die Zuwendung zu und Wahrnehmung von Informationen, sondern lösen nur noch verschiedene Denkstrategien aus.

Dynamisch-transaktionaler Ansatz

Das dynamisch-transaktionale Modell von Früh und Schönbach (1982) versucht, die zentralen Variablen des Kommunikationsprozesses in ihrer Wechselwirkung zu erfassen, um daraus neue Erklärungsmöglichkeiten für die Wirkungsforschung zu gewinnen. Hinsichtlich der Informationsselektion nehmen die Autoren an, daß Rezeptionsfähigkeit und -bereitschaft der Rezipienten transagieren, d.h. Vorwissen steigere die Motivation und Motivation ihrerseits das Wissen. Fähigkeit und Bereitschaft, Informationen aus den Massenmedien aufzunehmen, würden im wesentlichen durch drei Faktorenbündel gesteuert: angeborene intellektuelle Fähigkeiten und erlernte soziale Fertigkeiten, Such- und Verarbeitungsstrategien sowie "aktivationale Faktoren". Zu den letztgenannten zählen die Autoren physische und psychische Befindlichkeiten sowie spezifische Motivationen für bestimmte Kommunikationsinhalte. Gemeinsam definieren sie das Aktivationsniveau, d.h. die Bereitschaft und Fähigkeit des Rezipienten, Informationen zu verarbeiten. Medieninhalte können diese Bereitschaft durch sogen. "initial cues" auslösen. Dabei handelt es sich um ungewöhnliche, die Gefühle anregende Informationen oder formale Merkmale der Aufmachung, die die Aufmerksamkeit steigern (vgl. Früh und Schönbach 1982: S. 81 ff.).

Kognitive Dissonanz und Konsonanz sind im dynamisch-transaktionalen Modell nur noch implizit und unspezifisch in den "psychischen Befindlichkeiten" enthalten. Auch dieses Modell bleibt wie die oben geschilderten bisher den Nachweis schuldig, inwieweit es eine bessere Beschreibung und Erklärung des Kommunikationsprozesses im allgemeinen und des Selektionsverhaltens im besonderen leisten kann als die früheren Ansätze, die es ersetzen will. Zur Zeit dominiert noch bei allen Modellen der Eindruck, daß mit der größeren Komplexität und Abstraktheit einerseits und der Einführung neuer Begriffe andererseits kein Erkenntnisgewinn für die Prognose realen Verhaltens einhergeht.

Zwei-Stufen-Fluß der Kommunikation

Auf eine Verbindung zwischen den beiden Hauptbefunden der Erie-County-Studie von Lazarsfeld, Berelson und Gaudet (1944) - der Selektionsregel und dem Zwei-Stufen-Fluß der Kommunikation - haben Kraus und Davis (1976: S. 146, Anm. 17) hingewiesen. Sie sahen darin den psychologischen und den soziologischen Aspekt desselben Phänomens, da die die Selektion steuernden Prädispositionen nur dann hinreichend das Medienverhalten erklären und prognostizieren könnten, wenn sehr viele Individuen die gleichen Auswahlkriterien hätten, was wiederum eine Folge von engen Gruppenbindungen und den Einflüssen der jeweiligen Meinungsführer sei. Kraus und Davis rücken damit jedoch beide Konzepte zu nahe aneinander. Die Selektionsregel läßt sich eher als einen Verstärker-Effekt zum Zwei-Stufen-Fluß in seiner ursprünglichen Fassung ansehen: Die politische Ausrichtung der Gruppe durch den von den Medien beeinflußten Meinungsführer führt bei ihren Mitgliedern - so die Hypothese - zur verstärkten Aufnahme von konsistenten und Verweigerung von inkonsistenten Informationen, wodurch der Initialeffekt (auf die Meinungsführer) auf weitere Personen ausgedehnt wird.

Die Beziehung zwischen beiden Konzepten wird noch verwickelter, wenn man berücksichtigt, daß Festinger seiner Theorie als eine Erklärung für jede Informationsselektion verstand (vgl. Festinger 1957: S. 123 ff.). Damit gilt sie ebenso für den Informationsfluß in der personalen Kommunikation, d.h. auch zwischen Meinungsführern und Gefolgschaft. Durch die Kombination beider Konzepte entsteht theoretisch ein kompliziertes System von Wirkungs- und Abwehrkräften. Selektivität aus dissonanztheoretischen Gründen schränkt in der personalen Kommunikation die Einflußmöglichkeiten des Meinungsführers gegenüber seinen Gruppenmitgliedern ebenso ein wie die direkten Medienwirkungen auf die Gefolgsleute.

In Weiterentwicklungen der Hypothese vom Zwei-Stufen-Fluß der Kommunikation hat man sich in jüngerer Zeit vor allem den sozialen Netzwerken und damit den Intergruppen-Beziehungen zugewandt (vgl. Schenk 1983, 1984, 1985, Weimann 1982). Schenk kommt unter anderem aufgrund eigener empirischer Untersuchungen zu dem Schluß, daß homogene Primärgruppenmilieus heute eher die Ausnahme darstellten. Statt der Uniformitätsthese von Katz und Lazarsfeld (1955) müsse mit der Heterogenität von Einstellungen und Meinungen gerechnet werden. Die Inhalte der Massenmedien träfen somit auf keine stabilen und durchgängigen "Absorptionskräfte", die ihre Wirkung nachhaltig begrenzen. "Eine selektive Weiterverarbeitung der Medieninhalte findet zwar auch in den weitverzweigten interpersonalen Kommunikationsnetzwerken statt, die die Diffusion von Ideen und Informationen in struktureller Hinsicht einerseits begünstigen, andererseits aber aufgrund ihrer relativ geringen Dichte keinen stabilen Anker für die individuellen Einstellungen und Meinungen offerieren können, so daß u.U. mit einer größeren Wirkung der Massenmedien zu rechnen ist" (Schenk 1987: S. 277).

Agenda Setting-Ansatz

Zucker (1978) bezeichnet die erste agenda setting-Studie von McCombs und Shaw (1972) als die entscheidende Falsifikation der Hypothese von der selektiven Zuwendung zu Medieninhalten. McCombs und Shaw verglichen in dieser Untersuchung die Vorstellungen ihrer Befragten von den wichtigsten politischen Themen und Problemen im Wahlkampf mit der Präsentation dieser Themen in den Massenmedien. Dabei verglichen sie unter anderem, welche Themen Anhänger der Republikaner bzw. Demokraten für wichtig hielten, mit erstens der gesamten Medienberichterstattung und zweitens der Medienberichterstattung über Themen, die jeweils eine der beiden Parteien besonders herausstellten. Für eine Bestätigung der Selektionsregel müsse - so McCombs und Shaw - die Korrelation zwischen der eigenen Meinung und den jeweils parteispezifischen Medieninhalten größer sein als die Korrelation zwischen der eigenen Meinung und der Gesamtberichterstattung.

Ihre Ergebnisse widersprechen dieser Annahme. Bei 24 Korrelationsvergleichen ist die Beziehung zwischen der Meinung der Befragten und der Gesamtberichterstattung stärker als zwischen ihrer Meinung und der parteispezifischen Berichterstattung. McCombs und Shaw ziehen daraus den Schluß: "This finding is better explained by the agenda-setting-function of the mass media than by selective exposure" (S. 182). Diese Art der Beweisführung ist aber als Entscheidungstest für zwei konkurrierende Wirkungsansätze aus drei Gründen illegitim. 1. Wenn für eine Bestätigung der Selektions-Hypothese die Korrelation zwischen den positionsspezifischen Medieninhalten und der Meinung der Befragten größer sein muß als die Korrelation zwischen Gesamtberichterstattung und den Meinungen der jeweiligen Parteigänger, dann wird die in ihrem empirischen Gehalt erst zu überprüfende agenda setting-Hypothese zur Voraussetzung für die Prüfung der Selektionsregel gemacht. Mit anderen Worten: Erst wenn die Thematisierungsfunktion gilt, stellt der Korrelationsvergleich theoretisch einen sinnvollen empirischen Test der Selektionsregel dar.

2. McCombs und Shaw unterstellen mit ihrem Korrelationsvergleich, daß die agenda setting-Funktion nur für politisch ungebundene Rezipienten gilt, ohne dies näher zu begründen. Nur unter dieser Voraussetzung ist die Annahme plausibel, daß Partei-Anhänger mehr von den parteigebundenen Informationen beeinflußt werden als von der Gesamtberichterstattung. 3. Die Autoren haben überhaupt keine Zuwendung zu konkreten Medieninhalten gemessen, sondern schließen indirekt mit dem relativ groben Maß von Rang-Korrelations-Koeffizienten zwischen dem Themenbewußtsein der Rezipienten und der Quantität der Medienberichterstattung auf individuelle Selektionsentscheidungen.

Die Betrachtung von agenda setting und selektiver Zuwendung als zwei sich gegenseitig ausschließende Wirkungsansätze ist unangemessen. Stattdessen bietet es sich an, beide Konzepte zu integrieren. Die bisherige Selektionsforschung konzentrierte sich in der Regel auf Auswahlentscheidungen gegenüber Informationen oder Argumenten, denen innerhalb eines Themas eine bestimmte Wertigkeit (Konsonanz oder Dissonanz) für einen Rezipienten zugesprochen wurde. Für das Verständnis politischer Kommunikation wäre es wichtig festzustellen, ob Selektionsentscheidungen aus Gründen von Konsonanz und Dissonanz auch gegenüber ganzen *Themen* getroffen werden, die vielleicht in sich eine bestimmte Werthaltigkeit tragen. Noelle-Neumann hat mit ihrer These von "Tabu-Themen", allerdings ohne dies dissonanztheoretisch zu begründen, auf die Möglichkeit eines solchen Verhaltens bei Journalisten hingewiesen (vgl. Noelle-Neumann 1989b).

3. Fazit

Die dissonanztheoretisch begründete Selektionsregel war vielleicht der bisher einflußreichste Ansatz in der Medienwirkungsforschung. Seine Langzeitwirkung auf die Kommunikationsforschung zeigt sich unter anderem darin, daß noch immer Lehrbücher die einfache, fast naive Vorstellung des individuellen Schutzschildes gegen Medienwirkungen tradieren:

> "The three selective processes can be thought of as three rings of defenses, with selective exposure being the outermost ring, selective perception coming in the middle, and selective retention being the innermost ring. Undesirable information can sometimes be headed off at the outermost ring. A person can just avoid those publications or programs that might contain contrary information. If this fails, the person can exercise selective perception in decoding the message. If this fails, the person can exercise selective retention, and just not retain

the contrary information." (Severin/Tankard 1979, S. 137).

Die Klarheit dieser Modellvorstellung steht in krassem Gegensatz zur Unklarheit, die die empirischen Ergebnisse zurücklassen. Der Forschungsstand in den achtziger Jahren läßt sich am besten mit einem Zitat von Chaffee und Miyo (1983) kennzeichnen: "Still, the impression remains that selective exposure occurs in the service of reinforcement". Für Simons (1976) ist der Selektionsansatz eher "zweifelhaft". Kraus und Davis (1976) sowie McQuail (1981) beachten ihn in ihrem Überblick über die Wirkungsforschung nur noch als ein Konzept am Rande. Das gleiche gilt für Bruhn Jensens und Rosengrens Überblick über die Publikumsforschung (1990). Für Zucker (1978) ist die Theorie inzwischen eindeutig widerlegt und kann praktisch ignoriert werden. Im ansonsten sehr ausführlichen Sachregister des derzeit vielleicht international einflußreichsten Lehrbuchs der Publizistikwissenschaft von Denis McQuail (1987) tauchen die Stichwörter "Selectivity", "Dissonance" oder "Cognitive Dissonance" überhaupt nicht mehr auf.

Offene Fragen

Die Publizistikwissenschaft hat inzwischen eine Reihe neuer Ansätze entwickelt, mit denen die Auswahlentscheidungen der Menschen gegenüber den Massenmedien erklärt werden sollen. Dennoch geht von der Theorie der kognitiven Dissonanz noch immer die größte Faszination aus, auch wenn die alte Frage, ob die vielfach beobachtete *de facto-Selektivität* tatsächlich immer auch dissonanztheoretisch begründet werden könne, weiterhin offen bleibt. Gerade die nicht-experimentellen Feldstudien können hierauf in der Regel keine verläßliche Antwort geben, sondern müssen sich auf eine interpretative Ursachenanalyse beschränken. Aus dem Blickwinkel der Wirkungsforschung könnte man jedoch den Standpunkt einnehmen, daß dies eine irrelevante Frage sei. Wenn Rezipienten bei gleicher Verfügbarkeit von gegensätzlichen Informationen diejenigen bevorzugt auswählen, die ihren bereits bestehenden Meinungen entsprechen, dann ist dies für Prognosen über Medienwirkungen bereits ein hinreichendes Ergebnis. Die möglichen unterschiedlichen Ursachen für diesen Befund würden an der Tatsache nichts ändern, daß Rezipienten im einen Falle von den betreffenden Inhalten erreicht werden und im anderen Falle nicht.

Für diese reduzierte Sichtweise der Selektion wird aber hier nicht plädiert. Die psychologische Dissonanzforschung interessierte sich hauptsächlich für die allgemeinen Prozesse der Informationsselektion und -verarbeitung. Sie ging dabei von gegebenen Umweltreizen aus. Die gesellschaftlichen Entstehungsbedingungen und die gesellschaftlichen Wirkungen dieser Informationen behandelte sie als eine black box, die für das Verständnis ihres eigentlichen Gegenstandes nicht von Bedeutung ist. Die Publizistikwissenschaft befaßte sich demgegenüber gerade mit diesen Entstehungsbedingungen und Wirkungen gesellschaftlicher Kommunikation. Dagegen war für sie die Frage, aus welchen kognitiven Gründen ein bestimmtes Kommunikationsverhalten entsteht und wie es zu bestimmten Wirkungen kommt, für sie von zweitrangiger Bedeutung. Sie behandelt das kognitive System des Individuums als black box.

Diese Unterschiede in den Erkenntniszielen spiegeln sich auch in den methodischen Standards beider Fächer wieder. Die Psychologie ist ein vorrangig experimentelles Fach und zeichnet sich durch einen besonders stark entwickelten Methodenpurismus aus. Grundlage der Hypothesenprüfung sind fast immer Labor-Experimente, bei denen alle Umweltvariablen so weit wie möglich kontrolliert und die experimentellen Faktoren systematisch manipuliert werden. Da sich das Fach eher um den physiologischen Aufbau des menschlichen Wahrnehmungsapparates bemüht, stellt sich das Problem der Übertragbarkeit der Ergebnisse auf die realen Lebensbedingungen in der natürlichen Umwelt nur eingeschränkt. Die Publizistikwissenschaft beschäftigt sich demgegenüber mit der Kommunikation von sozial bedeutsamen Informationen. Diese erhalten ihre soziale Bedeutung und ihre Relevanz für Einstellungen und Verhalten gerade erst in der sozialen Interaktion, und zwar unter Einschluß aller Faktoren, die im sozialen Kräftefeld zusammenwirken. Untersuchungsanlagen, die alle diese Faktoren im Labor simulieren würden, sind kaum möglich. Die Folge ist, daß sich das Fach in der Regel mit nicht-experimentellen Untersuchungsanordnungen zufrieden geben und versuchen mußte, die Wirkungsanteile der einzelnen Variablen ex post aus ihrer Verteilung in den jeweiligen Merkmalsgruppen zu gewinnen. Scheinkausalitäten können damit häufig nicht ausgeschlossen werden.

Die Integration von sozialpsychologischen und publizistikwissenschaftlichen Hypothesen und Befunden ließe sich in der Zukunft verstärkt für die Entwicklung einer allgemeinen Theorie der Informationszuwendung und Informationsverarbeitung ausnutzen.

Zu den offenen Fragen gehört weiterhin die Unterscheidung zwischen selektiver *Zuwendung und Vermeidung*. Die Präferenz für bestätigende Informationen ist empirisch besser bestätigt als das Vermeiden von dissonanten, obwohl einige Studien auch dieses Verhalten nachweisen konnten (vgl. Mills 1965, Rhine 1967, Cotton und Hieser 1980). Den meisten publizistikwissenschaftlichen Studien fehlten die operationalen Voraussetzungen, um die Präferenz-Unterschiede der Rezipienten eindeutig zu klassifizieren.

Damit im Zusammenhang steht die Frage, welchen Einfluß die *affektive Richtung der Informationen* auf das Suchen bzw. Vermeiden hat. Mehrere Autoren weisen eine besonders starke Präferenz für konsistente Informationen nach, wenn es sich um positive Inhalte handelte (Mills et al. 1959, Canon 1964, Noelle-Neumann 1973a,b). Auch diese Befunde bedürfen jedoch einer weiteren Bestätigung und Erklärung.

Aus der bisherigen Forschung bleibt auch der Eindruck zurück, daß die *Randbedingungen*, unter denen die Dissonanz-Theorie gilt, und die *intervenierenden Variablen*, die ihre Gültigkeit modifizieren oder eliminieren können, noch zu wenig beachtet wurden. Nur wenige dieser Variablen wurden operationalisiert oder zumindest kontrolliert. Zu den wichtigsten Randbedingungen zählt die Relevanz der Informationen für den Rezipienten. Zu den wichtigsten intervenierenden Variablen zählen z.b. der Dogmatismusgrad und die Sicherheit der eigenen Meinung des Rezipienten. Viele widersprüchliche Ergebnisse oder nur schwache Nachweise von Selektionsverhalten in den publizistikwissenschaftlichen Studien gehen vielleicht auf das Konto solcher intervenierenden Variablen.

Selektionsverhalten von Journalisten

Mit ihrem Hinweis, daß Selektionsforschung auch die Voraussetzungen für Selektion durch Vielfalt der Medieninhalte einbeziehen müsse (vgl. Noelle-Neumann 1973b: S. 32), lenkte die Autorin den Blick auf das Auswahlverhalten der Journalisten. Unter den vielen Faktoren, die die journalistische Selektion der Medieninhalte determinieren, sind viele, die eher auf Übereinstimmung als auf Vielfalt hinwirken: gemeinsame Nachrichtenwerte, Homogenität in den politischen Überzeugungen und Werten, gleiche Berufsmotive und Rollenkonzepte, die starke ingroup-Orientierung u.a. (vgl. Donsbach 1987, Noelle-Neumann und Mathes 1987). Da Journalisten ebenso wie ihre Leser, Hörer und Zuschauer aus einem großen Angebot von Informationen auswählen, stellt sich die Frage, welche Rolle sozialpsychologische Mechanismen bei ihren Entscheidungen spielen.

Vergröbert lassen sich dabei dissonanztheoretische und instrumentelle Motive unterscheiden. Dissonanztheoretisch begründete Selektionsentscheidungen wären eher intrinsischer Natur, da sie den bewußten oder unbewußten Zweck verfolgen, das individuelle Kognitionensystem in Balance zu halten. Instrumentelle Ziele wären eher extrinsischer Natur, da sie bewußt oder unbewußt darauf abzielen, die eigenen Werte und Einstellungen in der Umwelt durchzusetzen. Kepplinger verfolgt mit seinem Ansatz der instrumentellen Aktualisierung, bei dem die journalistischen Entscheidungen über die Veröffentlichung von Informationen daraufhin geprüft werden, inwieweit sie instrumentell den politischen Einstellungen der Redakteure nützen, den zweiten Ansatz (vgl. Kepplinger 1989c).

Nur wenige Studien haben bisher die Dissonanz-Theorie auf journalistische Selektionsentscheidungen angewandt. So fanden Kerrick, Anderson und Swales (1964) einen Interaktionseffekt zwischen der eigenen Meinung und der redaktionellen Tendenz der Zeitung auf die Objektivität der Berichterstattung. Journalisten, die sich in einer inkonsistenten Situation befanden, verzerrten die von ihnen zu formulierenden Meldungen besonders stark in Richtung der Zeitungstendenz. Bettinghaus und Preston (1964) sowie Greenberg und Tannenbaum (1962) stellten fest, daß Journalisten mehr Zeit für das Formulieren von Meldungen benötigten, die gegen ihre eigene Überzeugung sprachen. In der Studie von Greenberg und Tannenbaum machten sie in dieser Situation darüber hinaus mehr Fehler und schrieben weniger lesbare Texte.

Ein Experiment von Powell (1974) läßt indirekt auf die unterschiedliche Stärke des Dissonanzfaktors bei Rezipienten und Kommunikatoren schließen. Der Autor gab seinen Versuchspersonen die Aufgabe, Pro- und Contra-Argumente zu zwei verschiedenen Themen niederzuschreiben. Einer Gruppe wurde mitgeteilt, sie müßten sich im Anschluß eine Stellungnahme einer anderen Person zu diesem Thema anhören, der zweiten Gruppe wurde mitgeteilt, sie müßten selbst über dieses Thema sprechen. In beiden Fällen wurden erwartungsgemäß mehr Argumente niedergeschrieben, die der eigenen Meinung entsprachen. Versuchspersonen, die selbst über das Thema kommunizieren sollten (der journalistischen Aufgabe vergleichbar), taten dies aber in deutlich stärkerem Maße als diejenigen, die die Mitteilung einer anderen Person erwarteten.

Auch aus den Untersuchungen von Manis (1961) und Tan (1975) lassen sich indirekt Schlüsse auf journalistische Selektionsentscheidungen ziehen. Die Versuchspersonen gaben Texte, die ihnen vorher vorgelesen wurden, besonders dann stark verzerrt zugunsten ihrer eigenen Meinung wieder, wenn die Texte viele Informationen und Argumente gegen ihren eigenen Standpunkt enthielten, also stark dissonant waren. Alle diese Studien haben jedoch das Problem, daß die dissonanztheoretischen Aspekte ausschließlich interpretativ zur Erklärung der Ergebnisse herangezogen werden. Die Befunde ließen sich ebensogut mit der Theorie der instrumentellen Aktualisierung beschreiben und deren Befunde könnten wiederum mit der Dissonanz-Theorie erklärt werden.

Selektionsregel beim Fernsehen

Neben den Eigenschaften des Medieninhalts können die spezifischen Vermittlungsbedingungen des Mediums selbst einen Einfluß darauf ausüben, ob und in welchem Ausmaß die Rezipienten überhaupt selektive Zuwendung und Wahrnehmung praktizieren können. Die meisten Selektionsstudien in der Publizistikwissenschaft wurden mit Druckmedien oder zumindest mit Texten durchgeführt, die Zeitungs- oder Zeitschrifteninhalte simulierten. Es gibt aber eine Reihe von Hinweisen darauf, daß das Fernsehen eine Selektion der Zuschauer entsprechend ihrer eigenen Prädispositionen in erheblich geringerem Maße zuläßt als die Presse. Dies mag in abgeschwächter Form auch für den Hörfunk gelten (vgl. hierzu die Re-Analyse der Ergebnisse von Trenaman und McQuail 1961 durch Katz 1968: S. 790).

Noelle-Neumann (1971: S. 335ff.) stellte mehrere Eigenschaften des Fernsehens zusammen, die sich direkt auf die Selektionsmöglichkeiten der Rezipienten auswirken und die z.T. heute noch unverändert gelten. Die Vielfalt der Anbieter ist in der Regel geringer als bei der Presse, so daß eine selektive Vorauswahl des Mediums nur eingeschränkt möglich ist. Das Fernsehen ist in der Zeit organisiert, d.h. es bietet innerhalb einer Zeiteinheit immer nur eine

Kommunikationseinheit je Kanal an, so daß der Rezipient nicht die Auswahl zwischen alternativen Botschaften, sondern lediglich zwischen Wahrnehmung und Nicht-Wahrnehmung hat. Durch die Schnelligkeit des Kommunikationsflusses hat der Rezipient aber in der Regel überhaupt keine Anhaltspunkte dafür, was er im nächsten Moment sehen wird. So läßt sich auch das Ergebnis von Atkin et al. (1973b) erklären, daß die selektive Zuwendung bei vorher angekündigten Wahlspots deutlich stärker war als bei Meldungen über die Kandidaten innerhalb von Nachrichtensendungen.

Das Fernsehen verstärkt das Trägheitsmoment beim Zuschauer, es macht ihn passiv und damit auch bereit, seine Aufmerksamkeit solchen Programminhalten zu widmen, die für ihn inkonsistent sind. Hinzu kommt, daß die starke affektive Wirkung und der Unterhaltungscharakter des Fernsehens den Zuschauer vermutlich wesentlich aufnahmebereiter auch für dissonante Informationen machen. Das Fernsehen gilt auch als das glaubwürdigste Medium, insbesondere weil es durch seine Bilder die Illusion des Augenzeugen vermittelt. Die Forschung zeigte, daß Rezipienten eher bereit sind, inkonsistente Informationen aus glaubwürdigen als aus unglaubwürdigen Quellen aufzunehmen.

Die Ende der sechziger Jahre fast totgeglaubte Dissonanz-Theorie hat von ihrer heuristischen Attraktivität nichts verloren. Trotz vieler offener Fragen, z.T. widersprüchlicher Befunde und der eingangs zitierten eher pessimistischen Einschätzungen einiger Forscher führt die Übersicht über den heutigen Forschungsstand zu dem Ergebnis, daß sich ein Weiterarbeiten mit dieser Theorie für die Publizistikwissenschaft lohnt. Zu diesem Fazit kommt auch Cotton:

"However, the general perception of selective exposure within social psychology was that of a weak, unreliable phenomenon. Also research continued, it progressed at a somewhat slower pace. This research, combined with the realization of the problems that have been discussed, may give us greater confidence in the existence of selective exposure" (Cotton 1985: S. 22).

Und auch Schenk plädiert in diese Richtung: "Trotz mangelnder empirischer Evidenz der konsistenztheoretisch begründeten 'Selective-Exposure'-These ist eine Weiterbeschäftigung (U.i.O.) mit diesem Problem dennoch für die Kommunikationsforschung wichtig" (Schenk 1987: S. 128).

VIII.

Methodische Anlage einer Studie zur Selektivität von Zeitungslesern

Der im vorangegangenen Kapitel beschriebene Stand der Selektionsforschung machte deutlich, daß viele Ungereimtheiten und Widersprüche der bisherigen Studien möglicherweise auf methodische Probleme zurückgeführt werden können. Diese Probleme lagen vor allem in drei Bereichen: der Natürlichkeit der Erhebungssituation, der Kontrolle von Randbedingungen und intervenierenden Variablen sowie der Messung von Selektionsentscheidungen der Rezipienten. Vor diesem Hintergrund wurden die Anforderungen an die Methode der im Folgenden vorgestellten Studie entwickelt. Daß man gerade bei Selektionsstudien kaum ein ideales Forschungsdesign konstruieren kann, wurde auch bei dieser Studie deutlich.

1. Untersuchungsanlage

Methodische Anforderungen

Eine ideale Untersuchungsanlage hätte die folgenden Eigenschaften: Erstens würde sie es ermöglichen, die Merkmale von Rezipienten und den ihnen angebotenen Informationen systematisch zu manipulieren; zweitens würde man gleichzeitig das Selektionsverhalten in einem Umfeld studieren, das der natürlichen Rezeptionssituation der Menschen entspricht; und drittens würde man das Selektionsverhalten an Medieninhalten studieren, die ein eindeutiges Maß für die getroffenen Entscheidungen erlauben. Die letztgenannte Anforderung war noch am leichtesten zu erfüllen. Pressemedien bieten einen in der Regel klar in einzelne Beiträge gegliederten Inhalt an, dessen Einheiten in Form von Artikeln oder Beiträgen auch als Selektionseinheiten angesehen werden können.

Weitaus schwieriger wäre es gewesen, die beiden erstgenannten Anforderungen zu realisieren. Die einzige Methode, die eine starke Variablenkontrolle mit natürlichen Erhebungssituationen verbindet, ist das Feldexperiment. Für die vorliegende Untersuchung hätte ein Feldexperiment erfordert, von normalen Tageszeitungen an bestimmten Testtagen verschiedene Versionen herzustellen. Dabei hätten einzelne Artikel systematisch in Plazierung, Form, Überschrift, Tendenz etc. variiert werden müssen, um dann anschließend deren Nutzung durch die Leser in einem Copy-Test zu erfassen. Dies war jedoch aus mehreren Gründen unmöglich. Neben praktischen Problemen (Zeitfaktor, Satz- und Drucktechnik, Glaubwürdigkeit der Manipulationen an den Artikeln) spielten dabei auch ethische Gründe eine Rolle. Zeitungsleser wären mit systematisch manipulierten Ausgaben ihrer Zeitung beliefert worden, ohne von dieser Manipulation zu wissen. Es hätte sich wohl auch kaum ein Verlag in Deutschland gefunden, der einem solchen Vorgehen seine Zustimmung gegeben hätte. Die Herstellung von sogen. Dummy-Zeitungen erschien uns ebenfalls als keine Alternative, da Selektionsverhalten bei dem vertrauten täglichen Medium und anhand normaler Medieninhalte gemessen werden sollte.

Die Güterabwägung zwischen Feldcharakter und der Möglichkeit zu experimenteller Kontrolle der Variablen wurde zugunsten des Feldcharakters entschieden. Um aber den üblichen Kausalproblemen korrelativer Studien zu begegnen, trafen wir methodische Vorkehrungen, die ein hohes Maß an Kontrolle der verschiedenen intervenierenden Variablen gestatten sollten. So konnten wir die üblichen Nachteile einer nicht-experimentellen Studie weitgehend wettmachen. Zu den wenigen Studien, die einen gewissen Vorbild-Charakter für die vorliegende Untersuchung hatten, gehört die erwähnte Leserschaftsstudie des Züricher Tages-Anzeigers (vgl. Noelle-Neumann 1973a,b). Dort studierte man das Selektionsverhalten ebenfalls an konkreten Zeitungsausgaben mit einer relativ großen Stichprobe von Lesern und konnte so die Lesermeinungen zu den Artikeltendenzen in Beziehung setzen. Allerdings prüfte man das Selektionsverhalten nur bei wenigen Artikeln und führte daher auch keine systematische Inhaltsanalyse dieser Beiträge durch.

Mehrmethodenansatz

Auf der Grundlage der bisherigen Erfahrungen und der beschriebenen Anforderungen entstand das folgende methodische Design für diese Selektionsstudie. Es besteht aus vier Elementen:

1. einem Copy-Test mit drei aufeinanderfolgenden Originalausgaben und regelmäßigen Lesern von vier verschiedenen Tageszeitungen. Damit wird die Nutzung realer Zeitungsinhalte möglichst exakt und auf der Basis verschiedener Typen von Leserschaften beschrieben;

2. einer Meinungsbefragung derselben Leser der vier Tageszeitungen. Damit werden die Meinungen der Rezipienten zu den in den Zeitungen behandelten Themen erfaßt sowie andere, die Selektion möglicherweise beeinflussende Leser-Merkmale;

3. einer quantitativen Inhaltsanalyse der Zeitungen, mit denen der Copy-Test durchgeführt wurde. Damit werden intersubjektiv die inhaltlichen und formalen Merkmale aller redaktionellen Beiträge festgehalten, deren Nutzung ermittelt wird;

4. einer quantitativen Inhaltsanalyse der vorangegangenen Berichterstattung der vier Zeitungen über die Themen und Personen,

zu denen später die Meinung der Leser erfaßt wurde. Damit werden die langfristigen redaktionellen Haltungen der vier Zeitungen zu Themen und Personen beschrieben.

Methodisches Kernstück bilden die Methoden (1) bis (3). Durch ihre Zusammenführung können die Variablen gebildet werden, mit denen die Rolle von Konsonanz und Dissonanz sowie anderer Beziehungs-Variablen zwischen Rezipient und Information geprüft werden können. Copy-Test und Meinungsbefragung wurden in einem Interview kombiniert.[1]

Das Instrument für den Copy-Test und der Fragebogen wurden zeitgleich auf der Grundlage der tagesaktuellen Zeitungen entwickelt. Die beiden Inhaltsanalysen wurden im Anschluß an Copy-Test und Meinungsbefragung durchgeführt.

2. Erhebungsmethoden

Auswahl der Zeitungen

Die vorliegende Studie wurde mit regelmäßigen Lesern und drei aufeinanderfolgenden Ausgaben der Zeitungen Frankfurter Allgemeine Zeitung (FAZ), Süddeutsche Zeitung (SZ), Allgemeine Zeitung Mainz (AZ) und Südkurier Konstanz (SK) durchgeführt. Damit enthielt die Zeitungs-Stichprobe zwei überregionale Qualitätszeitungen, die sich jeweils in einer lokalen Konkurrenzsituation befanden, und zwei regionale Abonnementszeitungen, die jeweils eine lokale Alleinstellung einnahmen. Ein erster Plan, nur die vier überregionalen Qualitätszeitungen einzubeziehen, wurde fallengelassen. Diese hätten zwar das publizistische Spektrum aller Tageszeitungen in der Bundesrepublik repräsentiert (vgl. Kepplinger 1985: S. 22ff.), ihr quantitatives und inhaltliches Angebot an Nachrichten und Kommentaren wäre jedoch untypisch für das Angebot gewesen, dem sich die Mehrzahl der deutschen Zeitungsleser täglich gegenübersieht.[2] Für die Auswahl der beiden regionalen Zeitungen sprachen neben ihrer

---

[1] Dabei spielten auch Erwägungen der Kausalität eine Rolle. Hätte man die Meinungsbefragung später als den Copy-Test durchgeführt, wäre die Gefahr noch vergrößert worden, daß die Lesermeinungen eine Folge der Nutzung von Medieninhalten sind und nicht umgekehrt. Der kausallogisch einzig richtige Weg hätte darin bestanden, die Lesermeinungen *vor* der Nutzung der Zeitungsausgaben zu erfassen. Diese Lösung schied aber aus praktischen Gründen aus, weil nicht vorauszusehen war, über welche Themen und Personen an bestimmten Testtagen berichtet werden würde.

[2] Die ausgeprägte linke bzw. rechte Tendenz der beiden Zeitungen Frankfurter Rundschau und Die Welt konnte außerdem für die Untersuchungsanlage zwei unerwünschte Folgen haben: 1. einen hohen Grad an Quellen-Selektion auf der Seite der Leser und als Folge zwei politisch weitgehend homogene Stichproben; 2. politisch ausgeprägte redaktionelle Linien der Zeitungen. Beide Merkmale zusammengenommen hätten nicht die erforderliche Varianz für die Konstruktion neuer Variablen aus Lesermeinungen und Artikeltendenzen erbracht und damit die angestrebten Auswertungsmöglickeiten

vergleichbaren Struktur auch Standort-Erwägungen, die wegen des Zeitdrucks der Feldarbeit von Bedeutung waren.[1]

Stichtage der Untersuchung waren Donnerstag, der 20. Juni bis Samstag, den 22. Juni 1985. Die jeweils drei Ausgaben der vier Zeitungen an diesen Tagen bildeten den Ausgangspunkt für Copy-Test, Befragung und Inhaltsanalyse. Die Artikel, zu denen der Copy-Test die Nutzung erfaßte, wurden nach inhaltlichen Gesichtspunkten ausgewählt. Dabei spielte es vor allem eine Rolle, ob die Beiträge politisch kontroverse Themen oder politische Persönlichkeiten behandelten. Bei den beiden Regionalzeitungen handelte es sich praktisch um eine Vollerhebung des politischen Nachrichtenteils, bei den beiden Qualitätszeitungen wurde etwa die Hälfte der Beiträge in den Copy-Test und damit auch in die Inhaltsanalyse einbezogen. Die Artikel stammten fast ausschließlich aus dem politischen und Nachrichtenteil der vier Zeitungen. Einige wenige Artikel der Wirtschaftsteile wurden ebenfalls einbezogen, sofern sie politisch kontroverse Themen behandelten. Einige Feuilleton-Artikel über nicht-kontroverse Themen dienten als eine Art Kontrollgruppe. Schließlich ermittelte der Copy-Test auch die Zuwendung zu mehreren Fotos, Karikaturen und Grafiken.

Grundgesamtheiten und Stichproben der Leser

Grundgesamt für die Personenstichprobe waren regelmäßige Leser der Ausgabe der jeweiligen Zeitung an deren Erscheinungsort. Unter regelmäßigen Lesern wurden alle Personen verstanden, die die Zeitung im Durchschnitt mindestens ein bis zweimal pro Woche lasen. Da nicht alle vier Verlage zustimmten, ihre Abonnentenkartei für eine Zufallsstichprobe zur Verfügung zu stellen, wurden aus Gründen der Vergleichbarkeit unter allen vier Leserschaften Quotenstichproben gezogen. Die wichtigsten soziodemografischen Merkmale der FAZ- und SZ-Leser waren aus der Allensbacher Werbeträger Analyse (AWA) bekannt. Bei AZ und SK, für die keine spezifischen Leserdaten vorlagen, wurden für die Quotierung die Merkmale der Leser aller regionalen Abonnementzeitungen zugrunde gelegt. In den drei Fällen, in denen die Verlage Adressen zur Verfügung gestellt hatten, konnten die Interviewer diese bei ihrer Kontaktaufnahme nutzen. Das Auswahlverfahren läßt sich somit am besten als adressengestütztes Quotenverfahren bezeichnen. Zielvorgabe für jede Leserschaft waren mindestens 300 Interviews, mithin insgesamt 1.200 Interviews.

---

erheblich eingeschränkt.

[1] Die AZ erscheint am Standort des Instituts für Publizistik der Universität Mainz, der SK in unmittelbarer der Nähe des Instituts für Demoskopie Allensbach, das mit der Feldarbeit beauftragt war. Für die Koordination der Feldarbeit und die Rekrutierung von Interviewern waren dies wichtige Vorteile.

Copy-Test

Mit einem Copy-Test werden die Kontakte von Lesern mit Pressemedien bzw. einzelnen Botschaften innerhalb von Pressemedien anhand der Vorlage von Originalausgaben gemessen (vgl. Gallup 1930, Hess 1981). Die Methode wird überwiegend in der Mediaforschung angewandt. Allerdings haben auch einige Forscher Copy-Tests eingesetzt, um Ursachen für die Zuwendung zu redaktionellen Beiträgen zu ermitteln (vgl. bspw. McCombs und Mauro 1977). Es gibt mehrere Varianten für die Genauigkeit, mit der die Zuwendung gemessen wird. Sie reichen von der Messung des Kontakts mit ganzen Zeitungsseiten bis hin zur Erfassung einzelner Textelemente in Artikeln oder Anzeigen. Dazwischen liegen wiederum verschiedene Maße für die Zuwendungsintensität zu einzelnen Beiträgen.

Der Copy-Test sollte es ermöglichen, sowohl die Selektion von Beiträgen als auch von einzelnen Informationen innerhalb von Beiträgen zu messen. Drei Pretests mit insgesamt 150 Befragten ergaben, daß sich für diese Zwecke zwei Zuwendungsmaße am besten eigneten. Die Zuwendung der Leser zu einzelnen Beiträgen wurde mit einer Vierer-Skala mit den folgenden Abstufungen gemessen: "überwiegend oder ganz gelesen, genauer betrachtet", "überflogen, teilweise gelesen", "nur Überschrift, nichts weiter gelesen", "nicht gesehen, nicht gelesen, auch nicht die Überschrift". Hierfür wurden je Ausgabe ca. 35 für die Zwecke der Untersuchung geeignete Artikel im Fragebogen mit Überschrift aufgeführt. Der Interviewer führte den Leser in den Originalausgaben zu den jeweiligen Artikeln (oder Fotos, Karikaturen, Zeichnungen) hin und befragte ihn nach deren Nutzung. Die Antworten wurden direkt in den Fragebogen eingetragen.

Die Zuwendung zu einzelnen Informationseinheiten konnte aus Zeitgründen nur mit zwei Artikeln je Ausgabe, also insgesamt sechs Beiträgen durchgeführt werden. Diese Beiträge waren vorher festgelegt worden. Hatte der Befragte angegeben, einen dieser Artikel zumindest teilweise gelesen zu haben, dann markierte er in der Originalausgabe mit Längsstrichen im Text, welche Teile er davon gelesen hatte. Ein Beispiel wurde ihm auf einem Bildblatt präsentiert. Die Beiträge wurden später in einzelne Informationseinheiten unterteilt und die Angaben der Leser dementsprechend nachkodiert. Kriterien für die Abgrenzung der Einheiten waren z.B. Themenwechsel, Wechsel der Urheber, Wechsel der Argumentationsrichtung oder der Tendenz.

Befragung

Den Copy-Test mit den Original-Zeitungsausgaben führten die Interviewer etwa in der Mitte der Interviews durch. Die übrigen Fragen des Interviews lassen sich grob nach drei Bereichen untergliedern: 1. Informationsbezogene Fragen: sie erfaßten die Beziehungen und Einstellungen, die die Leser zu einem Thema oder einer Person hatten. 2. Personenbezogene Fragen: sie erfaßten allgemeine Eigenschaften der Rezipienten. 3. Medienbezogene Fragen: sie erfaßten die Beziehungen zwischen Leser und Zeitung.

Den Kern des Fragebogens bildeten - neben dem Copy-Test - die Fragen zu den tagesaktuellen Themen und den Politikern. Mit den Antworten auf diese Fragen sollten die Beziehungen der Leser zu Themen und Politikern möglichst umfassend beschrieben werden. Bei einigen der Variablen handelte es sich um wichtige Randbedingungen oder intervenierende Variablen zur Rolle von Konsonanz und Dissonanz, wie sie sich aus dem Forschungsüberblick ergeben hatten (vgl. Kapitel V). Unter anderem beinhaltete das Interview Fragen zur eigenen Meinung der Leser über Themen und Personen, zur subjektiven Betroffenheit und wahrgenommenen Wichtigkeit und zum Kenntnisstand im Hinblick auf die Themen, zur Festigkeit der eigenen Meinung, zur Wahrnehmung der Umweltmeinung und zur Bereitschaft, über das Thema zu reden.

Die personenbezogenen Fragen umfaßten eine Skala zum Dogmatismusgrad, eine Skala zur Persönlichkeitsstärke, mehrere Fragen zur allgemeinen politischen Orientierung sowie zu den soziodemografischen Merkmalen der Leser. Zur Messung des Dogmatismusgrades wurde eine auf acht Vorgaben reduzierte und vorher validierte Version der Rokeach-Skala eingesetzt (sogen. Österreich-Skala, vgl. Vacchiano et al. 1969).[1] Für die Messung der Persönlichkeitsstärke enthielt der Fragebogen eine vom Institut für Demoskopie Allensbach entwickelte Skala aus 20 Vorgaben (vgl. Noelle-Neumann 1985).

Die medienbezogenen Variablen lassen sich schließlich nach Fragen zur Mediennutzung, zur Medienbeurteilung und zur Leser-Blatt-Beziehung untergliedern. Zur Mediennutzung wurden u.a. Fragen über Dauer und Gewohnheiten bei der Nutzung der aktuellen Nachrichtenmedien gestellt. Die Beurteilungsfragen umfaßten die Glaubwürdigkeit und die Bindung an einzelne Medien. Die Leser-Blatt-Bindung ermittelte der Fragebogen einerseits themenspezifisch, d.h. durch Fragen zur wahrgenommenen redaktionellen Tendenz zu den Konfliktthemen und zu Bundeskanzler Kohl, andererseits durch allgemeine Fragen zur Einschätzung von Distanz oder Nähe zwischen Zeitung und Befragten.

Um Ausstrahlungs-Effekte zu vermeiden, war der Fragebogen in drei etwa gleich lange Teile untergliedert. Der erste Teil enthielt im wesentlichen die Fragen zur von den Lesern vermuteten redaktionellen Tendenz, zur Leser-Blatt-Beziehung sowie zur Mediennutzung. Der zweite Teil bestand aus dem Copy-Test. Der dritte Teil enthielt im wesentlichen die Fragen zur eigenen Meinung der Leser und zu deren persönlichen und soziodemografischen Merkmalen. Durch diese Anordnung stellten die Interviewer die Fragen zur wahrgenommenen redaktionellen Tendenz, bevor die Leser noch einmal an die Artikel in den Zeitungen herangeführt wurden. Ebenso waren die Fragen zur redaktionel-

---

[1] Die im Fragebogen verwendete Kurzfassung sowie eine Langfassung aus 22 Vorgaben wurden Studenten vorgelegt. Die Ergebnisse unterscheiden sich nur unwesentlich, so daß die verwendete Skala für die Zwecke dieser Studie hinreichend valide den Dogmatismusgrad einer Person mißt.

len Tendenz und zur eigenen Meinung durch den dazwischenliegenden Copy-Test voneinander getrennt. Bei allen Fragen handelte es sich um standardisierte, geschlossene Fragen. Mehrere Fragen unterstützten die Antworten durch verbale und optische Präsentationen.

Die Untersuchungsanlage hatte zur Konsequenz, daß die Auswahl der Konfliktthemen, zu denen die Artikelnutzung und die Lesermeinungen erfaßt wurden, von der zufälligen Nachrichtenlage an drei vorher festgelegten Tagen abhing. Die sechs Themen wurden nach folgenden Gesichtspunkten ausgewählt: Sie sollten erstens etabliert sein, so daß die Leser bereits eigene Einstellungen dazu haben konnten; sie sollten zweitens dennoch in ihrer aktuellen Information neu sein, damit die Leser die konkret angebotene Information noch nicht kannten; sie sollten drittens möglichst kontrovers sein; sie sollten sich viertens hinsichtlich Dauer, Komplexität, Politikbereich und Personalisierungsgrad unterscheiden; schließlich sollten fünftens alle vier Zeitungen möglichst gleich umfangreich über sie berichten.

Auf der Grundlage der Berichterstattung von FAZ, SZ, AZ und SK vom 20. bis 22. Juni 1986 wurden nach diesen Gesichtspunkten je zwei Themen pro Ausgabe, also insgesamt sechs Themen ausgewählt. Es handelte sich um:

1. Entscheidung eines Frankfurter Amtsrichters über die angebliche Verfassungswidrigkeit der Pershing-Stationierung in der Bundesrepublik Deutschland anläßlich eines Prozesses gegen Demonstranten ("Blockierer von Hausen");

2. Abkommen zwischen der SPD und der SED über die Errichtung einer 'chemiewaffenfreien Zone in Europa';

3. Entscheidung der Bundesregierung über die Erhöhung des Wohngeldes für sozial schwache Bevölkerungsteile;

4. Veröffentlichung der Kriminalstatistik durch das Bundeskriminalamt und den Bundesinnenminister mit besonderer Betonung der Aktivitäten von Extremisten;

5. Entscheidung des Bundestages über die Gleichstellung der Frauen bei der Hinterbliebenen-Rente;

6. Informationen über den Umweltkonflikt im Zusammenhang mit der Batteriefabrik "Sonnenschein", die sich im Besitz der Familie von Bundespostminister Schwarz-Schilling befindet.

Zu diesen Meldungen mußten jene bei den Lesern bereits vorhandenen Einstellungen erfaßt werden, von denen man annehmen konnte, daß sie in einer relevanten Beziehung zu den in den Zeitungen angebotenen Information standen. Mit anderen Worten: Es waren Vermutungen darüber anzustellen, welche allgemeineren Einstellungen der Leser möglicherweise unbewußte Entscheidungskriterien bei der Zuwendung zu oder Vermeidung von diesen neuen Informationen darstellten.

Als Beispiel für diese Vorgehensweise läßt sich das Thema Kriminalstatistik anführen. Alle Berichte in den Zeitungen hoben die Gefährdung durch politische Extremisten, vor allem von links, hervor. Bei der Fragebogenkonstruktion gingen wir davon aus, daß Informationen über eine potentielle Bedrohung durch Terroristen in einer relevanten Beziehung zu den Meinungen und Einstellungen stehen, die ein Leser zur Verwirklichung von "Recht und Ordnung" in der Gesellschaft hat. Wir nahmen an, daß für Personen, die ohnehin für mehr polizeiliche Maßnahmen und Möglichkeiten eintreten, solche Berichte über drohende Verbrechen eine Bestätigung ihrer bestehenden Einstellungen darstellen und daher eher gelesen werden als von Personen, die für mehr Liberalität bei der Verbrechensbekämpfung eintreten und für die daher die berichteten Informationen eher in einem Konflikt zu ihrer innenpolitischen Grundauffassung stehen.[1]

Die nachfolgende Übersicht stellt die in den Zeitungen berichteten Ereignisse und die im Fragebogen erfaßten Meinungsdimensionen der Leser für die sechs Konfliktthemen gegenüber.

Zeitungsinhalte	Meinungsdimensionen
Amtsrichter hält Pershing-Stationierung für verfassungswidrig	Befürwortung/Ablehnung der Pershing-Stationierung
SPD-SED-Abkommen über chemiewaffenfreie Zone in Europa	Befürwortung der Verhandlungen, mehr Entspannungspolitik/Ablehnung, keine Verhandlungen hinter Rücken der Regierung
Erhöhung des Wohngeldes durch die Bundesregierung	Sozialleistungen der Regierung ausreichend/unzureichend

---

[1] Der Zeitdruck erlaubte keine vorherige Überprüfung dieser Annahmen. Das Reduktionsproblem der Dissonanzforschung (vgl. Chapanis, Chapanis 1964 und Kapitel V), besteht damit potentiell auch bei dieser Studie.

Veröffentlichung der Kriminalstatistik durch BKA und Innenminister	mehr polizeiliche Maßnahmen bei Verbrechensbekämpfung/mehr Beachtung rechtsstaatlicher Prinzipien
Gleichstellung von Frauen bei Hinterbliebenen-Rente	Bedeutung des Themas Gleichberechtigung
Konflikt um Fa. Sonnenschein	Sonnenschein-Konflikt beruht auf Umweltvergehen/ist vorgeschobener Konflikt, um Minister zu schaden

Die Feldarbeit für Copy-Test und Befragung fand in der Zeit vom 23. bis 26. Juni 1985 statt, also direkt nach Erscheinen der letzten der drei Testausgaben von Donnerstag bis Samstag. Die ersten Interviews fanden Sonntagabend, die letzten am darauffolgenden Mittwoch statt. Bereits dienstags waren rund drei Viertel aller Interviews durchgeführt. Die Interviewer des Instituts für Demoskopie Allensbach, das für die Feldarbeit verantwortlich war, berichteten von keinen Problemen bei der Erinnerungsfähigkeit der Befragten. Obwohl die durchschnittliche Interview-Länge 73 Minuten betrug, empfanden die meisten Leser Interview und Copy-Test nicht als zu lang. Lediglich ein Drittel äußerte hinterher diesen Eindruck. Fast zwei Drittel beurteilten dagegen den Fragebogen als "interessant" (55 Prozent) oder sogar "sehr interessant" (15 Prozent). Auch der Vergleich zwischen der tatsächlichen und der von den Befragten anschließend geschätzten Interview-Dauer ist ein deutlicher Indikator für die Lebendigkeit der Interviews. Die Leser unterschätzten die Dauer um rund eine Viertelstunde.

Insgesamt führten die Interviewer 1.397 Befragungen, d.h. fast 200 mehr als ursprünglich geplant durch. Die Befragungen verteilen sich fast gleichmäßig auf die Leserschaften der vier Zeitungen: FAZ-Leser 370, SZ-Leser 355, SK-Leser 341 und AZ- Leser 331. Da in der Quotierung als 'regelmäßige Leser' Personen definiert waren, die die jeweilige Zeitung mindestens ein bis zweimal in der Woche lesen, entsprach es den Erwartungen, daß nur knapp 5 Prozent aller Befragten keine der drei Testnummern ihrer Zeitung überhaupt gelesen hatten. Für 95 Prozent der Befragten liegen damit zumindest für eine der Nummern Ergebnisse über deren Selektionsverhalten vor.

Inhaltsanalyse der Copy-Test-Zeitungen

Die Inhaltsanalyse der Artikel, deren Nutzung im Copy-Test ermittelt worden war, verfolgte zwei Ziele: Sie sollte erstens die Merkmale der angebotenen Informationen systematisch, quantitativ und intersubjektiv erfassen, damit deren Beziehung zu den Lesermeinungen nicht nur ideosynkratisch und interpretativ hergestellt werden konnte. Sie sollte es zweitens ermöglichen, daß auf der Grundlage möglichst vieler und vielfältiger Variablen-Konstellationen zwischen Leser und Information die Einflußstärke einzelner Selektionsfaktoren komparativ gemessen werden konnte.

Zu diesem Zweck wurden diejenigen inhaltlichen und formalen Merkmale der Zeitungsbeiträge erfaßt, die entweder autonom oder durch das Zusammentreffen mit spezifischen Eigenschaften der Leser deren Leseverhalten bestimmen konnten. Zu den autonom wirkenden Merkmalen gehören beispielsweise die Plazierung und die Nachrichtenfaktoren. Das Thema, die Akteure oder die politische Tendenz der Information sind demgegenüber Variablen, die in der Regel erst im Zusammenhang mit bestimmten Lesermerkmalen einen Einfluß ausüben.

Gegenstand dieser Inhaltsanalyse waren alle abgegrenzten redaktionellen Beiträge, die im Copy-Test-Teil der Befragung aufgeführt worden waren und zu denen folglich die Nutzungsdaten der Leser dieser Zeitungen vorliegen. Dies waren insgesamt 378 redaktionelle Beiträge, darunter 21 Fotos, sieben Karikaturen und eine Grafik. Analyseeinheit war der einzelne redaktionelle Beitrag. Die Kodiereinheiten bilden einzelne inhaltliche und formale Merkmale der Beiträge, die durch das Kategorienschema definiert waren.

Das Kategorienschema bestand aus zwei Sektionen: Die erste Sektion enthielt Merkmale, die für alle Beitragsformen gleichermaßen verschlüsselt werden konnten (z.B. Zeitung, Datum), die zweite Sektion enthielt die für die jeweilige Beitragsform spezifischen Kategorien (z.B. Nachrichtenfaktoren für Texte und Darstellung des Akteurs bei Fotos). Den Kategorien für Textbeiträge, die beispielsweise eine positive oder negative Bewertung eines Politikers erfaßten, entsprachen in der Kodierversion für Fotos zwei Kategorien, mit denen die Rolle der Person(en) in der gezeigten Situation und die Tendenz der optischen Darstellung verschlüsselt wurden.

Die spezifischen Ziele dieser Inhaltsanalyse erforderten eine methodische Besonderheit im Vergleich zu üblichen Verfahren. Zeitungsleser können bei einem Artikel Selektionsentscheidungen auf mehreren Stufen treffen: Sie können nach dem Lesen der Überschrift oder nach dem Lesen eines Teils des Artikels abbrechen oder den Artikel bis zu Ende lesen. Diesen verschiedenen Selektionsstufen liegen jeweils unterschiedliche Informationen oder Antizipationen über den Inhalt des Artikels zugrunde. Im ersten Fall kennt ein Leser die Informationen der Überschrift, im zweiten Fall (Abbrechen nach einem Teil des Artikels) kennt er zusätzlich die Informationen des Artikelanfangs. Will man die Ursachen für eine unterschiedliche Intensität der Artikelnutzung ermitteln, dann müssen auch die Artikelmerkmale auf diesen verschiedenen Ebenen getrennt erfaßt werden. Die Artikelinhalte wurden daher dreifach verschlüsselt: für die Überschrift alleine, für Überschrift und ersten Absatz sowie für den gesamten Artikel.

Die Inhaltsanalyse erfaßte formale und inhaltliche Merkmale der Beiträge. Bei den formalen Merkmalen kam es dabei vor allem auf solche an, die eine Anziehungskraft auf die Leser ausüben konnten. Da Überschriften die stärksten optischen Signale enthalten, erfaßte das Codebuch die Höhe der Lettern, die Zeilenzahl der Hauptüberschrift, das Vorhandensein von Untertiteln und den Informationsgehalt. Der Kategorie "Informationsgehalt" lag die Überlegung zugrunde, daß Schlagzeilen, die eine abgeschlossene Information enthalten, eher dazu verleiten, den Artikel nicht weiterzulesen als Überschriften, die den Inhalt des Artikels offen lassen.

Zu den inhaltlichen Kategorien zählten der thematische Bezug sowie Akteure und Objekte der Berichterstattung. Akteure waren dabei diejenigen Personen oder Institutionen, die Auslöser für den berichteten Sachverhalt waren (z.B. indem sie etwas gesagt oder getan haben). Objekte waren die Betroffenen eines Sachverhalts, also z.B. diejenigen, über die etwas ausgesagt wurde und die somit nicht willentlich selbst veranlaßt hatten, daß über sie berichtet wurde.

Eine zentrale Kategorie für die spätere Bildung von konsonanten und dissonanten Konstellationen stellte die "Rolle" der Akteure und Objekte sowie die "Tendenz" der Artikel hinsichtlich eines der sechs Testthemen (siehe oben) dar. Die Rolle einer Person konnte positiv, ambivalent, negativ oder ohne wertende Elemente sein. Als eine positive Rolle galten Tatsachen, Behauptungen oder Meinungen, die den Akteur oder das Objekt eher in einem günstigen Licht erscheinen ließen, beispielsweise Meldungen über politische Erfolge oder Auszeichnungen. Als negativ galt eine Rolle, die den Politiker in einer eher ungünstigen Situation zeigte, beispielsweise Kritik von anderen oder Konflikte mit anderen. Diese Kategorie wurde, mit einer anderen Operationalisierung, auch bei Fotos und Karikaturen kodiert. Daneben verschlüsselten die Kodierer bei Fotos die Art der Darstellung der Person, d.h. ob es sich um eine eher günstige, neutrale oder ungünstige bildliche Präsentation der gezeigten Person vor dem Hintergrund ihres "normalen" Aussehens handelte.

Auch die Tendenz eines Artikels hinsichtlich eines der sechs Testthemen konnte positiv, negativ oder ambivalent bzw. neutral sein. Sie richtete sich nach den Einstellungsdimensionen, die im Fragebogen erhoben worden waren. Zu prüfen war, ob die Sachverhalte, Ereignisse oder Argumente der Überschrift eher für oder eher gegen eine der beiden Meinungen über das Thema sprachen, oder ob sie sich dazu ambivalent bzw. neutral verhielten. Die Relevanz eines Artikelthemas hinsichtlich der erfaßten Lesermeinungen wurde dabei weit definiert, um in der Analyse auch die Nutzung solcher Artikel zu prüfen, die nur indirekt mit der Lesermeinung in Beziehung standen. So wurde beispielsweise unterstellt, daß die Einstellung eines Lesers zur Pershing-Stationierung Teil eines größeren Einstellungsgefüges zu Rüstungsfragen ist. Auch bei Artikeln, die ein anderes Rüstungsthema betreffen, entstehen mit großer Wahrscheinlichkeit konsonante oder dissonante Konstellationen, die sich aus der Artikeltendenz und Lesermeinung zur Pershing-Stationierung ableiten lassen. Als Hilfsmittel zur Ermittlung der Tendenzen enthielt das Codebuch je Thema verschiedene Bewertungs-Objekte. Positive oder negative Bewertungen dieser Objekte waren eindeutig als positive oder negative Tendenzen hinsichtlich des Themas definiert.[1]

Die Tendenzen konnten in expliziter oder in impliziter Form vorkommen. Als explizit im Kontext des Themas Rüstungspolitik galt beispielsweise eine in der Überschrift enthaltene Forderung eines Politikers, keine US-Waffen in der Bundesrepublik aufzustellen. Als implizit galt beispielsweise eine Meldung mit dem Titel "SDI-Experiment gescheitert". Beide Überschriften wurden mit negativer Tendenz kodiert.

Schließlich wurden für alle drei Artikelebenen die Nachrichtenfaktoren verschlüsselt. Der hier verwendete Katalog baut auf der Studie von Schulz (1976) auf, wurde jedoch um die gleichen Kategorien erweitert, die auch Kepplinger in seiner Studie zur instrumentellen Aktualisierung (1989c) verwendete. Die einzelnen Nachrichtenfaktoren konnten in verschiedenen Abstufungen oder überhaupt nicht in einer Meldung vorkommen. Sie wurden auf einer Skala von 0 bis 3 kodiert.

Zur Messung der Verläßlichkeit des Kategorienschemas wurden acht Artikel von jeweils zwei Projektmitarbeitern kodiert.[2] Die Reliabilitäts-Koeffizienten (Paarvergleiche nach Früh 1981) betragen bei den formalen Kategorien durchweg 1.0. Eine Ausnahme bildet nur der Informationsgehalt der Überschrift (3er-Skala) mit .62. Bei den inhaltlichen Kategorien, vor allem den Nachrichtenfaktoren, schwankt der durchschnittliche Koeffizient für alle drei Kodier-Ebenen zum Teil beträchtlich. Sehr hohe Übereinstimmungen ergaben sich bei den Kategorien "Thema" (.95), "Hauptakteur" (.75) und "Ereignisregion" (.95).

Für die Kategorie "Rolle des Hauptobjekts" ergab sich ein Koeffizient von nur .49/.56. Bei Überprüfungen stellte sich jedoch heraus, daß die Kodierer in vielen Fällen unterschiedliche Haupt- und Nebenobjekte identifizierten und

---

[1] So sprachen beispielsweise Überschriften, die eine positive Tendenz für die Friedensbewegung enthielten (Thema Rüstungspolitik), gegen die Einstellungs-Dimension "Befürwortung der Stationierung von US-Raketen". Folgende Bewertungsobjekte wurden unterschieden: Rüstungspolitik: Verhalten des westlichen Verteidigungsbündnisses, NATO-Doppelbeschluß, Stationierungsbeschluß der Bundesregierung. Deutschlandpolitik: Deutschlandpolitik der Bundesregierung, Deutschlandpolitik der SPD. Sozialpolitik: Sozialpolitik der Bundesregierung. Verbrechensbekämpfung: Effizienz der Verbrechensbekämpfung, Beachtung rechtsstaatlicher Prinzipien, mehr polizeiliche Maßnahmen. Gleichstellung der Frauen: Gleichstellung als sozialpolitischer Wert, Situation der Gleichstellung. Sonnenschein: Verhalten der Firma, Verhalten des Ministers.

[2] Nur tatsächlich identische Kodierungen wurden dabei als Übereinstimmungen gezählt. Dies bedeutete, daß beispielsweise bei den Nachrichtenfaktoren, die eine Ausprägung von 0 bis 3 annehmen konnten, eine abweichende Kodierung von nur einem Punkt bereits als diskrepant galt.

sich damit die Kodierung der Rollen auf verschiedene Personen bezog.[1] Für die weitere Verwendung der Daten ist dieser Sachverhalt von untergeordneter Bedeutung, weil in jedem Fall alle kodierten Akteure in den Artikeln vorkamen und sich die Diskrepanzen nur auf die Abwägung ihres Stellenwertes bezogen. Die Intercoder-Reliabilität bei den Artikel-Tendenzen hinsichtlich der sechs Testthemen betrug .88.

Inhaltsanalyse der Vorberichterstattung

Zusätzlich zu den drei Copy-Test-Nummern der vier Zeitungen kodierten wir mit getrenntem Kategoriensystem die diesen Testtagen vorauslaufende Berichterstattung eines Vierteljahres. Untersuchungsgegenstand waren dabei wiederum alle Artikel über solche Themen und Personen, zu denen im Fragebogen die Meinungen der Befragten erhoben worden waren. Diese zusätzliche Inhaltsanalyse verfolgte zwei Ziele. Erstens sollte sie einen objektiven Maßstab dafür liefern, inwiefern die Zeitungsleser in der Lage sind, die redaktionelle Haltung ihrer Zeitung zu politischen Konfliktthemen und Politikern richtig einzuschätzen. Zweitens sollte mit ihren Ergebnissen beschrieben werden, welchen Zeitungsinhalten zu den einzelnen Themen und Personen die Leser bereits vorher ausgesetzt waren.

Die Inhaltsanalyse erstreckte sich auf die Nummern vom 20. März bis zum 22. Juni 1985 (75 Erscheinungstage). Untersucht wurden politischer Teil sowie Nachrichten- und Wirtschaftsteil. Analyseeinheit war jeder einzelne Artikel, der sich mit einem der sechs Themen oder einem der 17 Politiker befaßte. Die Kodiereinheit bildeten bei den Themen wertende Aussagen über eines der Bewertungs-Objekte, mit denen jedes Thema eingegrenzt worden war (siehe oben). Wertende Aussagen über Personen wurden mit einem Katalog aus 66 Eigenschaften erfaßt (vgl. Kepplinger et al. 1986b, 1989). Auf eine nähere Beschreibung dieser Inhaltsanalyse wird hier verzichtet, weil ihre Ergebnisse im weiteren nur eine untergeordnete Rolle spielen.

3. Datenanalyse

Schaubild 8.1 gibt einen Überblick über die Datensätze, die mit den im vorangegangenen Abschnitt beschriebenen Methoden gewonnen wurden. Datentechnisch enstanden drei zunächst voneinander unabhängige Datensätze:

---

[1] Die Tatsache, daß es überhaupt zu Diskrepanzen bei der Festlegung von Haupt- und Nebenrollen kam, ist u.a. darauf zurückzuführen, daß 42 Prozent aller Artikel mindestens einen weiteren Akteur enthielten und die Kodierer in diesen Fällen häufiger darin nicht übereinstimmten, wer Haupt- und wer Nebenakteur bzw. -objekt ist.

1. Die Inhaltsanalyse der *Vorberichterstattung* ergab inhaltliche und formale Merkmale von insgesamt 4.643 Artikeln und 7.028 wertenden Aussagen zu den sechs Konfliktthemen bzw. den 17 Politikern.

2. Die Inhaltsanalyse der *Copy-Test-Ausgaben* ergab inhaltliche und formale Merkmale von 378 redaktionellen Beiträgen in vier verschiedenen Zeitungen auf drei verschiedenen Beitrags-Ebenen.

3. Die *Leserbefragung* ergab die Nutzungsdaten zu diesen redaktionellen Beiträgen von 1.397 Lesern sowie deren Einstellungen, Meinungen, Persönlichkeitsmerkmale und soziodemografischen Daten auf der Grundlage von rund 100 Fragebogenfragen.

Für die Datenanalyse bestand zunächst die Aufgabe darin, die verschiedenen Datensätze und deren Variablen so anzuordnen, daß sie eine sinnvolle Beantwortung der Untersuchungsfragen ermöglichten.

Analysemodelle

Auf der Grundlage der vorhandenen Datensätzen können grundsätzlich drei Arten von Variablen-Beziehungen unterschieden werden: 1. Endogene Variablenbeziehungen der Medieninhalte; 2. Endogene Variablenbeziehungen der Rezipienten; 3. Exogene Variablenbeziehungen zwischen Medieninhalten und Rezipienten. Eine endogene Variablenbeziehung der Medieninhalte ist beispielsweise der Zusammenhang zwischen Nachrichtenfaktoren und Betonungsgrad. Solche Forschungsfragen können ausschließlich mit den Daten der beiden Inhaltsanalysen beantwortet werden. Eine endogene Variablenbeziehung der Rezipienten ist beispielsweise der Zusammenhang zwischen dem politischen Interesse und der quantitativen Nutzung von Zeitungsartikeln. Solche Forschungsfragen können ausschließlich mit den Daten der Befragung und des Copy-Tests beantwortet werden.

Alle Analysen, die die Nutzung der Beiträge durch die Leser betreffen, stellen exogene Variablenbeziehungen dar, weil bei ihnen gleichzeitig Merkmale der Medieninhalte und Eigenschaften der Rezipienten benötigt werden, um die abhängige Variable zu erklären. Eine exogene Variablenbeziehung zwischen Medieninhalten und Rezipienten ist beispielsweise Konsonanz bzw. Dissonanz zwischen Lesermeinung und Artikelinformation.[1]

Für die Ziele dieser Studie kam es darauf an, solche exogenen Variablenbeziehungen herzustellen. Dabei stellte sich zunächst das Problem unterschiedli-

---

[1] Eine zweite Form von exogenen Variablenbeziehungen betrifft die Rolle der Vorberichterstattung für die zum Zeitpunkt des Copy-Tests erhobenen Meinungen und Selektionen der Leser zu aktuellen politischen Themen und zu politischen Persönlichkeiten.

Schaubild 8.1: Übersicht über die Struktur der Datensätze

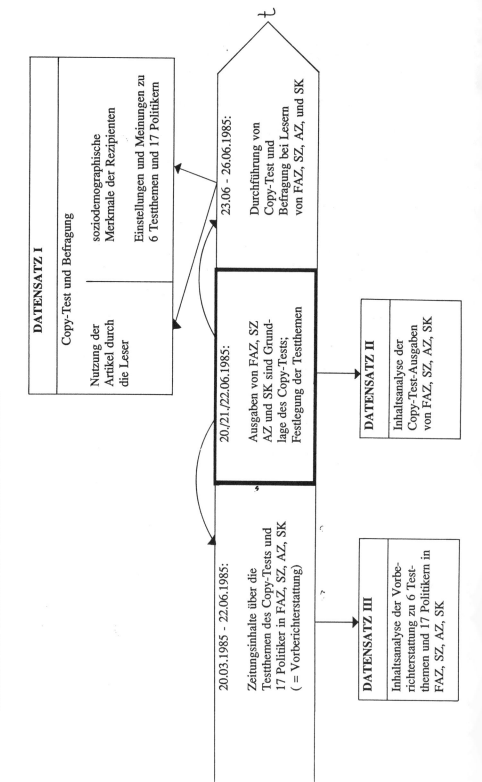

cher Analyseeinheiten. Bei den Inhaltsanalysen sind es einzelne redaktionelle Beiträge bzw. wertende Aussagen, bei Befragung und Copy-Test einzelne Leser.

In der publizistikwissenschaftlichen Forschung lassen sich drei verschiedene Modelle für die Zusammenführung von Daten aus Inhaltsanalysen und Befragungen erkennen. Im einfachsten Fall werden aggregierte Ergebnisse aus beiden Datensätzen miteinander verglichen (*Aggregatdaten-Modell*). Dies geschieht häufig durch Kreuz-Tabellen oder korrelative Verfahren. Ein Beispiel hierfür ist die agenda-setting-Forschung, bei der häufig Rangplätze für die Intensität der Medienberichterstattung mit Rangplätzen für die Dringlichkeit verglichen werden, die die Rezipienten bestimmten Themen zusprechen (vgl. McCombs und Shaw 1972). Zeitverzögerte Kreuz-Korrelationen und regressionsanalytische Ansätze (Granger-Causality) sind methodisch aufwendiger, beruhen aber auf den gleichen Prinzipien der Datenzusammenführung (vgl. Kepplinger et al. 1986b, 1989, Brosius und Kepplinger 1987).

Bei einem zweiten Modell werden die Werte *eines* Datensatzes aggregiert und den Individualdaten des anderen als Kennwerte hinzugefügt (*Kennwerte-Modell*). Dieses Verfahren haben beispielsweise McCombs und Mauro (1977) bei ihrer Selektionsstudie angewandt. Sie fügten die durchschnittliche Nutzung der Artikel durch die Leser den Individualdaten der Inhaltsanalyse hinzu und errechneten daraus Kausalbeziehungen über das Selektionsverhalten.

Bei einem dritten Modell bleiben in beiden Datensätzen die Individualdaten erhalten und werden zu einer neuen Analyseeinheit zusammengefügt (*Individualdaten-Modell*). Dieses Verfahren ist bisher kaum angewandt worden. Schramm berichtete bereits 1947 von einer Studie, bei der er die Antworten von 600 Befragten mit den Merkmalen der Artikel zusammenspielte, die er in einer Inhaltsanalyse gewonnen hatte. Auf diese Weise erhielt er knapp 15.000 neue Analyseeinheiten. Die Auswertung zum Selektionsverhalten beschränkte Schramm dann aber ausschließlich auf die Artikelmerkmale. Auch bleibt unklar, wie die Datenzusammenführung im einzelnen bewerkstelligt wurde.

Für die Zwecke der vorliegenden Untersuchung schied das erste Modell aus, weil der Aggregatdaten-Vergleich ein zu grobes und fehleranfälliges Maß ist. Stattdessen wurden für jeweils spezifische Zwecke das Kennwerte- und das Individualdaten-Modell angewandt. Die statistischen Voraussetzungen hierfür und die Techniken der Datenzusammenführung werden im folgenden beschrieben.

Datenaufbereitung

Bei der Zusammenführung von Daten aus zwei oder mehreren verschiedenen Datensätzen stellen sich das theoretische Problem unterschiedlicher Analyseeinheiten und das praktische Problem, wie die Daten miteinander verknüpft werden. Der Vorteil des Kennwerte-Modells besteht darin, daß in einem Datensatz die ursprünglichen Analyseeinheiten erhalten bleiben und lediglich aggregierte Werte des zweiten Datensatzes dem ersten hinzugefügt werden. Nach diesem Modell wurden den Variablen der redaktionellen Beiträge, wie sie sich aus der Inhaltsanalyse der Copy-Test-Nummern ergeben hatten, die durchschnittliche Nutzung des jeweiligen Beitrags durch die Leser als neue Variable hinzugefügt.

Mit dieser Kombination sind alle Analysen durchführbar, die die Nutzung eines Artikels ausschließlich mit den Artikel-Merkmalen erklären. Die Analyseeinheit bleibt in diesem Fall der einzelne Artikel, bzw. dessen drei getrennt kodierte Ebenen. Nach diesem Modell wurde auch ein zweiter kombinierter Datensatz erstellt, bei dem die Befragten-Daten den Ausgangspunkt bildeten. Ihnen wurden aggregierte Kennwerte über Thematisierungen und Tendenzen der jeweiligen Zeitung in den drei Monaten vor dem Copy-Test sowie ein aus diesen beiden Variablen und der themenspezifischen Zeitungsnutzung des Lesers gebildeter Kennwert für den "Stimulus je Thema" hinzugefügt.[1]

4. Individualdaten-Modell

Analyseeinheit

Die Zusammenführung von zwei ursprünglich getrennten Datensätzen unter Beibehaltung der individuellen Analyseeinheiten ist in erster Linie ein theoretisches und logisches Problem. Bei der theoretischen Prüfung, ob dieses Verfahren angewandt werden kann, müssen vor allem die beiden folgenden Fragen geklärt werden: 1. Gibt es zwischen den beiden Datensätzen einen logischen Verknüpfungspunkt durch eine Variable in einem der beiden Datensätze, die sich auf die Einheiten des anderen Datensatzes bezieht? 2. Läßt sich aus dieser logischen Verknüpfung, d.h. dem Zusammentreffen der beiden ursprünglich getrennten Analyseeinheiten ein inhaltlich sinnvoller neuer Fall konstruieren?

Bei der Zusammenführung der Befragten-Daten mit den Daten der Inhaltsanalyse waren beide Bedingungen erfüllt. Die Datensätze hatten erstens eine logische Verbindung über die im Copy-Test erfaßte Nutzung der einzelnen Artikel durch die Leser. Die Verknüpfung der Datensätze führte zweitens zu einem neuen, inhaltlich sinnvollen Fall, der sich als "potentieller Kontakt" bezeichnen läßt.

Aus technischen Gründen wurden drei kombinierte Datensätze angelegt, einer für Artikel, in denen eines der Testthemen behandelt wurde, einer für Artikel, in denen einer der Politiker in der Überschrift vorkam, und ein dritter, in dem alle Artikel enthalten waren. Der dritte Datensatz diente der Überprüfung von Hypothesen über den Einfluß, den formale und thematische Artikel-

---

[1] Diese Verfahren werden hier nicht weiter beschrieben, weil die damit durchgeführten Auswertungen im Weiteren nur am Rande eine Rolle spielen. (vgl. Donsbach 1989a: S. 208ff.).

merkmale im Zusammenspiel mit soziodemografischen Merkmalen der Leser auf die Selektion haben.[1] Die Anzahl der neuen Kontakteinheiten entspricht der Summe aus den Produkten von Anzahl der kodierten Artikel je Zeitung und ihren Lesern, die die entsprechende Ausgabe zumindest in der Hand gehabt hatten. Der erste kombinierte Datensatz führte auf diese Weise zu 13.295, der zweite zu 19.696, und der dritte zu 91.389 Analyseeinheiten oder potentiellen Kontakten.

Die Vorteile dieses Verfahrens bestehen darin, daß erstens eine Vielzahl von Variablen aus beiden Datensätzen gleichzeitig analysiert und zweitens aus den Variablenkombinationen neue Konstruktvariablen gebildet werden können. Das Verfahren kann praktisch multivariate Analysen über die ursprünglichen Analyseeinheiten hinweg durchführen. Die neugebildete Analyseeinheit weist jedoch einige statistische Besonderheiten auf, die im Folgenden kurz behandelt werden.

Repräsentativität

Zunächst ist zu prüfen, ob die Datenverknüpfung nicht zu einer unzulässigen Multiplikation der ursprünglichen Fälle führt. Diese Frage kann verneint werden. Die Daten eines einzelnen Lesers kommen so häufig in verschiedenen Analyseeinheiten vor, wie dieser Entscheidungen über das Lesen oder Nicht-Lesen eines Artikels zu fällen hatte, und die Daten eines einzelnen Artikels so häufig, wie dieser von den Lesern der betreffenden Zeitung ausgewählt werden konnte. Jede Analyseeinheit, d.h. jeder Kontakt zwischen Artikel und Leser stellt damit in seiner Merkmalskombination eine einmalige, diskrete Einheit dar.

Eine zweite Frage betrifft die Repräsentativität der Ergebnisse. Der neue Datensatz läßt sich als eine Kombination aus Repräsentativbefragung und Testverfahren betrachten, bei der den ursprünglich repräsentativ ausgewählten Lesern mehrere Artikel vorgelegt wurden und dann jede Entscheidungssituation einen neuen Fall kreierte. Im Unterschied zu einem solchen Test konnten dabei aber die Merkmale der Artikel nicht systematisch und kontrolliert den Befragten zugespielt werden. Damit wurde die ursprüngliche Stichprobe praktisch aufgehoben. Der Verdacht, daß dabei ein untypisches, extremes Selektionsverhalten einiger weniger Befragter die Ergebnisse verzerrt, weil diese wenigen Befragten mit ihren Verhaltensmustern mehrfach in verschiedene Analyseeinheiten einge-

---

[1] Jeder der drei Datensätze enthielt nur diejenigen Variablen, die für die jeweiligen Hypothesentests erforderlich waren, da ansonsten die Rechnerkapazitäten nicht ausgereicht hätten. Die Zuwendung zu bildlichen Darstellungen wurde wegen der dort zum Teil abweichenden Kategorien mit dem Datensatz nach dem Kennwerte-Modell ausgewertet. Ein technisches Problem bestand darin, daß es für diese Art der Datenverknüpfung kein Datenbanksystem und keine geeignete Software gab. Es wurde daher von Projektmitarbeitern ein FORTRAN-Programm entwickelt, mit dem die beiden in SPSS-Format vorliegenden ursprünglichen Datensätze zu einem neuen, ebenfalls mit SPSS zu verarbeitenden File zusammengefügt wurden.

hen, kann logisch ausgeschlossen werden. Denn: Ebenso wie diese untypischen Fälle gehen auch alle übrigen mit ungefähr gleicher Häufigkeit in die Auswertung ein. Die Proportionen des repräsentativ ausgewählten ursprünglichen Datensatzes verschieben sich mithin nicht.

Auch die zu erwartende Vorauswahl der regelmäßig gelesenen Tageszeitung entsprechend der eigenen politischen Meinung führte zu keinen gravierenden Verzerrungen in den Merkmalskombinationen der neuen Analyseeinheiten. Sowohl die Unterschiede im politischen Standort der vier Leserschaften[1] als auch die Tendenzen der an den drei Testtagen angebotenen Informationen[2] unterschieden sich nur unwesentlich. Allerdings führte eine Besonderheit der Nachrichtenlage zu einem methodischen Problem. Insgesamt acht verschiedene Politiker kamen mit eindeutigen Rollenelementen in den Artikeln der vier Zeitungen vor. Bei allen handelte es sich um konservative Politiker oder Mitglieder der konservativ-liberalen Regierung.[3] Dies warf die Frage auf, ob dieser Sachverhalt gemeinsam mit dem Phänomen der Vorselektion und den ausgeprägten redaktionellen Tendenzen der FAZ und der SZ möglicherweise zu einer stark verzerrten Verteilung konsonanter und dissonanter Kontakte führe. Der Verdacht lag nahe, daß bei der FAZ ganz überwiegend konsonante und bei der SZ ganz überwiegend dissonante Kontakte entstanden.

Dies war jedoch nicht der Fall. Wie Tabelle A5.1 im Anhang ausweist, kam es bei der FAZ in 21 Prozent der Fälle zu konsonanten und in 17 Prozent der Fälle zu dissonanten Kontakten. Bei der SZ betragen die entsprechenden Werte 30 und 24 Prozent. Die Unterschiede sind demnach eher geringfügig. Allerdings kamen die konsonanten Kontakte bei der FAZ überwiegend durch positive Rollen und eine gute Meinung der Leser über die (konservativen) Politiker zustande, bei der SZ überwiegend durch negative Rollen und eine schlechte Meinung der Leser. Bei den dissonanten Kontakten zeigen sich nur geringe Unterschiede. Diese leicht schiefe Verteilung entspricht den Erwartungen aufgrund der redaktionellen Tendenzen der beiden Blätter. Insgesamt bestätigen diese Ergebnisse aber nicht die oben angesprochene Befürchtung einer einseitigen Verteilung der Konstellationen zwischen den Rollenelementen in den Artikeln und den Meinungen der Leser über die Politiker.[4]

---

[1] Auf die Frage, wie sie ihren politischen Standort auf einem Bandmaß von 0 (ganz links) bis 100 (ganz rechts) beschreiben würden, gaben die Leser der FAZ im Durchschnitt den Wert 58, die Leser der SZ und des SK den Wert 47 und die Leser der AZ den Wert 48 an.

[2] So kamen die Politiker bei der FAZ bei 16 Prozent der Artikel in positiven und bei 10 Prozent in negativen Rollen vor. Bei der SZ betrug das entsprechende Verhältnis 14 zu 22, bei der AZ 22 zu 21 und beim SK 27 zu 17.

[3] Kohl, Genscher, Wörner, Blüm, Strauß, Zimmermann, Schwarz-Schilling, Reagan.

[4] Durch entsprechende Kontrollzählungen kann man auch ausschließen, daß nicht anstelle des Einflusses von Konsonanz bzw. Dissonanz möglicherweise nur das typische Leseverhalten von parteipolitisch unterschiedlich orientierten Lesern gemessen wurde. Da es auch SPD-Anhänger gab,

Signifikanzberechnungen

Wegen der großen Anzahl der Analyseeinheiten waren nach den üblichen Kriterien der Prüfstatistik bereits geringe Unterschiede signifikant. Durch die Vervielfachung der Fälle bei Lesern und Artikeln stellt sich jedoch die Frage, ob die ausgewiesenen Signifikanzwerte legitim und interpretierbar sind. In der Statistik-Literatur wird als eine Voraussetzung für die Anwendung von Chi-Quadrat-Tests genannt, daß die Stichprobe der Untersuchungseinheiten durch unabhängige Ziehungen zustandegekommen ist und nicht durch einen zwei- oder mehrstufigen Prozeß. Im vorliegenden Fall war diese Voraussetzung nicht erfüllt. Zwar lassen sich die Artikel der Inhaltsanalyse und die befragten Leser als Stichproben betrachten (s.o.), die bei jeder Einheit in der Analyse mehrfach verwendeten Merkmale (Nutzung durch mehrere Leser bzw. Nutzung mehrerer Artikel) waren aber bereits beim ersten Ziehungsvorgang mit erhoben worden und insofern nicht unabhängig voneinander. Die möglichen Freiheitsgrade wurden durch die mehrfache Wiederholung gleicher Merkmale auf der Seite der Artikel und der Leser eingeschränkt.

Der von Stelzl (1982: S. 55) vorgeschlagene Weg, in solchen Fällen die entsprechenden Variablen der mehrfach vorkommenden Einheiten zu aggregieren, hätte die Vorteile des neuen Datensatzes wieder beseitigt und stellte somit keine Lösung dar. Es erschien allerdings auch nicht plausibel, ganz auf die Berechnung von Signifikanzen zu verzichten, da die Artikel-Leser-Kontakte trotz des beschriebenen zweistufigen Prozesses jeweils diskrete Einheiten bildeten. Eine pragmatische Lösung des Problems bestand darin, bei den Analysen auf der Basis der neugebildeten Kontakteinheiten generell das Signifikanzniveau zu erhöhen. Bei allen Auswertungen auf der Basis der Kontakteinheiten galten daher nur solche Variablenbeziehungen als signifikant, die einen Wert von $p < 0,001$, d.h. eine Irrtumswahrscheinlichkeit von weniger als 0,1 Prozent aufwiesen.[1]

---

die eine gute Meinung von konservativen Politikern hatten und umgekehrt, waren solche Vergleiche möglich. SPD- und CDU-Anhänger unterschieden sich bei konsonanten und dissonanten Kontakten nicht signifikant voneinander.

[1] Der theoretische Einwand, daß es sich bei den Kontakten nicht um unabhängige Ziehungen der Stichprobe handelte, bleibt dennoch bestehen. Die Signifikanzwerte werden daher eine eher relative Bedeutung für die Größe von Unterschieden beim Vergleich von Variablenbeziehungen innerhalb des gleichen Datenmaterials haben. Sie können nicht ohne weiteres als statistisch exakte Angaben darüber angesehen werden, inwieweit die Parameter der Stichprobe den Verhältnissen in der Grundgesamtheit entsprechen.

Zusammenhangsmaße

Die Verläßlichkeit der Auswertungen mit den neu kreierten Datensätzen konnte durch Parallelzählungen geprüft werden, bei denen der Datensatz auf der Grundlage des Kennwerte-Modells als Vergleich diente. Dies war bei solchen Analysen möglich, die außer der Artikelnutzung keine weiteren Variablen der Leser erforderten. Anhand solcher Vergleiche läßt sich ermessen, wie die statistischen Parameter bei den einzelnen Modellen der Datenverknüpfung ausfallen. Die Parallelzählungen wurden für einfache Häufigkeitsverteilungen und für multivariate Analysen durchgeführt. Die Ergebnisse lassen sich in drei Feststellungen zusammenfassen.

Erstens weisen die Vergleiche von Häufigkeitsverteilungen und Korrelationskoeffizienten zwischen Artikelmerkmalen in allen Fällen nur geringfügige Unterschiede auf. So hatten beispielsweise nach den Ergebnissen der Inhaltsanalyse 58,3 Prozent der FAZ-Artikel einen niedrigen Betonungsgrad; der Anteil der Kontakte mit solchen Artikeln beträgt bei der gleichen Zeitung 60,5 Prozent. Die Pearson-Korrelationen für den Zusammenhang zwischen Betonungsgrad und Nachrichtenfaktor-Index betragen im ersten Fall .353, im zweiten .344. Die Unterschiede sind darauf zurückzuführen, daß es einen geringfügigen Zusammenhang gab zwischen der Tatsache, ob ein Leser überhaupt eine bestimmte Nummer in der Hand gehabt hatte, und dem Betonungsgrad der Artikel, mit denen er dann konfrontiert wurde.

Zweitens unterschieden sich deutlich alle Parameter für Zusammenhänge, die die Artikelnutzung durch die Leser einschloß. Tabelle A5.2 im Anhang enthält die Korrelationskoeffizienten in Rohform und nach z-Transformation für eine Parallel-Zählung, bei der die Beziehungen zwischen drei Artikelmerkmalen und der Nutzung der Artikel durch die Leser geprüft wurde. Während sich die Koeffizienten für Beziehungen zwischen Artikelmerkmalen wiederum nur geringfügig unterscheiden, erreichen die entsprechenden Parameter für den Zusammenhang zwischen Artikelmerkmalen und Nutzung bei der Analyse der Kontakte nur jeweils rund ein Drittel der Stärke, die sie bei der Analyse nach dem Kennwerte-Modell aufweisen (Tabelle A5.2). Ähnliche Relationen zeigten sich auch bei multiplen Regressionen mit denselben und anderen Variablen.[1]

Ursache für die niedrigeren Parameter bei den Zusammenhangsmaßen sind die bei den Kontakteinheiten weitaus häufigeren und größeren Abweichungen des einzelnen Artikel-Leser-Kontakts vom durchschnittlichen Verhalten und damit die deutlich größere Standardabweichung. Beim Kennwerte-Modell wurde dagegen die durchschnittliche Nutzung eines Artikels durch die Leser aggregiert. Damit sind dort die Abweichungen der Einzelfälle geringer und die Ausprägungen der abhängigen Variable leichter zu prognostizieren. Durch die

---

[1] Hier unterscheiden sich die Regressionskoeffizienten (b) in beiden Zählungen nicht bzw. nur geringfügig, wohl aber deren standardisierte Beta-Werte und die erklärte Varianz (multiples R bzw. R^2). Auch hier betragen sie rund ein Drittel der entsprechenden Werte in der Parallel-Zählung.

De-Aggregation im Kontakt-Datensatz werden die sogen. ökologischen Korrelationen, wie sie bei der Verrechnung bereits aggregierter Daten auftreten, vermieden (vgl. Robinson 1950, Streitberg 1976).

Drittens führten die Zählungen mit dem Kontakt-Datensatz aufgrund der großen Fallzahlen zu ausschließlich hochsignifikanten Ergebnissen. So erreichte beispielsweise der zeitungsspezifische Anteil von Artikeln bzw. Kontakten mit hohem und niedrigem Nachrichtenfaktor-Index, der auf der Grundlage der Inhaltsanalysedaten mit p=0,448 nicht signifikant war, bei der Zählung auf der Grundlage der Kontakte einen p-Wert von 0,0000.

Welche Auswertung im Einzelfall die angemessenere ist, hängt von den einbezogenen Variablen ab. Will man prognostizieren, welche inhaltlichen und/oder formalen Merkmale eines Artikels eine große Chance haben, vom *durchschnittlichen* Leser gelesen zu werden, dann stellt die Auswertung auf der Basis der Analyseeinheit Artikel das angemessene Verfahren dar. Will man dagegen prognostizieren, bei welchen Konstellationen zwischen Artikel und Lesermerkmalen eine große Chance besteht, daß ein Artikel gelesen wird, dann stellt die Auswertung auf der Basis der Kontakte das genauere (und datentechnisch einzig mögliche) Verfahren dar. Es enthält keine aggregierten Daten, sondern behält die kleinstmögliche Analyseeinheit - den individuellen Kontakt zwischen einem einzelnen Leser und einem einzelnen Artikel - bei. Dementsprechend werden in den nachfolgenden Ergebnissen beide Verfahren für die spezifischen Ziele eingesetzt.

5. Probleme der Kausalanalyse

Die Zusammenführung von Daten aus Leserbefragung und Inhaltsanalyse warf einige weitere methodische Probleme auf, die für die späteren Kausalanalysen von Bedeutung sind. Erstens stellte sich die Frage, inwieweit sich die Kategorien für die Messung der Artikelnutzung mit den drei Ebenen deckten, auf denen die Artikelmerkmale verschlüsselt wurden. Lediglich für Nutzung und Merkmale der Überschrift war eine klare Zuordnung möglich. Bei der Angabe eines Lesers, einen Artikel teilweise gelesen zu haben, blieb dagegen offen, ob er tatsächlich Überschrift und ersten Absatz und damit diejenigen Teile gelesen hatte, die in der Inhaltsanalyse als zweite Artikelebene kodiert worden waren. Die sogen. Feinanalyse, d.h. die Messung der Textnutzung mit dem Markierungsverfahren, bot die Möglichkeit, den Grad der Entsprechung zwischen beiden Maßen zu überprüfen. Es zeigte sich, daß die Mehrzahl der Leser, die angegeben hatten, einen Artikel teilweise gelesen zu haben, bei der Feinanalyse auch nur Überschrift und ersten Absatz markierten. Diese Entsprechung war besonders groß bei Artikeln, die vier oder mehr Absätze umfaßten.

Zweitens stellte sich das bereits von Katz (1968) aufgeworfene und bereits in Kapitel VII diskutierte Problem, ob generell inhaltliche Merkmale von Texten als Ursache dafür betrachtet werden können, ob diese Texte gelesen oder nicht gelesen wurden. Im vorliegenden Fall trat dieses Problem immer dann auf, wenn beispielsweise die Nutzung der Überschrift eines Artikels mit der Konsonanz oder Dissonanz zwischen deren Tendenz und der Lesermeinung erklärt werden sollte. Die psychologischen Erkenntnisse machten jedoch deutlich, daß eine rudimentäre Wahrnehmung von Signalen wahrscheinlich auch dann stattgefunden hat, wenn sich die Person hinterher nicht mehr an den Kontakt mit der entsprechenden Information erinnern kann (vgl. Kapitel IV). Es erscheint daher zulässig, auch im Folgenden solche Kausalitätsmodelle anzuwenden.

Drittens ließe sich einwenden, daß die Angabe eines Lesers, einen bestimmten Artikel *nicht* gelesen zu haben, mindestens drei Ursachen haben kann: 1. Er hat in der Tat keinen Kontakt mit dem Artikel gehabt, z.B. weil er die entsprechende Seite überhaupt nicht aufschlug; 2. Er hat ihn beim Überfliegen der Seite in einem frühen Wahrnehmungsstadium rudimentär kodiert und dann die Aufnahme von Informationen abgelehnt. 3. Er hat die Information zwar vollständig wahrgenommen, aber dann in der postkommunikativen Phase vergessen. Dieses Problem läßt sich aus publizistikwissenschaftlicher Sicht pragmatisch lösen. Die erste Möglichkeit führt vermutlich zu keinen Verzerrungen. Es ist unwahrscheinlich, daß es einen systematischen Zusammenhang gibt zwischen einerseits Konsonanz und Dissonanz und andererseits der Wahrscheinlichkeit, bestimmte Seiten aufzuschlagen. Die zweite und dritte Möglichkeit stellen nur zwei verschiedene Phasen eines Selektionsvorgangs dar, der in seiner Wirkung auf den gleichen Sachverhalt hinausläuft: angebotene Informationen zu einem sehr frühen oder zu einem späteren Zeitpunkt aufzunehmen oder zu verweigern.

Ein viertes Problem betrifft die Frage, wie die motivationalen Kräfte bei der Zuwendung zu aufeinanderfolgenden Textteilen zusammenwirken. Die beiden Kräfte lassen sich als *Motivations-* und als *Traktions-Effekte* bezeichnen. Bei Motivations-Effekten führen die Gratifikationen des gerade gelesenen Teils zu einer Schubwirkung auf die nachfolgenden Teile. Bei Traktions-Effekten führen die antizipierten Gratifikationen in den rudimentär wahrgenommenen Merkmalen ("cues") des nachfolgenden Teils zu einer Sogwirkung auf diesen. Bei negativen Gratifikationen kommt es entsprechend zu Bremseffekten. Damit sind theoretisch an jeder Textstelle vier Konstellationen möglich. Eine Ausnahme bildet lediglich die Zuwendung zur Überschrift. Ihr geht keine Aufnahme anderer Textteile desselben Artikel voraus, so daß es sich hierbei um reine Traktionseffekte handelt.

Dieses zunächst theoretische Problem hat praktische Konsequenzen für die Auswertungs-Strategien. Legt man die Unterscheidung zwischen beiden Motivations-Effekten zugrunde, dann dürfte die Zuwendung zu einzelnen Artikelteilen immer nur auf der Basis derjenigen Leser durchgeführt werden, die die vorangegangenen Textteile (Überschrift bzw. Teile des Artikels) gelesen haben.

Mit den vorhandenen Daten kann kein schlüssiger empirischer Nachweis über die Existenz und Stärke der beiden motivationalen Effekte geführt werden.

Parallel-Zählungen auf der Basis derjenigen, die jeweils vorangegangene Textteile gelesen hatten, mit der Basis aller Leser führten jedoch zu keinen signifikanten Unterschieden, so daß im Weiteren die Kausalanalysen auf der Basis aller Leser gerechnet werden, die potentiell mit einem Beitrag in Kontakt kamen.

Ein schließlich fünftes Kausalitätsproblem, das mit dem zuvor beschriebenen zusammenhängt, basiert auf der Annahme, daß ein Leser, der einen bestimmten Artikelteil gerade gelesen hat, unabhängig von Motivations- und Traktionseffekten mit größerer Wahrscheinlichkeit auch nachfolgende Artikelteile liest. Dieses Phänomen läßt sich als *Übergangswahrscheinlichkeit* bezeichnen. Mit anderen Worten: das Lesen eines Artikelteils wird zu einer unabhängigen Variablen für das Lesen nachfolgender Teile. Mit Hilfe einer Pfadanalyse, bei der die Nutzung jeweils vorangegangener Artikelteile als intermittierende Variable für den Einfluß verschiedener Leser-Themen-Beziehungen (z.B. Relevanz des Themas für den Leser) auf das Lesen nachfolgender Teile behandelt wurde, ließ sich die Existenz dieser Übergangswahrscheinlichkeiten statistisch nachweisen.

Für die weitere Auswertung erscheint eine solche Differenzierung der Ergebnisse aber ebenfalls nicht erforderlich, weil sie für die Frage, welche Artikel- und Lesermerkmale generell die Nutzung eines Beitrags erklären können, unerheblich ist. Die Ergebnispräsentation würde zudem unnötig kompliziert und wenig anschaulich werden. Motivations- und Traktions-Effekte sowie die Wirkung von Übergangswahrscheinlichkeiten ließen sich ohnehin weitaus besser in experimentellen Untersuchungsanordnungen nachvollziehen als mit dieser Feldstudie. Es wurde daher eine einfachere Strategie gewählt, die auch der Natur der publizistikwissenschaftlichen Forschungsfragen eher gerecht wird. Dies sind vor allem zwei Fragen: 1. Welche Überschriften haben die stärkste Anziehungskraft auf den Leser? 2. Welche weiterführenden Textmerkmale beeinflussen die Entscheidung eines Lesers, von einem Artikel mehr als nur die Überschrift zu lesen?

Für die erste Frage bot es sich an, die Merkmale der Überschrift und für die zweite Frage die Merkmale von Überschrift und erstem Absatz, für bestimmte Fragestellungen auch die Merkmale des ganzen Artikels, als unabhängige Variable zu betrachten. Als abhängige Variable wurde die jeweilige Nutzungsstufe gewählt, in der die unabhängige Variable noch enthalten war. Mit anderen Worten: Die Merkmale der Überschrift wurden als unabhängige Variable dafür behandelt, ob eine Person mindestens die Überschrift (oder mehr) gelesen hat. Diese Ausweitung auf die nachfolgende Nutzung ist deshalb logisch notwendig, weil ein Leser, der Teile eines Artikels oder den ganzen Artikel gelesen hat, *auch* dessen Überschrift gelesen hat und mithin durch sie angezogen sein mußte. Hat der Leser *nur* die Überschrift gelesen, dann hat diese auf ihn zumindest einen Traktionseffekt ausgeübt, auch wenn sie ihn nicht motivierte, weiterzulesen. Die Zulässigkeit dieses Kausalmodells ist letztlich ein normatives Problem und betrifft die Frage, ob man das Lesen der Schlagzeile bereits als eine positive Selektion bewerten will.

Für die zweite Frage, welche Artikelmerkmale dazu führen, daß ein Leser mehr als nur die Überschrift liest, werden demgegenüber die Merkmale in Überschrift und erstem Absatz als unabhängige Variable und die Nutzung von Teilen des Artikels oder des ganzen Artikels als abhängige Variable behandelt. Diese Kausalanalyse ist dementsprechend darauf gerichtet, welche Merkmale dazu führen, ob mehr Informationen aufgenommen werden als in der Überschrift stehen. Erst dann, so ließe sich normativ argumentieren, erhält ein Leser differenzierte Informationen über einen Sachverhalt.

IX.

Einfluß von Artikelmerkmalen auf die Selektion

Die Entscheidung von Zeitungslesern, bestimmte redaktionelle Beiträge zu beachten, zu lesen oder zu vermeiden, kann durch Merkmale dieser Beiträge, Merkmale der Leser oder durch bestimmte Konstellationen zwischen beiden beeinflußt werden. Im Zentrum des Interesses steht bei dieser Studie die Rolle von Konsonanz und Dissonanz zwischen der Tendenz der angebotenen Informationen und den Meinungen der Leser. Sie wird im Kapitel XI ausführlicher behandelt werden. Zunächst werden jedoch einige Faktoren auf der Seite der Informationen und auf der Seite der Rezipienten dargestellt, die den Selektionsprozeß unabhängig von Konsonanz und Dissonanz steuern.

1. Nachrichtenlage

Im Folgenden wird zunächst knapp die Nachrichtenlage an den drei Tagen im Juni 1985 beschrieben. Sie gibt einen Einblick in das politische Zeitgeschehen, in dessen Rahmen die Studie durchgeführt wurde. Wichtigstes Thema am Donnerstag, den 20. Juni 1985 war ein Bombenanschlag auf das Terminal des Frankfurter Flughafens, bei dem drei Menschen getötet wurden. Alle Zeitungen veröffentlichen das Foto der gekaperten TWA-Maschine auf dem Flughafen von Beirut. Ein Frankfurter Amtsrichter erklärte in einem Prozeß gegen Teilnehmer einer Blockade die Stationierung der Pershing II-Raketen für verfassungswidrig. SPD und SED einigten sich auf Vorschläge für eine chemiewaffenfreie Zone in Europa. Ein Berliner Gericht stellte Strafantrag gegen Minister Schwarz-Schilling im Zusammenhang mit der Firma "Sonnenschein". Minister Wörner zeichnete im Weißbuch ein positives Bild vom Zustand der Bundeswehr. Ronald Reagan rechtfertigte nachträglich seinen Besuch in Bitburg.

Am Freitag, den 21. Juni waren der Bombenanschlag in Frankfurt und die entführte TWA-Maschine weiterhin Themen aller drei Zeitungen. In Tripoli explodierte eine Autobombe und tötet ca. 75 Menschen. In Bonn beschloß der Bundestag eine Erhöhung des Wohngeldes für sozial schwache Bürger. Der Bundesinnenminister legte den Kriminalbericht für das Jahr 1986 vor und berichtete, daß zum ersten Mal die Anzahl der Verbrechen zurückging. Bundeswehr und französische Armee begannen ein gemeinsames Manöver.

Am Samstag, den 22. Juni berichteten die vier Zeitungen über die Amtseinführung von Regierungssprecher Ost. Der Bundestag beschloß auf Antrag von Minister Blüm, daß auch für Männer ein Anspruch auf Hinterbliebenenrente besteht und Arbeitnehmer das Anrecht auf ein Kinder-Erziehungsjahr erhalten. Die Firma Sonnenschein kam mit etwas positiveren Meldungen als an den

Vortagen wieder in die Schlagzeilen. In der EG gab es Widerstände gegen Innenminister Zimmermanns Pläne für die Schadstoffreduzierungen bei Autos. Reagan rief zum Kampf gegen den weltweiten Terrorismus auf. Die Leiche des KZ-Arztes Mengele wurde nach mehreren Spekulationen eindeutig identifiziert.

Wie im Methodenkapitel beschrieben, wurden in der Inhaltsanalyse nicht alle Beiträge der Zeitungen kodiert, sondern nur diejenigen, deren Nutzung im Copy-Test ermittelt worden war. Dabei handelte es sich um insgesamt 378 redaktionelle Beiträge, die sich aus 349 Texten und 29 bildlichen Darstellungen zusammensetzten. Auf diesen Beiträgen basieren die nachfolgenden Analysen.

2. Nutzung der Zeitungen und Beiträge

Zwischen 70 und 84 Prozent der befragten Leser hatten die drei Ausgaben zumindest in der Hand gehabt und überflogen. Bei den beiden regionalen Abonnementzeitungen war die durchschnittliche tägliche Nutzung mit 85 (SK) bzw. 81 Prozent (AZ) etwas höher als bei den beiden überregionalen Tageszeitungen (77 Prozent FAZ, 75 Prozent SZ). Die Donnerstags- und Freitags-Ausgabe wurden von den SK-Lesern, die Samstags-Ausgabe von SZ und SK-Lesern am häufigsten gelesen. Nur bei der SZ hatten deutlich mehr Leser die Samstags-Ausgabe in der Hand gehabt als die Ausgaben an den beiden anderen Wochentagen.

Wenn Leser eine Ausgabe überhaupt in der Hand hatten, dann beachteten sie etwas mehr als die Hälfte der redaktionellen Beiträge (52 bis 60 Prozent je nach Zeitung und Nummer), d.h. sie hatten zumindest die Überschrift gelesen. Etwa ebenso häufig kam es vor, daß man nur die Schlagzeile eines Artikels gelesen hatte. Die Artikel, mit denen die sogen. Feinanalyse (Markierungsverfahren) durchgeführt wurde, fanden mit zwischen 40 und 80 Prozent eine unterschiedliche Aufmerksamkeit. Dies ist darauf zurückzuführen, daß diese Artikel in allen vier Zeitungen dasselbe Thema behandeln sollten und somit die unterschiedliche Betonung dieser Beiträge deren Nutzung beeinflußte.

3. Einfluß formaler Merkmale auf die Nutzung

Im folgenden Abschnitt wird der Einfluß formaler und inhaltlicher Merkmale der angebotenen redaktionellen Beiträge auf deren Nutzung durch die Leser untersucht. Da es hierbei um die durchschnittliche, von individuellen Merkmalen der Leser unabhängige Zuwendung geht, basieren die Auswertungen auf dem einzelnen redaktionellen Beitrag als Analyseeinheit, d.h. dem nach dem Kennwerte-Modell erstellten Datensatz (vgl. Kapitel VIII).

Art des redaktionellen Beitrags

Tabelle 9.1 vergleicht die Nutzung von Artikeln und bildlichen Darstellungen. Da nur zu 29 bildlichen Darstellungen die Nutzung erfaßt worden war, sind Verallgemeinerungen nur beschränkt möglich. Dennoch lassen sich auf der Grundlage der 21 Fotos, sieben Karikaturen und einen Grafik relativ einheitliche Tendenzen erkennen. Bildliche Darstellungen haben danach einen deutlich höheren Aufmerksamkeitswert als Artikel. Rund zwei Drittel der Fotos und Karikaturen wurden von den Lesern, die die jeweilige Ausgabe in der Hand hatten, zumindest überflogen. Im Durchschnitt jeder zweite Beitrag dieser Art wurde genauer betrachtet. Die Beachtungschance von Fotos und Karikaturen war damit rund doppelt so groß wie die der Artikel. Dieser Befund entspricht exakt den Ergebnissen eines Copy-Tests, den Stamm und Jacoubovitch mit amerikanischen Zeitungslesern durchführten (1980). Eine neuere Studie aus den Vereinigten Staaten ermittelte, daß 85 Prozent aller Leser in eine Zeitungsseite über das Bild und nicht über eine Schlagzeile eintreten. Auf Nachrichtenseiten ist die Anziehungskraft der Fotos mit 91 Prozent für Farbfotos bzw. 87 Prozent für Schwarz-Weiß-Fotos sogar noch größer als im Durchschnitt der Zeitungsseiten (Koschnik 1990).

Tabelle 9.1: Nutzung verschiedener Formen von redaktionellen Beiträgen

	Artikel (n=336) %	**Fotos** (n=21) %	**Karikaturen** (n=7) %	**Graphiken** (n=1) %
mindestens teilweise gelesen, überflogen	35	63	67	52
überwiegend oder ganz gelesen, genauer betrachtet	22	48	55	42

Die Durchschnittswerte lassen sich anhand von konkreten Beiträgen noch einmal verdeutlichen. So wurde ein zweispaltiges Foto mit Wörner im Vordergrund und dem französischen Verteidigungsminister Hernu im Hintergrund, das der SK in der Freitags-Ausgabe auf Seite 3 veröffentlichte, von 56 Prozent der Leser beachtet (überflogen oder genauer betrachtet). Den dazugehörigen Dreispalter mit der Überschrift "Ein Manöver mit politischen Untertönen" lasen dagegen nur 25 Prozent teilweise oder ganz. Der hohe Aufmerksamkeitswert des Fotos strahlte auch noch auf dessen Unterschrift aus, die mit 48 Prozent fast doppelt so häufig gelesen wurde wie der Artikel.

Die Ergebnisse zeigen eine eindeutige Vorliebe der Leser für bildliche Darstellungen. Sie fallen aufgrund ihrer Seltenheit und ihrer optischen Ausgefallenheit innerhalb des von Texten dominierten Zeitungs-Layouts mehr auf und sie können mit geringerer kognitiver Anstrengung aufgenommen werden. Die genannten Beispiele weisen darauf hin, daß in sich abgeschlossene und zum Verständnis des Sachverhalts ausreichende Informationen in den Bildunterschriften die Wahrscheinlichkeit eher noch verringern, daß die zu den Fotos gehörenden Artikel teilweise oder ganz gelesen werden. Die Rezipienten werden von den Fotos angezogen, lesen die Bildunterschriften und gehen vermutlich mit dem Gefühl, die wichtigsten Informationen damit erhalten zu haben, zum nächsten Beitrag oder zur nächsten Seite über.

Ähnlich wie zwischen Texten und Bildern gibt es auch zwischen den verschiedenen journalistischen Stilformen zum Teil erhebliche Nutzungsunterschiede. Am meisten wurden Nachrichten und Meldungen, am wenigsten Leserbriefe und Pressestimmen gelesen. Die Meinungsstilformen (Kommentare und Glossen) erzielten eine unerwartet hohe Aufmerksamkeit: Im Durchschnitt wurde jeder zweite Beitrag dieser Art teilweise oder sogar ganz gelesen. Sie wurden damit stärker beachtet als die zwischen reinen Nachrichten und Meinungsbeiträgen angesiedelten Berichte und Reportagen.

Merkmale der Aufmachung

Journalisten haben verschiedene Möglichkeiten, die Gewichtung der Beiträge innerhalb einer Zeitungsnummer zu differenzieren. Die verschiedenen Betonungs-Merkmale haben einen ganz unterschiedlichen Einfluß darauf, ob der betreffende Artikel durch die Leser beachtet wird. Tabelle A9.1 im Anhang enthält die Ergebnisse von Produkt-Moment-Korrelationen zwischen den formalen Artikelmerkmalen und den drei Ausprägungen der Artikelnutzung.[1]

Den stärksten Einfluß sowohl auf die Beachtung als auch auf das teilweise und vollständige Lesen der Artikel hat die Plazierung des Artikels. Je weiter vorne ein Artikel in der Zeitung steht, desto größer ist seine Chance, gelesen zu werden. Den zweitstärksten Einfluß auf Beachtung und Lesen der Beiträge hat die Größe der Typen, in der die Schlagzeilen gesetzt sind. Am meisten beeinflussen sie erwartungsgemäß die Entscheidung, ob von einem Artikel mindestens die Überschrift beachtet wurde; ihre Zugkraft wirkt aber in geringerem Maße noch signifikant auf die Nutzung des weiteren Textes fort. Das gleiche

---

[1] Die Interkorrelationen wurden hier bewußt *nicht* auspartialisiert, da auch bei der realen Gestaltung der Zeitung einzelne Merkmale gemeinsam vorkommen bzw. wie beispielsweise Spaltenzahl und Umfang aus logischen Gründen gemeinsam variieren.

gilt für die Anzahl der Spalten und die Verwendung von Untertiteln, also einer zweiten, kleiner gesetzten Überschrift. Auch diese beiden Merkmale wirken vor allem auf die Beachtung des Artikels, aber auch noch signifikant auf das Weiterlesen. Die Aufmerksamkeit für einen Artikel kann schließlich durch ein zum Beitrag gehörendes Foto oder einen weiteren Beitrag zum gleichen Thema erhöht werden. Beide kontextuellen Merkmale wirken sich etwa gleichermaßen stark auf alle drei Stufen der Artikelnutzung aus (Tabelle 9.1 im Anhang).

Schulz prägte den Begriff Beachtungsgrad in Zusammenhang mit der Entwicklung eines empirischen Indikators für den Nachrichtenwert einer Meldung. Für Pressemedien operationalisierte er den Beachtungsgrad kategorial über die Plazierung und die Spaltenzahl eines Artikels. Gemeinsam mit dem Artikelumfang wurde er dann zu einem Index für den Nachrichtenwert verrechnet (vgl. Schulz 1976: S. 70f. und S. 124). Frühere Studien von Powers und Kearl (1968) sowie McCombs und Mauro (1977) hatten ergeben, daß beide Variablen auch die besten Prädiktoren für die Artikelnutzung durch die Leser waren.

In der vorliegenden Studie erklärt der Index aus Plazierung und Umfang des Artikels rund ein Viertel der Zuwendung der Leser zu Überschrift und Teilen des Artikels sowie ein Zehntel der Nutzung des ganzen Artikels. Der Betonungs-Index läßt sich deutlich verbessern, wenn man den Umfang durch die Überschriftengröße (gemessen in der Typenhöhe) ersetzt. Dieser neue Betonungsgrad weist einen Korrelations-Koeffizienten von .71 mit dem Lesen von mindestens der Überschrift auf und erklärt somit rund 50 Prozent der Varianz auf dieser Nutzungsstufe (Tabelle A9.2 im Anhang).[1] Für nachfolgende Auswertungen wird daher dieser Betonungsgrad dann verwendet werden, wenn formale Hervorhebungen in ihrem Einfluß auf die Artikelnutzung kontrolliert werden.

Zur Aufmachung eines Beitrags gehört auch die inhaltliche Gestaltung der Überschrift. Ein Journalist kann eine Schlagzeile so formulieren, daß der Leser bereits möglichst viele Informationen über den Sachverhalt erhält, von dem der Artikel handelt. Oder er kann nur Schlagworte, Namen oder unzusammenhängende Schlüsselwörter in die Überschrift hineinpacken, um so die Neugier beim Leser zu steigern. Um die Auswirkungen dieser Möglichkeiten auf die Artikelnutzung zu messen, wurde in der Inhaltsanalyse für jeden Artikel der Informationsgehalt der Überschrift in einer dreifachen Abstufung kodiert. Die Vermutung, ein nur geringer Informationsgehalt der Schlagzeile könnte das Interesse der Leser wecken, wird nicht bestätigt. Kontrolliert man mit Hilfe partieller Korrelationen die Größe des Artikels und das Vorkommen von Nachrichtenfaktoren, dann hat ein geringer Informationsgehalt keinen signifikanten Einfluß

---

[1] Zwei weitere Argumente sprechen für den neuen Index: 1. die beiden darin enthaltenen Variablen korrelieren selbst praktisch nicht miteinander (.04) und die Korrelations-Koeffizienten bleiben auch für die Nutzung der nachfolgenden Artikelteile relativ stabil: Plazierung und Überschriftengröße erklären gemeinsam immerhin noch mehr als ein Viertel der Nutzung des ganzen Artikels.

darauf, ob ein Beitrag teilweise oder ganz gelesen wird. Demnach haben Journalisten offensichtlich keine Möglichkeit, durch eine offen formulierte Überschrift die Neugier des Lesers zu wecken und somit einen Anreiz für die Zuwendung zum Text zu geben.

4. Einfluß des Artikelinhalts auf die Nutzung

Schauplatz und Thema des Beitrags

Die Leser interessierten sich am meisten für Beiträge, die über Sachverhalte in der Bundesrepublik Deutschland und in Nordamerika berichteten. Artikel über das übrige Westeuropa und vor allem die osteuropäischen Staaten fanden bei gleichem Betonungsgrad deutlich weniger Interesse. Differenziert man die Nachrichten und Kommentare nach der politischen Ebene, auf der der Sachverhalt spielte, dann erzielte die Bundespolitik die höchste Aufmerksamkeit.[1] Zwar wurden Artikel über landespolitische Themen, die stark betont waren, ebenso häufig teilweise und ganz gelesen; sie wurden jedoch weniger als bundespolitische Themen beachtet, wenn beide nur schwach betont waren. Politische Ereignisse im Ausland ohne deutsche Beteiligung und deutschlandpolitische Themen fanden zumindest an den drei Testtagen mehr Leser als Berichte über Aktivitäten in der deutschen Außenpolitik.

Am häufigsten beachteten und lasen die Befragten die Beiträge über Kriminalität, wobei es sich hier sowohl um aktuelle Verbrechen als auch die generelle politische und polizeiliche Bekämpfung von Kriminalität handeln konnte. Es ist das einzige Thema, dessen Artikel im Durchschnitt von mehr als jedem zweiten Leser zumindest teilweise gelesen wurde. Dieses Ergebnis entspricht früheren Studien über die Interessen von Zeitungslesern (vgl. bspw. Bogart 1981: S. 230f.). Ebenfalls noch deutlich überdurchschnittlich wurden Artikel über die Themen Umweltschutz und Sozialpolitik gelesen. Bei beiden Themen lasen 44 Prozent der Leser die Artikel zumindest teilweise und mehr als ein Viertel sogar ganz. Ein deutlich unterdurchschnittliches Interesse fanden dagegen die Beiträge über Medienpolitik (teilweise gelesen: 25 Prozent) und über Kultur und Kunst (18 Prozent). Die Nutzung der Artikel über alle übrigen Themen unterschied sich nur unwesentlich vom Durchschnitt.

Nachrichtenfaktoren

In der Forschung wurden bisher Nachrichtenfaktoren immer nur als Ursachen für die Selektionsentscheidungen der Journalisten betrachtet. So hat Schulz (1976: S. 65ff.) festgestellt, daß es bei den Journalisten einen professionellen

---

[1] Unpolitische Meldungen wurden jedoch insgesamt am stärksten beachtet.

Konsens darüber gibt, welche Ereignismerkmale einer Meldung einen hohen Nachrichtenwert verleihen. Noch keine Studie hat bisher überprüft, inwieweit die Kriterien der Journalisten den Kriterien der Leser bei der Nachrichtennutzung entsprechen.[1] Staab (1990) unterscheidet Nachrichtenfaktoren danach, ob es sich um meßbare (z.B. geographische Nähe), indizierbare (z.B. politische Nähe) oder konsensbedingte Faktoren (z.B. Überraschung) handelt. In der vorliegenden Studie wurden Faktoren aller drei Kategorien erhoben. Eine Unterscheidung nach Inlands- und Auslandsmeldungen wurde nicht vorgenommen, weil Artikel mit beiden Schauplätzen auf denselben Seiten der Zeitungen stehen und somit auch direkt um die Aufmerksamkeit der Leser konkurrieren.[2] Diese Entscheidung erforderte eine Angleichung derjenigen Faktoren, die spezifisch für Inlands- und Auslandsmeldungen definiert worden waren. Die Faktoren der "Nähe" (bei Auslandsmeldungen) und der "Status der Ereignis-Region" (bei Inlandsmeldungen) wurden dabei zusammengefaßt.[3]

Um zu ermitteln, wie sich das Vorkommen einzelner Ereignismerkmale in einem Artikel auf die Zuwendung der Leser auswirkt, wurden die Nachrichtenfaktoren der Überschrift zur Nutzung der einzelnen Artikelteile in Beziehung gesetzt. Mit der Überschrift eines Artikels hat der Leser in der Regel den ersten Kontakt und sie prägt darüber hinaus seine Erwartungshaltung für den restlichen Artikelinhalt. Da bekanntermaßen die Nachrichtenfaktoren die redaktionelle Betonung der Beiträge beeinflussen, wurde bei den nachfolgenden Analysen der Betonungsgrad auspartialisiert.

Der Nachrichtenfaktor "Überraschung" hat den stärksten Einfluß auf die Artikelnutzung. Je weniger ein Ereignis vorherzusehen war, desto mehr beachteten und lasen die Rezipienten einen entsprechenden Beitrag. Einen ebenfalls nachhaltigen und starken Leseanreiz übt die "Faktizität" des Ereignisses aus, d.h. ein hoher Anteil von Primärereignissen und wenige verbale Äußerungen.

---

[1] Auf eine Diskussion der theoretischen und empirischen Probleme der bisherigen Nachrichtenwertforschung wird hier aus Platzgründen verzichtet. Vgl. hierzu Staab 1990.

[2] Ein weiterer theoretischer Grund sprach dagegen, diese Trennung vorzunehmen. Nachrichtenfaktoren sollen solche Ereignismerkmale repräsentieren, die möglichst unabhängig von der jeweils konkreten Ausprägung des Einzelereignisses durch z.B. die Region oder die handelnden Personen sind. Eine Trennung nach In- und Auslandsmeldungen würde diesem Anspruch nicht gerecht.

[3] In einem ersten Schritt wurde für die Faktoren "räumliche Nähe", "politische Nähe", "wirtschaftliche Nähe" und "kulturelle Nähe", die nur bei Auslandsmeldungen kodiert worden waren, der Mittelwert berechnet. In einem zweiten Schritt wurde dieser Mittelwert gemeinsam mit dem Wert für den "Status der Ereignis-Region", der nur bei Inlandsmeldungen kodiert worden war, zu einem neuen Nachrichtenfaktor "Nähe" zusammengefaßt. Als theoretische Begründung für diese Zusammenfassung läßt sich anführen, daß sowohl die drei Nähe-Faktoren für Auslandsmeldungen als auch der Faktor "Status der Ereignis-Region" bei Inlandsmeldungen die subjektive Bedeutung des Landes, der Region oder Stadt messen, in der der Sachverhalt spielt.

Daneben existieren zwei Gruppen von Nachrichtenfaktoren, die ebenfalls starke und signifikante Einflüsse auf die Zuwendung zu einem Artikel haben, die sich aber unterschiedlich nachhaltig auf die Artikelnutzung auswirken. Im ersten Fall handelt es sich um Faktoren, die zwar zur Beachtung, aber weniger zum Lesen des ganzen Artikels beitragen; im zweiten Fall handelt es sich umgekehrt um solche Faktoren, die wenig Anteil daran haben, daß der Blick des Lesers auf den Artikel gelenkt wird, die aber dann zum Weiterlesen motivieren. In die erste Kategorie gehören der Status der Ereignis-Nation und die Etablierung des Themas. Je bedeutsamer das Ereignisland in wirtschaftlicher, politischer oder militärischer Hinsicht war,[1] und je länger das Thema schon in der öffentlichen Diskussion etabliert war, desto eher beachteten die Leser die entsprechenden Artikel. Beide Nachrichtenfaktoren führten aber auch eher dazu, daß der Beitrag nicht zu Ende gelesen wurde. Offensichtlich verhalten sich die Leser hier nach einem Überwachungs-Prinzip (vgl. Wright 1960): Bei wichtigen Nationen (wie den Supermächten) und etablierten Medien-Themen halten sie sich zwar über die neuesten Ereignisse und Entwicklungen auf dem laufenden, sie interessieren sich aber nicht nachhaltig für die Details der Ereignisse.

Einen entgegengesetzten Effekt haben die Nachrichtenfaktoren "Tatsächlicher und Möglicher Schaden" sowie "Aggression". Sie beeinflußten relativ stärker, ob ein Artikel teilweise oder ganz gelesen wurde, als daß er überhaupt beachtet wurde. Mit anderen Worten: Sowohl Informationen über einen tatsächlichen oder potentiellen Schaden als auch über die Androhung oder Anwendung von Gewalt motivierten die Leser dazu, einen einmal angefangenen Artikel bis zum Ende zu lesen. Negativismus und Aggression scheinen damit im Gegensatz zu den positiven Faktoren "Möglicher oder Tatsächlicher Nutzen" dem Leser eine sehr nachhaltige Gratifikation zu bieten.

Zunächst unerwartet ist der negative Einfluß der Nachrichtenfaktoren "Personalisierung" und "Prominenz". Im ersten Fall wurde die Bedeutung von Personen für die Meldung (im Gegensatz zu unpersönlichen Sachverhalten), im zweiten Fall der Bekanntheitsgrad der vorkommenden Personen gemessen. Beide Merkmale bewirken kaum, daß ein Artikel beachtet wird und tragen sogar eher, im Falle von Prominenz sogar hochsignifikant, dazu bei, daß die Leser den Artikel nicht zu Ende lesen. Da prominente Personen in den Tageszeitungen überwiegend die Politiker sind und diese meistens mit verbalen Äußerungen in den Meldungen vorkommen (geringe Faktizität), ist dieser Befund aber aus den anderen Ergebnissen plausibel zu interpretieren (vgl. Tabelle A9.3 im Anhang).

Tabelle A9.3 im Anhang enthält auch die Korrelationskoeffizienten für den Zusammenhang zwischen den Nachrichtenfaktoren des ganzen Artikels und

---

[1] Der Status der Ereignis-Nation wurde für In- und Auslandsmeldungen kodiert. Die Bundesrepublik wurde mit dem Wert 2 kodiert. Ein höherer Status wurde nur der USA und der UdSSR zuerkannt.

der Betonung der Artikel durch die Journalisten.[1] Da der Betonungsgrad ein Ausdruck der Bedeutung ist, die die Journalisten den einzelnen Ereignismerkmalen beimaßen, lassen sich so die Selektionsentscheidungen der Leser und der Journalisten miteinander vergleichen.[2] Unterstellt man, daß die Selektionsentscheidungen der Journalisten auch Antizipationen des Leser-Interesses sind, dann täuschten sich die Redakteure der vier Zeitungen erheblich über das, was ihre Rezipienten gerne lesen. Die Nachrichtenfaktoren, die die Journalisten zum Herausheben einer Meldung veranlaßten, waren meistens nicht die gleichen, die die Leser zur Wahrnehmung des Beitrags motivierten. Dabei lassen sich drei Gruppen von Faktoren unterscheiden: Solche, deren Einfluß auf die Betonung überwog; solche, deren Einfluß auf die Nutzung überwog und solche, die gleichermaßen Betonung und Nutzung beeinflußten.

Zur ersten Kategorie gehören vor allem die Faktoren "Prominenz", "Persönlicher Einfluß" und "Institutioneller Einfluß". Meldungen, in denen bekannte Personen oder große Organisationen und Verbände eine wichtige Rolle spielten, wurden von den Journalisten zwar prominent plaziert, aber von den Lesern nur wenig beachtet. Zur zweiten Kategorie gehören vor allem die Faktoren "Überraschung", "Etablierung des Themas" und "Demonstration". Meldungen, die unerwartete Ereignisse oder Entwicklungen enthielten, bereits seit längerem eingeführte Themen oder die Kundgebungen einer Gruppe behandelten, wurden von den Journalisten weniger prominent herausgestellt, aber von den Lesern intensiv genutzt. Zur dritten Kategorie gehören schließlich unter anderen die Faktoren "Kontroverse" und "Faktizität". Meldungen, in denen Meinungsunterschiede zwischen Personen und Gruppen vorkamen oder die mehr beobachtbare Handlungen anstelle von verbalen Äußerungen enthielten, wurden sowohl von den Journalisten stark betont als auch von den Lesern beachtet (Tabelle A9.3 im Anhang). Die relativ großen Unterschiede zwischen den Selektionsentscheidungen von Journalisten und Lesern bestätigen Befunde früherer Studien, die auf anderen methodischen Wegen zu ähnlichen Ergebnissen kamen (vgl. Martin et al. 1972, Atwood 1970, Bogart 1968).

Ein zweiter Analyseschritt zielte auf die Ermittlung des Leseanreizes, den Bündel von Ereignismerkmale ausüben. Die Ergebnisse für die Nutzung von mindestens der Überschrift eines Beitrags wurden mit Hilfe einer Faktorenanalyse zusammengefaßt. Hierdurch ergaben sich sogen. "Nachrichtenfaktor-Faktoren". Zur sprachlichen Vereinfachung wird im folgenden für diese die

---

[1] Die Analyse des Betonungsgrades basiert auf den Nachrichtenfaktoren des ganzen Artikels, da der Journalist anhand der Merkmale der gesamten ihm vorliegenden Meldung darüber entscheidet, ob und wie er die Information publiziert.

[2] Die empirische Grundlage für die journalistische Selektion ist jedoch wesentlich schwächer. Zwar basiert sie auf der gleichen Artikelanzahl wie die Nutzungsanalyse, aber auf dem Verhalten von wesentlich weniger Individuen mit wesentlich geringeren Wahlmöglichkeiten bei ihren Entscheidungen. Die Ergebnisse lassen sich bedingt anhand der Studie von Schulz validieren. In den wenigen Fällen, in denen Vergleiche möglich sind, entsprechen sich die Ergebnisse weitgehend.

Abkürzung "NFF" verwendet. Diese Prozedur führte zu sechs NFF: Personalisierung (u.a. Prominenz), Thematisierung (u.a. Etablierung des Themas), Negativismus (u.a. Aggression), Faktizität/Überraschung, Region und Kontroverse. Die entsprechenden Faktorenwerte wurden dann in einem Pfadmodell einerseits zur Betonung der Beiträge durch die Journalisten, andererseits zur Nutzung der Beiträge durch die Leser in Beziehung gesetzt. Der Betonungsgrad ist in diesem Modell somit sowohl abhängige Variable der Nachrichtenfaktoren als auch unabhängige Variable für die Artikelnutzung.[1]

Schaubild 9.1 zeigt die Ergebnisse dieser Pfadanalyse. Die Betonung eines Artikels, ausgedrückt in Plazierung und Überschriftengröße, ist danach ein stärkerer Anreiz für die Zuwendung als die einzelnen NFF (Beta-Wert: .58). Von den sechs Nachrichtenfaktor-Dimensionen determinieren "Faktizität/Überraschung" sowie "Thematisierung" am meisten die Entscheidung des Lesers, die Überschrift oder mehr von dem betreffenden Artikel zu lesen (in beiden Fällen: .22). Danach folgen in der Reihenfolge ihrer Wirkungsstärke "Negativismus" (.15), "Region" (.11), Personalisierung (.09) und "Kontroverse" (.05). Durch die in dieser Pfadanalyse vorgenommene Kontrolle des Betonungsgrades werden demnach die ursprünglichen Beziehungen zwischen den NFF und der Nutzung leicht relativiert. Ein Teil des dominierenden Einflusses, den die NFF "Faktizität/Überraschung" und "Negativismus" auf die Nutzung ausübten, muß demnach auf die Entscheidung der Journalisten zurückgeführt werden, Beiträge mit diesen Ereignismerkmalen auch prominent zu plazieren und mit großen Überschriften zu versehen. Umgekehrt wächst in dieser bereinigten Analyse der Einfluß des NFF "Thematisierung" relativ.

Dennoch bleibt das Grundmuster der vorangegangenen Befunde erhalten, daß diese drei Nachrichtenfaktor-Dimensionen den stärksten Leseanreiz ausüben. Keiner von ihnen ist jedoch alleine in der Lage, die Wirkung der formalen Betonung durch Plazierung und Größe der Überschriftenlettern zu überspielen. Gemeinsam erklären alle in diesem Modell enthaltenen Variablen rund zwei Drittel der Varianz in der Selektion der Leser. Das Modell weist somit einen starken explikativen Gehalt für die Entscheidungen der Leser auf, sich einem Artikel zuzuwenden oder ihn zu mißachten (Schaubild 9.1).

Zusammenfassend läßt sich aus diesen Befunden ableiten, daß der Anteil von für den Leser unerwarteten, überraschenden Primärereignissen in einer Meldung (im Gegensatz zu verbalen Äußerungen und Kontroversen) den größten Anreiz auf das Leseverhalten ausübt. Die Thematisierung des Sachverhalts, indiziert durch Dauer und Einbindung in größere Zusammenhänge, wirkt sich dagegen im Sinne der beschriebenen "Surveillance-Funktion" nur auf die Beachtung der Überschriften, nicht aber auf das Lesen der Artikeltexte aus.

---

[1] In diesem Pfadmodell wurden für die Regression der NFF auf den Betonungsgrad die Nachrichtenfaktoren von nur der Überschrift verwendet, da bei den einzelnen Regressionen die Variablen identisch sein mußten.

Schaubild 9.1: Einfluß von Nachrichtenfaktoren auf die Artikelnutzung
Pfadmodell für die Zuwendung zu Zeitungsartikeln hier: Artikelnutzung "mindestens Überschrift gelesen"

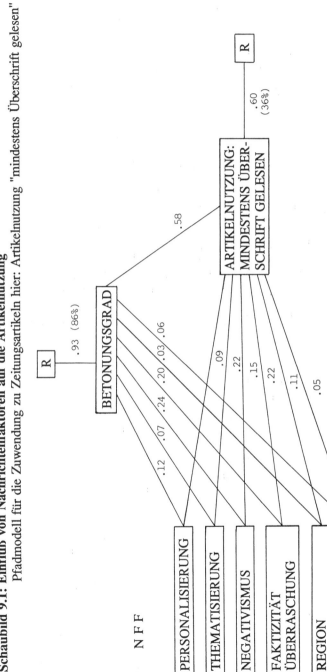

Erläuterung:
NFF = Nachrichtenfaktoren der Überschrift nach Faktorenanalyse ("Nachrichtenfaktoren-Faktoren")
Betonungsgrad = Indexwert aus Plazierung und Überschriftengröße (relativierte Werte je Zeitungs-Standard)
R = Residuen

Konkurrierender Einfluß von Betonung und Nachrichtenfaktoren

Der dominierende Einfluß der formalen Betonung durch Überschrift und Plazierung gegenüber den inhaltlichen Ereignismerkmalen läßt sich abschließend auch in einem reduzierten Pfadmodell zeigen, bei dem die Nachrichtenfaktor-Dimensionen zu einem einzigen Index zusammengefaßt wurden. Grundlage hierfür sind die ungewichteten Summen der Faktorenwerte auf den einzelnen NFF. Mit anderen Worten: Je mehr und je stärker die einzelnen NFF in einem Artikel vorkamen, desto größer ist dessen Nachrichtenwert-Index. Dieser Vorgehensweise liegt die theoretische Annahme zugrunde, daß auch für den Leser Häufigkeit und Intensität, mit der solche Ereignismerkmale in einer ihm angebotenen Information vorkommen, ein motivierendes oder demotivierendes Merkmal des jeweiligen Beitrags darstellen und seine Selektionsentscheidung beeinflussen können. Der so gebildete Index wurde dann wiederum in einem Pfadmodell einerseits zur Betonung des Artikels durch die Journalisten und andererseits (gemeinsam mit der Betonung) zur Nutzung durch die Leser in Beziehung gesetzt. Da die Anzahl der Nachrichtenfaktoren, die in einer Überschrift vorkommen können, auch eine Funktion des verfügbaren Platzes ist, den der Redakteur bei der Formulierung zur Verfügung hat, wurde als weitere unabhängige Variable die Spaltenzahl des Artikels in das Modell aufgenommen.[1]

Auch in diesem Modell bleibt der Betonungsgrad als stärkster Einflußfaktor für die Artikelnutzung erhalten. Seine Wirkungsstärke ist ebenso groß wie in dem Pfadmodell, bei dem die inhaltlichen NFF die konkurrierenden Variablen bildeten (Beta .59). Häufigkeit und Intensität der Nachrichtenfaktoren haben mit einem Beta-Wert von .37 einen zwar dazu deutlich geringeren, aber ebenfalls starken und signifikanten Einfluß auf die Nutzung. Auch hier erklärt das Kausalmodell knapp zwei Drittel der Varianz in der Leser-Selektion. Die journalistische Entscheidung, einen Artikel durch Plazierung und Größe der Überschriften besonders herauszuheben, kann dagegen durch den Index der Nachrichtenfaktoren und die Spaltenzahl nur unzureichend erklärt werden (20 Prozent erklärte Varianz). Wie erwartet, korrelieren beide unabhängigen Variablen relativ stark miteinander (.31). Die Betonung des Artikels wird stärker durch das formale Merkmal der Spaltenzahl als durch das inhaltliche Merkmal der Nachrichtenfaktoren bestimmt (Schaubild A9.1).

---

[1] Sie ist jedoch auf der gleichen zeitlichen Ebene wie der Index der Nachrichtenfaktoren angesiedelt, da die Nachrichtenfaktoren gleichzeitig auch Ursache für den Raum und damit Indikator des Nachrichtenwerts sind, der dem Artikel zugemessen wird. Beide stehen also in einer interdependenten Beziehung.

5. Zusammenfassung

Die vorangegangenen Abschnitte behandelten ausschließlich den Einfluß formaler und inhaltlicher Informationsmerkmale auf die Zuwendung der Leser zu den Beiträgen in den Zeitungen. Die wichtigsten Befunde können in den folgenden sechs Punkten zusammengefaßt werden:

1. Die Leser beachteten Bilder stärker als Textbeiträge. Dies gilt für Fotos und Karikaturen. Ausführliche Bildunterschriften führen eher noch dazu, daß die dazugehörigen Artikel weniger beachtet werden.

2. Bei Textbeiträgen entschieden die Plazierung und die Größe der Schlagzeilen-Lettern am meisten darüber, ob die Leser den Artikel beachteten und lasen. Einen hohen Aufmerksamkeitswert können auch Fotos oder andere Beiträge auslösen, die im Umfeld stehen und einen inhaltlichen Bezug zu dem Artikel aufweisen.

3. Bei der Gestaltung der Überschrift kann der Redakteur die Aufmerksamkeit seiner Leser am meisten durch die Wahl der Typengrößen beeinflussen. Offen formulierte Schlagzeilen mit wenig Informationsgehalt reizen entgegen den Erwartungen nicht zum Lesen.

4. Meldungen über Verbrechen und Diskussionen über Kriminalität interessieren die Leser mehr als politische Beiträge. Von diesen wiederum fanden Artikel über Umweltthemen und Sozialpolitik die meiste Aufmerksamkeit.

5. Die Leser interessieren sich am meisten für Sachverhalte, die bereits thematisiert sind, überraschende Fakten enthalten und mit Aggression oder Schaden verbunden sind. Bei den eingeführten Themen verschaffen sie sich jedoch durch Lesen der Überschrift eher nur einen Überblick, um auf dem laufenden zu bleiben. Nachhaltig zum Lesen motivieren nur die beiden anderen Bündel von Nachrichtenfaktoren. Dabei handelt es sich häufig nicht um die gleichen Faktoren, die für die Journalisten einen hohen Nachrichtenwert haben.

6. Anzahl und Intensität der Nachrichtenfaktoren, die in einer Überschrift enthalten sind, haben unabhängig von deren konkretem Inhalt einen starken Einfluß auf die Zuwendung zu den Artikeln. Dennoch wird die Selektion der Leser am stärksten dadurch bestimmt, an welcher Stelle und mit welcher Schlagzeile die Journalisten sie publizieren. Formale Betonung und Nachrichtenfaktoren erklären gemeinsam rund zwei Drittel der Leserentscheidungen.

X.

Einfluß von Lesermerkmalen auf die Selektion

1. Soziodemografische Merkmale

Im Folgenden steht die Frage im Mittelpunkt, welche Eigenschaften der Leser unabhängig von Form und Inhalt der Beiträge zu einer intensiven Nutzung der Beiträge in der Zeitung führen. Grundlage für die Analyse sind jeweils alle Leser der betreffenden Zeitung, die die entsprechende Ausgabe zumindest in der Hand hatten. Dabei handelt es sich um eine rein quantitative Betrachtungsweise, d.h. die Inhalte der angebotenen Informationen bleiben bei der Nutzungsanalyse zunächst noch unberücksichtigt. Da die ausgewählten Beiträge überwiegend im politischen und Nachrichtenteil der Zeitungen standen, geben die Ergebnisse lediglich die Nutzungsintensität für diesen Zeitungsteil wieder.[1] Im Folgenden werden fünf Personen-Merkmale in ihrem Einfluß auf die Artikelnutzung miteinander verglichen: Geschlecht, Alter, Bildung, Berufstätigkeit und politisches Interesse. Grundlage für die Auswertungen sind die potentiellen Kontakte zwischen Leser und Beitrag.

Frauen lasen bei allen vier Zeitungen deutlich weniger Beiträge als Männer. Bei ihnen führten nur 30 Prozent der potentiellen Kontakte mit einem Zeitungstext dazu, daß sie ihn teilweise oder ganz lasen. Bei den Männern beträgt der entsprechende Anteil immerhin 39 Prozent. Die Leserinnen scheinen sich auch grundsätzlich dem politischen Teil der Zeitung weniger zuzuwenden. Dies läßt sich daran ablesen, daß sie ihre Selektionsentscheidung nicht häufiger als die Männer erst nach der Überschrift trafen, sondern die Beiträge insgesamt seltener beachteten.

Je älter die Leser sind, desto mehr lesen sie in der Zeitung. So kam es bei den jüngeren Lesern (bis 29 Jahre) nur bei 31 Prozent der potentiellen Kontakte mit einem Artikel dazu, daß sie ihn zumindest teilweise lasen, bei den über 60-jährigen beträgt der Anteil 41 Prozent. Die älteren Bürger lasen auch fast jeden dritten Beitrag bis zum Ende. Entgegen den Erwartungen lasen Personen mit höherer Schulbildung oder Universitätsabschluß (mit Ausnahme der FAZ-Leser) im allgemeinen die Zeitung nicht intensiver als weniger Gebildete. Berufstätige in höherer Berufsstellung wanden sich mehr Beiträgen zu und lasen sie häufiger auch bis zum Ende als Personen, die nicht berufstätig sind.

Am meisten entschied jedoch das politische Interesse eines Lesers darüber, wieviele Artikel er in seiner Zeitung las. Im Durchschnitt aller vier Zeitungen führten 39 Prozent der Kontakte politisch interessierter, aber nur 23 Prozent der Kontakte weniger oder gar nicht interessierter Leser dazu, daß sie

---

[1] Leser, die von den getesteten Beiträgen nur wenige beachtet haben, können beispielsweise durchaus mehr Beiträge im Lokalteil gelesen haben.

den Artikel zumindest teilweise lasen.

Prüft man in einem zweiten Schritt mit einer mehrfachen Varianzanalyse den konkurrierenden Einfluß der fünf genannten Lesermerkmale auf die Artikelnutzung, dann zeigt sich das politische Interesse als deutlich stärkster Faktor. Am zweitstärksten wirkt sich das Alter, d.h. die verfügbare Zeit auf die Nutzung aus. Das Alter ist sogar für das Lesen des ganzen Artikels gleich einflußreich wie das politische Interesse. Ebenfalls noch einen signifikanten, aber schwächeren Einfluß hat das Geschlecht der Leser.

2. Themenpräferenzen von Männern und Frauen

Die intensivere Artikelnutzung der männlichen Leser schlägt auf praktisch alle Themenbereiche durch. Mit Ausnahme sozialpolitischer Beiträge, die Frauen und Männer gleichermaßen und kultureller Themen, die die Frauen stärker beachteten, lasen die Männer Artikel über alle anderen Themen intensiver als die Frauen. Die größten Unterschiede im Interesse von Lesern und Leserinnen zeigten sich bei verteidungspolitischen Sachverhalten, bei denen die Männer in 42 Prozent und die Frauen in 26 Prozent der Fälle die Artikel zumindest teilweise lasen. Ein politisches Interesse der Leserinnen verringert zwar diese Kluft, aber es beseitigt sie nicht.

Die Unterschiede zwischen der Zuwendung von Männern und Frauen zu zentralen politischen Themen in der Tageszeitung werden allerdings durch eine andere Eigenschaft fast vollständig eingeebnet: die Berufsstellung. Vergleicht man das Interesse von berufstätigen Männern und Frauen in gehobener Berufsstellung an den verschiedenen Zeitungsressorts, dann interessieren sich Frauen gleichermaßen bzw. in einigen Fällen sogar etwas stärker als Männer in vergleichbarer Stellung für die politischen Inhalte der Zeitung. Unter dieser Voraussetzung bleibt ein geringer Vorsprung der Männer nur noch beim Wirtschaftsteil und den Seiten über Technik und Wissenschaft erhalten.

3. Einfluß der Leser-Themen-Beziehungen auf die Artikelnutzung

Zu jedem der sechs Konfliktthemen war im Interview ermittelt worden, welche Beziehung die Leser zu dem jeweiligen Thema haben. Die insgesamt 13 Beziehungs-Variablen wurden auf der Grundlage der dissonanztheoretischen Forschung und verschiedener Nutzenansätze zusammengestellt. Tabelle 10.1 gibt den Einfluß dieser Variablen auf die Nutzung von Beiträgen über Themen wieder, bei denen für die Leser das jeweilige Merkmal zutraf bzw. nicht zutraf. Um Scheinkausalitäten zu vermeiden, werden die Ergebnisse getrennt für Leser mit unterschiedlich langer Zeitungslektüre pro Tag ausgewiesen. Zur Übersichtlichkeit sind die einzelnen Leser-Themen-Beziehungen nach ihrer Zugehörigkeit zu einer der vier Dimensionen gruppiert, die sich aus einer Faktorenanalyse ergaben: Relevanz (z.B. Betroffenheit), Entschiedenheit (z.B. feste Meinung), Information (z.B. im Fernsehen davon gehört) und Aversion (z.B. unangenehmes Thema). Kriterium der Zuwendung ist in Tabelle 10.1 die Bedingung, den Artikel zumindest teilweise gelesen zu haben.[1]

Relevanz des Themas

Die Merkmale, die die persönliche Relevanz eines Themas für den Leser indizieren, haben einen sehr unterschiedlichen Einfluß auf das Leseverhalten. Die Erwartung, daß vor allem die individuelle Betroffenheit durch ein Thema oder die subjektive Einschätzung von dessen Bedeutung dazu führen, daß man einen Artikel liest, wird nicht bestätigt. Beide Merkmale stehen in keiner signifikanten Beziehung zur Artikelnutzung. Zu den stärksten Einflußfaktoren überhaupt gehört dagegen die Häufigkeit, mit der sich ein Leser über das betreffende Thema unterhält. Damit korrespondiert der etwas schwächere, aber immer noch hochsignifikante Einfluß der Redebereitschaft ("darüber würde ich mich gerne unterhalten"). Beide Merkmale lassen sich als Indikatoren für die Bedeutung des Themas in der sozialen Interaktion ansehen.

Der Einfluß der personalen Kommunikation auf das Selektionsverhalten in der Massenkommunikation kann zwei Ursachen haben. Die Befunde lassen sich erstens funktional interpretieren: Wenn in der Bezugsgruppe das Thema von Bedeutung ist und häufig angesprochen wird, entsteht für das Individuum die Notwendigkeit, über die neuesten Entwicklungen auf dem laufenden zu bleiben, um den Erwartungen der Interaktionspartner zu entsprechen. Die Selektion wäre in diesem Fall ein instrumentelles Verhalten, mit dem das eigene Rollenverhalten gestärkt und Unsicherheiten vermieden werden sollen (vgl. Atkin 1973).

Die Befunde lassen sich zweitens sozialpsychologisch interpretieren. Vor allem die Bereitschaft, sich mit anderen über das Thema zu unterhalten, ist Ausdruck eines selbstsicheren Standpunktes und einer fehlenden Furcht, sich mit seiner eigenen Meinung in der Öffentlichkeit zu isolieren (vgl. Noelle-Neumann 1980). Es ist denkbar, daß in diesen Fällen auch eine Auseinandersetzung mit neuen Aspekten und Informationen zu einem Thema, die in der Tageszeitung angeboten werden, leichter fällt als in der Situation der Unsicherheit.

Der überraschende Befund, daß Betroffenheit und Wichtigkeit praktisch keinen Einfluß darauf haben, ob ein Artikel gelesen wird, legt den Schluß nahe, daß es sich bei beiden Variablen um relativ schwache Indikatoren für die tat-

---

[1] Zur Bewertung der relativen Einflußstärke der einzelnen Variablen wird zusätzlich eine partielle Korrelation herangezogen, die neben der Lesedauer auch den Betonungsgrad und das politische Interesse des betreffenden Lesers kontrolliert. Die Ergebnisse werden hier nicht gesondert ausgewiesen.

Tabelle 10.1: Einfluß der Leser-Themen-Beziehung auf die Artikelnutzung
Kontrollvariable: tägliche Lesedauer werktags
Kriterium: Artikel mindestens teilweise gelesen

	tägliche Lesedauer werktags					
	bis 29 Minuten		30 - 59 Minuten		60 Minuten und mehr	
	trifft zu %	trifft nicht zu %	trifft zu %	trifft nicht zu %	trifft zu %	trifft nicht zu %
F I RELEVANZ						
Eines der wichtigsten Themen überhaupt	37	39	45	42	59	56
Darüber unterhalte ich mich oft mit anderen	46	35**	52	40**	64	54**
Betrifft mich ganz persönlich	39	38	47	42**	59	57
Darüber würde ich mich gerne unterhalten	41	37	48	41**	60	56
F II ENTSCHIEDENHEIT						
Das regt mich auf, ärgert mich	43	36	46	41*	63	55**
Darüber kann man verschiedener Meinung sein	37	40	41	45*	55	60**
Dazu habe ich eine ganz feste Meinung	42	35*	48	38**	63	51**
Das Thema schadet der Regierung Kohl	42	36*	47	40**	60	55**
Da denken die meisten so wie ich	38	38	47	41**	65	54**
F III INFORMATION						
Darüber habe ich in letzter Zeit etwas gelesen	43	31**	47	37**	60	52**
Darüber habe ich in den letzten Tagen etwas im Fernsehen gesehen	42	36*	46	40**	61	54**
F IV AVERSION						
Ein schwieriges, anstrengendes Thema	33	41**	40	44*	53	60**
Ein unangenehmes Thema	35	39	43	43	56	58

* p ≤ 0.01   ** p ≤ 0.001

sächliche Relevanz handelt, die ein Thema für einen Leser hat. Gerade bei der Einschätzung eines Themas als "eines der wichtigsten überhaupt" dürften sich unabhängige subjektive Beurteilungen und internalisierte Bedeutungszuweisungen durch die Medienberichterstattung vermischen.

Entschiedenheit der Meinung

Alle fünf Leser-Themen-Beziehungen des Faktors Entschiedenheit beeinflussen signifikant das Selektionsverhalten. Die stärkste Wirkung aller Leser-Themen-Beziehungen überhaupt geht von der Sicherheit der eigenen Meinung aus. Bei Kontakten von Lesern, die "eine feste Meinung" haben, führten 48 Prozent, bei der Gegengruppe nur 38 Prozent dazu, daß der Artikel mindestens teilweise gelesen wurde. Kaum schwächer ist der Einfluß der Überzeugung, die Mehrheitsmeinung auf seiner Seite zu haben ("da denken die meisten so wie ich"), die einzig richtige Meinung zu vertreten (Ablehnung von: "darüber kann man verschiedener Meinung sein") sowie der affektiven Beteiligung, die das Thema beim Befragten auslöst ("das regt mich auf, das ärgert mich"). Auch die parteipolitische Einordung des Themas ("das Thema schadet der Regierung Kohl") steht in signifikantem Zusammenhang mit der Artikelnutzung.

Diese Befunde bestärken die bereits oben geäußerte sozialpsychologische Interpretation, daß die subjektiv empfundene Sicherheit und soziale Wertigkeit der eigenen Meinungsposition eine wichtige Rolle bei der Selektion spielt. Offensichtlich erleichtert die Überzeugung, den einzig richtigen Standpunkt zu haben und diesen auch mehrheitlich in seiner Umwelt zu erkennen, die Auseinandersetzung mit neuen Informationen und Argumenten zu einem Thema. Umgekehrt führen vermutlich Unsicherheit und der Glaube, in der Minderheit zu sein, eher zu Abwehrreaktionen. Der ebenfalls starke Einfluß der emotionalen Erregung, die das Thema auslöst, weist auf die zu der sozialpsychologischen Erklärung passende moralische Komponente in dieser Leser-Themen-Beziehung hin. Sie kommt ebenfalls in der Aussage "darüber kann man (keiner) verschiedener Meinung sein" zum Ausdruck.

Informationen aus anderen Massenmedien

Leser, die bereits zum selben Thema etwas im Fernsehen gesehen oder in der Zeitung gelesen hatten, wandten sich signifikant häufiger auch den Artikeln in den Ausgaben des Copy-Tests zu.[1]

---

[1] Bei der Angabe "darüber habe ich etwas in der Zeitung gelesen", kann nicht ausgeschlossen werden, daß die Befragten die gleichen Artikel im Sinn hatten, deren Nutzung im Copy-Test gemessen wurde und die mithin hier die abhängige Variable darstellen.

Für den Zusammenhang zwischen Fernseh-Informationen und der Artikelnutzung sind mehrere Ursachen denkbar. Ob das Lesen die Folge eines durch das Fernsehen geweckten Interesses ist, oder die Nutzung beider Informationsquellen die Folge eines generell stärkeren Medienkonsums im Hinblick auf aktuelle politische Themen, läßt sich mit den Daten nicht abschließend beantworten. Der Befund steht aber im Einklang mit Ergebnissen anderer Studien, die einen deutlichen Zusammenhang zwischen vorangegangenen Informationen aus dem Fernsehen und nachfolgendem Interesse am gleichen Thema in der Presse nachweisen konnten (vgl. Bush 1967, Rarick 1975, Fedler und Taylor 1978).

Aversion

Leser, für die ein Thema schwierig und anstrengend ist, vermeiden eher die Artikel, die darüber in der Zeitung stehen. Die aus der Komplexität eines Themas folgenden kognitiven Kosten der Informationsaufnahme (vgl. Atkin 1973) scheinen demnach eine bedeutende Rolle bei der Selektionsentscheidung zu spielen. Der Befund hat enge Bezüge zur Hypothese von der wachsenden Wissenskluft: Leser, die sich von einem Thema überfordert fühlen, lesen mit geringerer Wahrscheinlichkeit die aktuellen Informationen, die darüber in der Presse veröffentlicht werden. Dies hat zur Folge, daß die subjektive Komplexität aufgrund fehlender Informationen und Strukturierungsmöglichkeiten bei ihnen weiter zunimmt und damit einen Spiralprozeß in Gang setzt. Er könnte eine der Erklärungen für den unterschiedlichen Wissenszuwachs der einzelnen Bildungsgruppen sein, wie ihn die knowledge-gap-Studien ermittelten. Das zweite Merkmale der "Aversion", die Einschätzung eines Thema als "unangenehm" hält die Leser demgegenüber nicht davon ab, sich neuen Informationen zuzuwenden.

Bis hierher beschränkte sich die Beschreibung der Ergebnisse auf das Kriterium, in welchem Maße die Vergleichsgruppen zumindest Teile des Artikels gelesen hatten. Diese mittlere Intensitätsstufe stellt normativ und empirisch das beste singuläre Kriterium für die Zuwendung zu Zeitungsinformationen dar, da es die Lektüre von mehr als nur der Schlagzeile voraussetzt und der Tatsache Rechnung trägt, daß nur rund ein Fünftel der Artikel überwiegend oder ganz gelesen wird. Tabelle A10.1 im Anhang weist darüber hinaus aus, wie sehr die einzelnen Merkmale der Leser-Themen-Beziehung dazu führen, daß ein Artikel überhaupt beachtet (mindestens Überschrift gelesen) bzw. überwiegend oder ganz gelesen wird.

Drei Leser-Themen-Beziehungen scheinen vor allem bei der ersten Selektionsstufe eine besondere Rolle zu spielen: die beiden Informationsvariablen und die Beurteilung des Themas als "schwierig und anstrengend". Unterstellt man, daß die oben erwähnten methodischen Probleme hier nicht zu Scheinkausalitäten führen, dann läßt sich aus einem der Befunde eine interessante Beziehung zwischen den beiden Informationsquellen Fernsehen und Zeitung ableiten: Personen, die bereits vorher (in der Regel am Vorabend) durch die Fernsehnachrichten mit dem Thema konfrontiert wurden, wenden sich mit höherer Wahrscheinlichkeit auch den entsprechenden Zeitungsartikeln zu. Es ist möglich, daß sie dabei durch ihnen aus dem Fernsehen bekannte Schlüsselreize angezogen werden, dann jedoch nicht weiterlesen, weil sie tatsächlich oder vermeintlich den Sachverhalt bereits kennen. Dies würde den abnehmenden Einfluß der Variable auf die drei Stufen der Artikelnutzung erklären (Tabelle A10.1 im Anhang).

4. Zusammenfassung

Der Einfluß der Lesermerkmale auf die Artikelnutzung wurde unabhängig vom Inhalt und unabhängig von der Nutzung der Beiträge zu den einzelnen Themen betrachtet. Die wichtigsten Befunde lassen sich in den folgenden sechs Punkten zusammenfassen:

1. Unabhängig vom Inhalt hat das politische Interesse der Leser den stärksten Einfluß auf die Nutzung politischer Zeitungsinhalte. Daneben lesen ältere Menschen mehr als jüngere und Männer mehr als Frauen.

2. Die einzige Variable, die die unterschiedliche Artikelnutzung von Männern und Frauen nivelliert, ist die Berufsstellung. Männer und Frauen in gehobenen Positionen lesen praktisch die gleichen Artikel.

3. Einen starken Einfluß auf das Leseverhalten übt eine Reihe anderer Merkmale aus, mit denen sich die Beziehung zwischen einem Leser und einem Artikelthema beschreiben läßt. Personen, für die die angebotenen Informationen eine instrumentelle Nützlichkeit besitzen, weil sie sich häufig über das Thema unterhalten, lesen mehr als Personen, bei denen das nicht der Fall ist.

4. Entgegen den Erwartungen führen die abstrakte Einordnung eines Thema als "wichtig" und selbst die persönliche Betroffenheit durch einen Sachverhalt nicht dazu, daß die Artikel intensiver gelesen werden. Man kann daraus indirekt die Vermutung ableiten, daß diese von den Lesern geäußerten Themen-Attribute eher die von ihnen wahrgenommene publizistische Bedeutung reflektieren.

5. Stattdessen wird die Auswahl mehr von solchen Leser-Themen-Beziehungen gesteuert, die wie etwa die Festigkeit der Meinung und der Glaube, die Mehrheit auf seiner Seite zu haben, Ausdruck einer individuellen und sozialen Sicherheit des eigenen Standpunktes sind.

6. Personen, die ein Thema für schwierig halten, lesen weniger darüber in der Zeitung und werden als Folge in der Zukunft immer weniger die Fähigkeit haben, das Thema durchdringen zu können. Dieser Spiralprozeß kann einer der Schlüssel zur Erklärung der knowledge-gap-Befunde sein.

XI.

Einfluß von Konsonanz und Dissonanz auf die Selektion

Im folgenden Kapitel steht der Einfluß im Mittelpunkt, den die Beziehung zwischen der Tendenz angebotener Informationen und den Prädispositionen der Leser auf die Zuwendung zu den Informationen hat. Dieser Einfluß wird für drei unterschiedliche Selektionsebenen geprüft: für die Vorauswahl der Zeitung (Quellen-Selektion), die Auswahl einzelner redaktioneller Beiträge und die Auswahl einzelner Informationseinheiten. Zunächst wird kurz beschrieben, mit welchen redaktionellen Tendenzen die vier Zeitungen in der Zeit vor dem Copy-Test über die Politiker und die sechs Konfliktthemen berichteten. Diese Berichterstattung bildet den Hintergrund für den Informationsstand der Leser und ihre Erwartungen an die Berichterstattung in den Nummern, deren Nutzung im Copy-Test erfaßt wurde.

1. Redaktionelle Tendenzen der vier Zeitungen

Tendenzen zu den Politikern

Die vier Zeitungen veröffentlichten im Untersuchungszeitraum insgesamt 4.071 wertende Aussagen über die 17 Politiker. Diese befanden sich in 3.123 Artikeln, in denen nach den Angaben in Überschrift oder Lead einer oder mehrere der Politiker vorkamen. Der bei allen Zeitungen am häufigsten bewertete Politiker war erwartungsgemäß Bundeskanzler Helmut Kohl. Auf ihn entfielen bei allen Zeitungen im Durchschnitt 28 Prozent der wertenden Aussagen. Am zweithäufigsten wurde Ronald Reagan bewertet (21 Prozent). Auf Michail Gorbatchov entfielen 8 Prozent der hier kodierten Wertungen.

Rund jede zweite wertende Aussage über einen Politiker betraf dessen politische Fähigkeiten, also beispielsweise seine politische Sachkompetenz, seine Führungsstärke oder sein Verhandlungsgeschick. Rund ein Viertel der wertenden Aussagen bezogen sich auf persönliche Eigenschaften wie z.B. Fairness, Ehrlichkeit oder Intelligenz. Das Verhältnis der Politiker zu anderen Personen war bei 13 Prozent der Aussagen Gegenstand der Bewertung. Nur selten kamen bei allen vier Zeitungen wertende Aussagen zur politischen Grundhaltung, zum Auftreten und über einen Vergleich des betreffenden Politikers mit anderen vor. Häufigste Urheber waren die Journalisten der betreffenden Zeitung. Im Durchschnitt stammte rund ein Drittel der Wertungen von ihnen.

Im Hinblick auf die Bewertung einzelner Politiker weisen die vier Zeitungen überraschend große Gemeinsamkeiten auf. In sieben der Fälle haben sie alle entweder überwiegend positive oder überwiegend negative Wertungen über den jeweiligen Politiker veröffentlicht. Die besten Bewertungen erhielten Bundespräsident Richard v. Weizsäcker und der sowjetische Parteichef Michail Gorbatchov. Auch der innerhalb des Untersuchungszeitraums gerade inoffiziell zum Kanzlerkandidaten der SPD ernannte nordrhein-westfälische Ministerpräsident Johannes Rau und der damalige Finanzminister Stoltenberg zogen bei allen Zeitungen überwiegend positive Urteile auf sich. Eine einheitlich negative Presse hatten Innenminister Friedrich Zimmermann und - mit Einschränkungen - Franz-Josef Strauß.

Bei denjenigen Fällen, in denen sich die Tendenzen der vier Zeitungen unterschieden, handelt es sich überwiegend um Abweichungen der FAZ von den drei anderen Zeitungen: Die FAZ enthielt als einzige der vier Zeitungen über Bundeskanzler Kohl, die Minister Schwarz-Schilling, Wörner, Blüm und Bangemann sowie den SPD-Vorsitzenden Brandt mehr positive als negative Wertungen. Eine weitere Ausnahme stellen die Wertungen der AZ dar: Sie veröffentlichte als einzige mehr positive als negative Urteile über Landwirtschaftsminister Kiechle. Die SZ schließlich veröffentlichte als einzige Zeitung mehr negative als positive Wertungen über US-Präsident Reagan. Tabelle 11.1 enthält die Bewertungsprofile der 17 Politiker durch die vier Zeitungen. Aufgenommen wurden dabei nur solche Werte, die auf mindestens zehn Aussagen im Untersuchungszeitraum beruhen (Tabelle 11.1).

Tendenzen zu den Konfliktthemen

Wie in Kapitel VIII beschrieben, wurden die Tendenzen der Berichterstattung jeder Zeitung über die sechs Konfliktthemen zu Kennwerten zusammengefaßt. Der Index basiert auf den Anteilen der positiven an allen wertenden Aussagen über die einzelnen Bewertungs-Objekte eines Themas. Der Analyse liegen 2.958 wertende Aussagen in 1.521 Artikeln zugrunde. Zur Errechnung der Tendenzwerte wurden die Bewertungen der einzelnen Objekte bei jedem Thema nach inhaltlichen Gesichtspunkten zusammengefaßt. Tabelle 11.2 enthält die auf diese Weise errechneten Tendenzwerte für jede Zeitung und jedes Thema.

Mit Ausnahme des SK bewerteten alle Zeitungen die Rüstungspolitik aus der Sicht des westlichen Bündnisses eher negativ. FAZ und SZ beurteilten die Deutschlandpolitik relativ zugunsten der Bundesregierung, AZ und SK relativ zugunsten der SPD. Die Sozialpolitik der konservativen Regierung wurde von allen überwiegend negativ bewertet, am schlechtesten von der SZ. Deutliche Tendenzunterschiede zeigen die vier Zeitungen bei der Verbrechensbekämpfung: Die meisten wertenden Aussagen von FAZ und AZ befürworteten eine Verbesserung der derzeit ineffizienten Maßnahmen, während SK und SZ angesichts einer von ihnen optimistischer beurteilten Lage für mehr Bürgerrechte eintraten. Keine Tendenzunterschiede gab es bei der positiven Berichterstattung über die Gleichstellung von Mann und Frau und der negativen über die Firma Sonnenschein. Allerdings unterschieden sich die Zeitungen bei dem zuletztgenannten Thema in der Intensität, mit der sie Firma und Minister kritisierten.

Tabelle 11.1: Analyse der Vorberichterstattung: Wertende Aussagen über Politiker - Anzahl und Tendenzwerte -

	FAZ		SZ		AZ		SK	
	n	TW	n	TW	n	TW	n	TW
Kohl	319	+8	448	-8	198	-7	171	-11
Genscher	41	+9	58	+14	31	+5	17	+9
Zimmermann	74	-15	71	-19	28	-29	31	-21
Schwarz-Schilling	17	+9	34	-18	6	-33	2	-50
Kiechle	41	-4	34	-18	13	+12	14	0
Wörner	37	+7	67	-16	16	-25	28	-25
Rau	83	+14	60	+25	29	+5	25	+14
Blüm	49	+7	31	-2	21	-12	7	-50
Stoltenberg	24	+17	16	+6	17	+27	6	0
Strauß	61	-7	53	-1	28	-18	18	0
Brandt	29	+9	42	-14	9	+28	10	0
H.J. Vogel	45	-6	22	-32	9	-28	6	-17
Bangemann	33	+18	59	-8	41	-6	23	-11
Schily	7	-7	9	-28	1	+50	0	-
v. Weizsäcker	27	+32	56	+32	88	+27	55	+39
Reagan	259	+9	359	-1	139	+14	106	+11
Gorbatschow	129	+21	106	+37	37	+18	41	+28

TW: Tendenzwert, berechnet als Abweichung des Anteils der positiven wertenden Aussagen von 50 Prozent

Tabelle 11.2: Analyse der Vorberichterstattung: Wertende Aussagen zu den Konfliktthemen
- Anzahl und Tendenzwerte -

	Frankfurter Allgemeine		Süddeutsche Zeitung		Allgemeine Zeitung Mainz		Südkurier Konstanz	
	n	TW	n	TW	n	TW	n	TW
Rüstungspolitik	437	-4	749	-4	126	-6	203	+2
Deutschlandpolitik	68	+2	144	+6	50	-12	37	-12
Sozialpolitik	139	-12	243	-22	189	-13	129	-19
Verbrechens-bekämpfung	74	+12	43	-15	26	+8	27	-20
Gleichstellung von Mann und Frau	43	+36	65	+36	64	+34	29	+43
Sonnenschein	16	-19	29	-29	17	-21	11	-14

TW: Tendenzwert, berechnet als Abweichung des Anteils der positiven wertenden Aussagen von 50 Prozent.

2. Vorauswahl der Zeitung

Im Kapitel III wurde die inter- bzw. intramediäre Auswahl des Mediums als erste Stufe eines inhaltlich determinierten Auswahlprozesses beschrieben. Rezipienten haben unter bestimmten Voraussetzungen die Möglichkeit, innerhalb eines Medientyps jenen Anbieter von Informationen auszuwählen, der ihnen aufgrund der tatsächlichen oder antizipierten Inhalte die meisten Gratifikationen verspricht (Quellenselektion). Zu diesen Gratifikationen kann auch die Übereinstimmung zwischen redaktioneller Tendenz und eigener Meinung gehören. Die Möglichkeit der Wahl besteht allerdings nur dann, wenn es sich um einen Konkurrenzmarkt handelt.

Die vier für diese Untersuchung ausgewählten Zeitungen unterschieden sich hinsichtlich ihrer Marktposition. In einer mehrfachen Konkurrenzsituation befand sich nur die FAZ, für die es sowohl auf dem lokalen Markt als auch auf dem nationalen Markt mehr oder weniger vollständige Substitute gab.[1] Die SZ konkurrierte auf dem lokalen Markt mit nur einer weiteren, auflagenschwächeren Abonnementzeitung und mit zwei Straßenverkaufszeitungen. Die beiden regionalen Zeitungen hatten zum Zeitpunkt der Studie keine Konkurrenz auf den lokalen Märkten in Mainz bzw. Konstanz und waren auf dem überregionalen Markt nicht vertreten.

Mit der vorliegenden Studie kann nur ex post erklärt werden, inwieweit sich Rezipienten ihre tägliche Tageszeitung nach politisch-inhaltlichen Gesichtspunkten auswählen. Dadurch entstehen zwei mögliche Fehlerquellen. Zum einen können andere Ursachen und Motive für die Selektion einer Zeitung nicht oder nur unzureichend kontrolliert werden; zum anderen besteht die Gefahr eines Kausalirrtums, da die politischen Einstellungen der Leser zum Zeitpunkt der Befragung bereits eine Wirkung der redaktionellen Tendenz der Zeitung darstellen können. Bisher liegen noch keine Studien vor, die sich mit den Motiven für die Auswahl eines Anbieters zum Zeitpunkt der Entscheidung selbst beschäftigen.

Der Zusammenhang zwischen redaktioneller Tendenz und Lesermeinung läßt sich auf zwei methodischen Wegen prüfen. In einem ersten, *'objektiven Verfahren'* werden die redaktionellen Linien mit den politischen Einstellungen der Leser verglichen. Grundlage für die Ermittlung der redaktionellen Linien sind dabei nicht die Ergebnisse der Inhaltsanalyse der dreimonatigen Berichterstattung, sondern mehrere Inhaltsanalysen, die am Institut für Publizistik der Universität Mainz in den siebziger und achtziger Jahren durchgeführt wurden. Kepplinger (1985: S. 22ff.) hat die Ergebnisse zusammengefaßt und für die vier überregionalen Tageszeitungen auf breiter Basis deren redaktionelle Tendenzen auf dem links-rechts-Spektrum errechnet. Danach läßt sich in den Nachrichtenstilformen die redaktionelle Linie der FAZ mit einem Wert von +6 auf einer

---

[1] Allerdings nimmt die FAZ aufgrund ihrer anerkannten Wirtschaftsberichterstattung eine Sonderstellung auf dem Markt für Berufstätige in höheren Positionen der Wirtschaft ein.

empirischen Skala von -16 bis +16 als "gemäßigt rechts" bezeichnen, die der SZ mit einem Wert von -4 als "gemäßigt links".[1]" Für die beiden regionalen Zeitungen liegen nur jeweils aus Einzeluntersuchungen Ergebnisse über ihre Tendenzen vor. Sie werden daher bei dieser Analyse nicht beachtet.

Die politischen Einstellungen der Leser wurden in unserer Umfrage unter anderem mit einer Selbsteinstufung auf der links-rechts-Skala und mit der "Sonntagsfrage" ermittelt. Tabelle 11.3 enthält die auf eine Skala von 0 bis 100 umgerechneten redaktionellen Tendenzen der beiden überregionalen Tageszeitungen und die politischen Einstellungen ihrer Leser. Bei beiden Indikatoren für die politische Einstellung der Leser zeigen sich deutliche Hinweise auf eine Quellenselektion entsprechend der eigenen Meinung. Die FAZ-Leser stuften sich auf der links-rechts-Skala im Durchschnitt bei 55, die SZ-Leser bei 48 und damit in beiden Fällen auf der Seite des politischen Spektrums ein, auf dem auch ihre Zeitungen gemessen wurden. In beiden Fällen geben sich die Leser aber auch moderatere Einstellungen als sie bei ihren jeweiligen Zeitungen zu finden sind. Am deutlichsten ist mit einer Differenz von 15 Punkten die Abweichung bei der FAZ.

Ein ähnliches Bild zeigt die Parteipräferenz. So hätten im Juni 1985 die FAZ-Leser zu 71 Prozent die konservativ-liberale Koalition und nur zu 27 Prozent SPD oder Grüne gewählt. Die SZ-Leser hätten dagegen nur zu 45 Prozent den Regierungsparteien und zu 55 Prozent der Opposition ihre Stimme gegeben (Tabelle 11.3). Diese Kongruenz zwischen Lesermeinungen und redaktionellen Tendenzen ist dabei nicht ein Ausdruck des Wahlverhaltens in der jeweiligen Region. Um diesen Faktor zusätzlich zu kontrollieren, wurden die Parteipräferenzen nach der "Sonntagsfrage" mit den amtlichen Wahlergebnissen der Bundestagswahlen 1983 und 1985 verglichen. Auch wenn man diesen Vergleich heranzieht, bleibt die Verschiebung der politischen Zusammensetzung der Leserschaften in Richtung der redaktionellen Tendenz ihrer Zeitung weitgehend erhalten.[2]

Zumindest für die beiden Qualitätszeitungen, die in einer Konkurrenzsituation zu am Verlagsort erscheinenden Zeitungen des gleichen Typs stehen, läßt sich aus diesen Ergebnissen bei einem großen Teil der Leser darauf schliessen, daß sie sich ihre regelmäßige Zeitung unter anderem nach Gesichtspunkten der politischen Kongruenz auswählten. Ob die Leser bei ihrer zurückliegenden Entscheidung, die SZ bzw. die FAZ zu abonnieren oder regelmäßig zu kaufen,

---

[1] Bundestagsabgeordnete und Pressesprecher aus verschiedenen Bereichen stuften in einer Expertenbefragung von Stolz (1987: S. 65ff.) die beiden Zeitungen auf einer Sieben-Punkte-Skala von "ganz links" bis "ganz rechts" auf vergleichbaren Standorten ein (FAZ: 5,3, SZ: 3,5).

[2] So hatten z.B. in Frankfurt 1983 43 Prozent der Bürger die CDU und 40 Prozent die SPD gewählt; unter den Lesern dieser Zeitung befanden sich aber zu 55 Prozent Anhänger der CDU und nur zu 18 Prozent der SPD. In etwas abgeschwächter Form zeigt sich eine Selektivität auch bei der Leserschaft der SZ: 1983 hatten in München 44 Prozent die CSU gewählt und 39 Prozent die SPD; unter den SZ-Lesern befanden sich aber 1985 nur zu 37 Prozent Personen, die die CSU, aber zu 42 Prozent Personen, die die SPD wählen würden.

tatsächlich von diesem Motiv geleitet wurden, kann aufgrund der oben beschriebenen methodischen Probleme im nachhinein nicht mehr zweifelsfrei festgestellt werden.

Tabelle 11.3: Vorauswahl der Zeitung nach Gesichtspunkten der politischen Tendenz
- Vergleich zwischen redaktionellen Tendenzen und Leser-Meinungen bei den überregionalen Tageszeitungen -

	FAZ	SZ
Redaktionelle Tendenz auf einer Skala von 0 bis 100*	70	39
Selbsteinstufung der Leser	55	47
Differenz zur objektiven Tendenz	+15	-10
Von Lesern vermutete redaktionelle Tendenz	68	45
Differenz zur Selbsteinstufung	+13	-2
Parteipräferenz nach der Sonntagsfrage**		
CDU/CSU	55	35
SPD	18	42
FDP	16	10
Grüne	9	13

* O = "links", 100 = "rechts"; zusammengefaßte Ergebnisse aus mehreren Inhaltsanalysen (vgl. Kepplinger 1985: S. 22ff.)

** nur Wahlberechtigte mit konkreter Parteiangabe

In einem zweiten, *'subjektiven Verfahren'* wurde ermittelt, wie sehr die Leser glauben, ihre Zeitung vertrete dieselbe oder eine andere politische Linie wie sie selbst (Kongruenz, vgl. McLeod und Chaffee 1972). Mit dem gleichen Instrument, mit dem die Leser ihren eigenen politischen Standort auf dem links-rechts-Spektrum angeben sollten, wurden sie auch nach dem von ihnen vermuteten politischen Standort ihrer Zeitung gefragt.

Bei den SZ-Lesern stimmen die politische Selbsteinstufung und die politische Einordnung der Zeitung deutlich stärker überein (Abweichung: 2 Punkte) als bei den FAZ-Lesern (13 Punkte). Mit anderen Worten: die gemäßigt linken SZ-Leser (47) sehen ihre Zeitung ganz in der Nähe ihres eigenen Standorts (45), die gemäßigt konservativen FAZ-Leser (55) sehen dagegen ihre Zeitung sehr viel weiter rechts von sich selbst stehen (68).

Bei der FAZ gewinnt man den Eindruck, daß viele Leser sie zwar wegen ihrer generellen parteipolitischen Linie regelmäßig lesen, aber im Detail etwas liberaler wünschen. Für den ersten Befund spricht die hohe Übereinstimmung zwischen der redaktionellen Linie der Zeitung und den Parteipräferenzen ihrer Leser. Für den zweiten Befund spricht der hohe Anteil derjenigen, die die Zeitung politisch rechts von sich sehen (Tabelle 11.3).

Die Wahrnehmung der redaktionellen Linie einer Zeitung ist ein noch unsicherer Indikator für eine Selektion der Leser nach Gesichtspunkten von Konsonanz und Dissonanz als das zuerst beschriebene Verfahren. Sie ist das gemeinsame Produkt von Prozessen der Projektion, des Strebens nach Kongruität, der selektiven Wahrnehmung des Inhalts und der Wirkung des objektiven Inhalts. Wie eine andere Analyse des Verfassers zeigte, ist dabei die Projektion der eigenen Meinung auf die redaktionelle Tendenz bei den meisten Themen der stärkste Erklärungsfaktor (Donsbach 1990).

Diese nachweislichen Einflüsse auf die Wahrnehmung der redaktionellen Tendenzen schließen jedoch dissonanztheoretische Motive bei der Entscheidung, die jeweilige Zeitung regelmäßig zu lesen, nicht aus. Die Leser konnten durchaus - bewußt oder unbewußt - auch von dem Gedanken geleitet worden sein, täglich mit Informationen und Meinungen konfrontiert werden zu wollen, die ihrem eigenen politischen Standort entsprechen. Auch Atkin (1973: S. 227) hatte aus den wenigen und empirisch zum Teil unzulänglichen Studien zur Quellenselektion den Schluß gezogen, "...that readers and listeners are seeking information to satisfy reinforcement needs". Die mit dieser Studie möglichen Analysen bestätigen diesen Eindruck, wenngleich die Ergebnisse theoretisch nur de-facto-Selektivität anzeigen mögen.

3. Zuwendung zu Artikeln über Politiker

Auf der zweiten Selektionsebene haben die Leser Entscheidungen darüber zu treffen, welchen Artikeln in ihrer Zeitung sie sich zuwenden. Auch hierfür wird im Folgenden geprüft, welche Bedeutung Konsonanz und Dissonanz bei diesen Prozessen spielen. Grundlage für die nachfolgenden Analysen sind die potentiellen Kontakte zwischen Lesern und Artikeln, bei denen einerseits Politiker in einer werthaltigen Rolle vorkamen und andererseits die Leser eine gute oder schlechte Meinung von ihm hatten.

Kern-Befunde

Über einen Politiker, von dem die Leser eine gute Meinung hatten, lasen sie lieber etwas in der Zeitung als über einen Politiker, den sie nicht schätzten. Während bei den Anhängern 38 Prozent der Kontakte mit einem Artikel dazu führten, daß sie ihn zumindest teilweise lasen, waren es bei den Gegnern des Politikers nur 33 Prozent. Für das Lesen des ganzen Artikels betragen die entsprechenden Werte 24 und 19 Prozent. Da sich beide Kontrastgruppen ebenfalls zu 5 Punkten und damit signifikant auch darin unterscheiden, ob mindestens die Überschrift gelesen wurde, hatte eine positive oder negative Meinung über die Person, zu der Informationen angeboten wurden, auch einen Einfluß darauf, ob der entsprechende Artikel überhaupt beachtet wurde. Am seltensten wurden Artikel dann beachtet und gelesen, wenn die Rezipienten dem Politiker eher gleichgültig gegenüberstanden, d.h. im Interview äußerten, weder eine gute noch eine schlechte Meinung von ihm zu haben (Tabelle A11.1 im Anhang).[1]

Aus diesem Ergebnis läßt sich noch nicht ableiten, ob die Leser bestätigende Informationen suchten, da die Politiker, von denen sie eine gute Meinung hatten, auch in einem negativen Kontext vorkommen konnten. Für einen Test der dissonanztheoretischen Hypothesen über die selektive Zuwendung zu Informationen über Politiker wurden daher in einem nächsten Schritt alle Kontakte gegenübergestellt, bei denen Rolle und Meinung konsonant bzw. dissonant waren. Dabei blieb zunächst unberücksichtigt, ob Konsonanz und Dissonanz durch eine positive bzw. negative Information im Artikel oder eine positive bzw. negative Meinung des Lesers zustandekam.[2]

Konsonante und dissonante Konstellationen zwischen dem Informationsangebot und der Meinung des Lesers führten zwar zu keiner unterschiedlichen Beachtung der Artikel, beeinflußten aber signifikant die Menge der aufgenommenen Informationen. Der Anteil derjenigen Kontakte, bei denen mindestens die

---

[1] Einen nur geringen Einfluß auf die Zuwendung hatte die Tatsache, ob der Politiker in einer positiven oder negativen Rolle vorkam.

[2] Mehrere Studien hatten ergeben, daß der Einfluß der kognitiven Dissonanz auf die Informationsauswahl nicht linear ist, sondern U-förmig verläuft (vgl. Kapitel V). In der vorliegenden Studie war es aus meßtechnischen und praktischen Gründen jedoch nicht möglich, Lesermeinungen zu allen Themen und Politikern skaliert zu erfassen. Die nachfolgenden Analysen basieren daher auf der Abgleichung von jeweils nominalen bzw. - je nach Interpretation - ordinalen Daten. Ein Ordinalniveau läßt sich dann unterstellen, wenn man unentschiedene Leser und neutrale bzw. ambivalente Rollen des Politikers als Mittelpositionen annimmt.

Überschrift gelesen wurde, ist in beiden Fällen mit 57 bzw. 56 Prozent praktisch gleich hoch, während sich die Anteile für das Lesen von mindestens Teilen des Artikels (38 zu 34 Prozent) und des ganzen Artikels (24 zu 20 Prozent) signifikant unterscheiden. Auf relativ schwachem Niveau bestätigt dieser Befund damit die dissonanztheoretische Annahme, daß bei kongruenten Konstellationen zwischen angebotener Information und Prädisposition des Rezipienten ein stärkerer Leseanreiz besteht. Bei neutralen Konstellationen, bei denen entweder die Leser keine Meinung und/oder die Politiker in keiner eindeutigen Rolle in dem Artikel vorkamen, nahmen die Leser etwa soviel von den Artikeln wahr wie in den dissonanten Fällen.

Tabelle 11.4: **Einfluß von Konsonanz und Dissonanz**
Basis: Kontakte zwischen Lesern und Artikeln

	konsonant (n=4.978) %	**dissonant** (n=4.282) %	**neutral** (n=10.463) %
nicht gelesen	43	44	44
mindestens Überschrift gelesen	57	56	56
mindestens teilweise gelesen	38	34**	33
ganz gelesen	24	20**	19

** $p \leq 0.001$

Die Angaben über Signifikanzen beziehen sich bei dieser und allen weiteren Tabellen auf Unterschiede zwischen konsonanten und dissonanten Fällen. Prozentzahl-Paare, die keine Markierung haben, unterscheiden sich nicht signifikant voneinander.

Mills et al. (1959) hatten mit einer experimentellen Studie ermittelt, daß die Selektivität zu gunsten bestätigender Informationen bei positiven Inhalten größer ist als bei negativen. Noelle-Neumann (1973b: S. 32) wies in einer Feldstudie nach, daß Personen zwar eine Selektivität gegenüber positiven, nicht aber gegenüber negativen Informationen praktizierten. Auch experimentelle Ergebnisse zur Personenwahrnehmung weisen darauf hin, daß negative Informationen und Bewertungen eher aufgenommen werden als positive (vgl. Levy und Richter 1963, Richey et al. 1982, Briscoe et al. 1967, Carlson 1971, Kanouse und Hanson 1972, Johnson-Carter und Copeland 1989).

In einem weiteren Schritt wurden daher die Artikel-Leser-Kontakte danach unterteilt, ob die angebotenen Informationen den Politiker in einer positiven, negativen oder ambivalenten Rolle erscheinen ließen. Kam der Politiker in einem für ihn positiven Kontext vor, dann beachteten und lasen seine (konsonanten) Anhänger die Artikel deutlich häufiger als seine (dissonanten) Gegner. Im ersten Fall führten 42 Prozent, im zweiten Fall nur 34 Prozent der Kontakte dazu, daß der Artikel zumindest teilweise gelesen wurde. Die entsprechenden Werte für das Lesen des ganzen Artikels betragen 27 und 18 Prozent. Wurden dagegen für den Politiker eher ungünstige Informationen berichtet, dann unterschied sich die Artikelnutzung durch (konsonante) Gegner und (dissonante) Anhänger nicht signifikant voneinander, d.h. die Anhänger wandten sich in gleichem Maße wie die Gegner auch den Artikeln mit negativen Informationen zu. Bei ambivalenter Rolle lasen dagegen die Anhänger wiederum deutlich mehr als die Gegner (Tabelle 11.5).[1]

Ein erster zentraler Befund lautet demnach, daß sich die Leser nur dann selektiv bestätigenden Informationen über Politiker zuwenden, wenn es sich um positive Nachrichten handelt. Bei negativem Kontext haben Konsonanz bzw. Dissonanz zwischen Lesermeinung und Artikelinhalt dagegen keinen Einfluß auf die Auswahl, welchen Beiträgen man sich zuwendet. Damit werden frühere Ergebnisse über die unterschiedliche Bedeutung von positiven und negativen Informationen bestätigt. Drei mögliche Ursachen lassen sich für diesen Befund anführen. Erstens ließe sich argumentieren, daß negative Informationen einen höheren Nachrichtenwert besitzen als positive und daher auch dann aufgenommen werden, wenn sie für den betreffenden Leser dissonant sind (vgl. hierzu die Ergebnisse in Kapitel IX).

Zweitens läßt sich das Interesse an negativen Informationen mit der sogen. Überwachungs-Funktion erklären, die die Medieninhalte für die Rezipienten haben, und die sich möglicherweise gerade bei negativen Entwicklungen besonders stark zeigt (vgl. Lasswell 1948, Wright 1960). Schließlich kann dieser Befund drittens damit erklärt werden, daß nach neuesten Studien zur Validierung von Inhaltsanalysen offensichtlich Leser negative Tendenzen in Artikeln weniger gut erkennen als positive (vgl. Tullius 1990, Augustin 1990). Mit anderen Worten: Es ist möglich, daß die Leser der vier Zeitungen die negativen Aussagen über den von ihnen geschätzten Politiker gar nicht als solche wahrnahmen.

---

[1] Dies kann einerseits Ausdruck eines größeren Interesses der Anhänger sein, andererseits stehen neutrale Informationen einer positiven Rolle näher als einer negativen, da sie zumindest eine politische Aktivität der Person indizieren. Die Unterschiede sind aber geringer als bei den wertmäßig eindeutigen Konstellationen.

Tabelle 11.5: Konsonanz und Dissonanz bei positiven und negativen Informationen über Politiker
Basis: Kontakte zwischen Lesern und Artikeln

	Rolle positiv			Rolle ambivalent/ohne Rollenelemente			Rolle negativ		
	kons. (n=1.875) %	diss. (n=2.766) %	neutral (n=822) %	alle (n=8.731) %	kons. (n=3.103) %	diss. (n=1.516) %	neutral (n=883) %
nicht gelesen	37	44	47	43	46	45	50
mindestens Überschrift gelesen	63	56**	53	57	54	55	51
mindestens teilweise gelesen	42	34**	31	33	35	34	31
ganz gelesen	27	18**	17	19	22	22	18

* p ≤ 0.01
** p ≤ 0.001

Intervenierende Lesermerkmale

In den weiteren Auswertungsschritten wird geprüft, welche anderen Variablen diese Grundbeziehung der Konsonanz bzw. Dissonanz zwischen angebotenen Informationen und Lesermeinungen über einen Politiker in ihrer Wirkung auf die Artikelnutzung verstärken oder abschwächen. Dabei werden Merkmale des Lesers, der Information und der Beziehung zwischen Leser und Zeitung unterschieden. Die entsprechenden Variablen werden zunächst sukzessive eingeführt, um ihren individuellen Einfluß zu beschreiben. In einem abschließenden Schritt werden sie simultan betrachtet, um ihren konkurrierenden Einfluß zu ermessen.

Zunächst liegt die Annahme nahe, daß das Selektionsverhalten von der Zeit abhängig ist, die ein Leser täglich mit seiner Zeitung verbringt. Je geringer diese Zeit ist, desto größer ist der Zwang zur Selektion. Tatsächlich scheint das Selektionsverhalten von Anhängern und Gegnern erheblich von der *täglichen Lesedauer* beeinflußt zu werden. Dies gilt jedoch nur für negative Informationen.[1] Diejenigen, die die Zeitung in der Regel nur flüchtig lesen (weniger als 30 Minuten am Tag), wandten sich auch bei negativen Informationen häufiger den konsonanten als den dissonanten Informationen zu.[2] Abgeschwächt gilt dies auch für die Leser, die eine mittlere Zeitdauer aufwenden (30 bis 59 Minuten). Auf die Auswahl der Vielleser (mehr als eine Stunde täglich) hatten Konsonanz und Dissonanz überhaupt keinen Einfluß auf die Auswahl.

Nach den vorliegenden Ergebnissen steigt mit dem äußerlichen Selektionszwang aufgrund der Zeit auch das inhaltliche Selektionsverhalten aufgrund der eigenen Prädispositionen. Mit anderen Worten: Je flüchtiger ein Rezipient sich den Informationen zuwendet, desto größer ist die Wahrscheinlichkeit, daß er dissonante Informationen vermeidet bzw. sich konsonanten Informationen zuwendet. Umgekehrt wenden sich Vielleser unspezifisch auch solchen Artikeln zu, die ihnen dissonante Informationen offerieren. Kombiniert man diesen Befund mit dem Ergebnis, daß bei negativen Informationen die Selektivität ohnehin geringer ist, dann ließe sich überspitzt behaupten, daß mit negativen Informationen und Urteilen über einen Politiker vor allem diejenigen seiner Anhänger erreicht werden, die die Zeitung besonders intensiv lesen. Dadurch erhalten gerade die negativen Informationen eine große Wirkungschance.[3]

Auch das *politische Interesse* der Leser interagiert bei der Zuwendung zu

---

[1] Im Falle von positiven Informationen führten Konsonanz bzw. Dissonanz durchgängig bei allen Vergleichsgruppen zu deutlich unterschiedlicher Artikelnutzung.

[2] Allerdings sind die Unterschiede wegen der kleinen Fallzahlen auf dem hier angesetzten Signifikanzniveau von .001 nicht signifikant.

[3] Dieser Befund steht im Einklang mit dem Ergebnis, daß ungünstige Kameraperspektiven vor allem die Wahrnehmung eines Politikers durch dessen Anhänger negativ beeinflussen. Vgl. Kepplinger und Donsbach 1983.

Informationen mit der Rolle des Politikers und der Lesedauer. Bei starkem Selektionszwang lasen die Personen mit geringem politischen Interesse am meisten das, was ihrer Meinung entsprach. In 20 Prozent der konsonanten, aber nur in 13 Prozent der dissonanten Fälle führten die Kontakte dazu, daß ein Artikel zumindest in Teilen gelesen wurde (nicht signifikant). Bei politisch Interessierten beträgt die entsprechende Differenz dagegen nur 3 Prozentpunkte. Bei geringem Selektionszwang (Lesedauer eine Stunde und länger) kehrt sich das Verhältnis um. Die politisch Uninteressierten lasen dann sogar eher etwas häufiger auch dissonante Mitteilungen, während die politisch Interessierten sich nicht anders verhielten als unter starkem Selektionszwang. Auch hier sind die Unterschiede jedoch nicht signifikant.

Mehrere dissonanztheoretische Experimente hatten ergeben, daß sich dogmatische Personen stärker konsonanten Informationen zuwandten als tolerante Personen. Tabelle 11.6 stellt getrennt für positive und negative Informationen über die Politiker das Selektionsverhalten von Lesern mit hohem und niedrigem *Dogmatismusgrad* gegenüber. Bei positiver Rolle des Politikers wandten sich stark dogmatische Personen deutlich häufiger den für sie konsonanten als den für sie dissonanten Informationen über die Politiker zu als Personen mit niedrigem Dogmatismusgrad. Dieses Verhalten zeigt sich bereits bei der Wahrnehmung der Überschrift, die in konsonanten Fällen zu 67, in dissonanten Fällen jedoch nur zu 52 Prozent gelesen wurde. Die entsprechende Differenz beträgt bei den schwach dogmatischen Personen nur 5 Prozentpunkte und ist nicht signifikant. Ähnlich krass sind die Unterschiede zwischen beiden Lesergruppen für das Lesen von mindestens Teilen des Textes (11 bzw. 3 Punkte Differenz zwischen konsonanten und dissonanten Artikelkontakten). Lediglich darauf, ob ein Artikel vollständig gelesen wurde, hatte der Dogmatismusgrad keinen Einfluß.

Bei negativer Rolle des Politikers ergeben sich bei beiden Gruppen wiederum keine signifikanten Unterschiede in der Zuwendung zu konsonanten und dissonanten Informationen. Allerdings sprechen die Befunde in ihrer Tendenz dafür, daß die stark dogmatischen Leser von den Namen der Politiker, die sie schätzten, auch dann angezogen wurden, wenn es sich um negative Informationen handelte: In 53 Prozent der konsonanten, aber in 58 Prozent der dissonanten Kontakte wurde mindestens die Überschrift des Artikels gelesen. Vermutlich leitete ihre Fixierung auf die Namen dieser Politiker sie zunächst auch auf Artikel, die vom Inhalt her ihren Prädispositionen widersprachen. Erst auf die Motivation, zusätzliche Informationen aufzunehmen, hatte offensichtlich eine dissonante Beziehung zwischen der eigenen Meinung und dem Inhalt der Mitteilung einen Einfluß. Die auf der ersten Selektionsstufe beobachteten Unterschiede sind dort nivelliert (Tabelle 11.6).

Die experimentellen Befunde zum Einfluß des Dogmatismusgrades auf die Informationsselektion lassen sich demnach bedingt auch im Feld nachweisen. Man interpretierte diesen Befund mit dem geschlossenen Weltbild von Dogmatikern und ihrer Angst vor abweichenden Informationen (vgl. Kapitel V).

Tabelle 11.6: Konsonanz und Dissonanz bei Lesern mit unterschiedlichem Dogmatismusgrad
Basis: Kontakte zwischen Lesern und Artikeln

	Politiker in positiver Rolle						Politiker in negativer Rolle					
	Dogmatismusgrad niedrig		Dogmatismusgrad hoch				Dogmatismusgrad niedrig		Dogmatismusgrad hoch			
	kons. (n=373) %	diss. (n=795) %	kons. (n=619) %	diss. (n=637) %			kons. (n=900) %	diss. (n=294) %	kons. (n=716) %	diss. (n=525) %		
nicht gelesen	38	43	33	48			46	49	47	42		
mindestens Überschrift gelesen	62	57	67	52**			54	51	53	58		
mindestens teilweise gelesen	39	36	44	33**			36	33	37	38		
ganz gelesen	25	18*	28	20**			21	19	25	23		

* p ≤ 0.01   ** p ≤ 0.001

Überspitzt formuliert lassen sich die Dogmatiker als ein Opfer ihrer Fixierung auf die Namen derjenigen Politiker ansehen, von denen sie eine gute Meinung haben. Ihre Reaktion auf diese Schlüsselreize einer Zeitungsseite konfrontiert sie ständig mit Informationen, die ihren Einstellungen widersprechen und die ihr eher geschlossenes Kognitionensystem gerade abwehren will.

Die Persönlichkeitsstärke eines Lesers führt entgegen den Erwartungen nicht zu einer größeren Aufgeschlossenheit gegenüber dissonanten Informationen. Ebenso zeigen sich beim Einfluß von Konsonanz und Dissonanz keine geschlechts- und bildungsspezifischen Unterschiede. Dagegen lasen ältere Menschen mehr als jüngere lieber solche Artikel, die das Bild, das sie von einem Politiker hatten, bestätigten. Dies gilt jedoch nur, wenn sie täglich relativ wenig Zeit für die Zeitungslektüre aufwandten. Lasen sie dagegen ihre Zeitung intensiv - und gerade bei älteren Menschen ist dies aufgrund des größeren Zeitbudgets häufig der Fall - dann wurden sie als Folge auch mit solchen Informationen konfrontiert, die ihren Einstellungen widersprachen.

Intervenierende Informationsmerkmale

Die Leser wandten sich vor allem dann Beiträgen zu, die ihre eigene Meinung bestätigten, wenn es sich um wenig betonte, also eher kleine und nicht prominent plazierte Artikel handelte. Mit anderen Worten: Bei sehr auffälligen und/oder prominent plazierten Beiträgen lasen auch diejenigen, für die die angebotenen Informationen dissonant waren, kaum weniger als die Leser, deren Meinung durch den Artikel bestätigt wurde. Dieses Verhalten war unabhängig von der täglichen Lesezeit und damit dem äußeren Selektionsdruck. Wiederum zeigte sich jedoch ein Interaktionseffekt mit der Tendenz der Artikelinformation: Die stark betonten Beiträge mit negativen Informationen wurden von den (dissonanten) Anhängern sogar signifikant mehr beachtet und (nicht signifikant) mehr gelesen als von den (konsonanten) Gegnern. Bei weniger prominenten Artikeln zeigten sich keine signifikanten Unterschiede. Auch bei positiven Informationen über die Politiker wirkte sich der *Betonungsgrad* aus. Die stärkere Zuwendung zu konsonanten Informationen (10 Prozentpunkte Unterschied) im Falle wenig prominenter Artikel wird durch eine starke Betonung auf nur noch 5 Prozentpunkte verringert (Tabelle 11.7).

Dieser Befund läßt sich unter zwei Aspekten betrachten. Einerseits spricht er wiederum für ein starkes Motiv des Lesers, gerade bei vermeintlich wichtigen (und daher stark betonten) Meldungen auch negative Informationen über einen Politiker aufzunehmen, von dem er eine positive Meinung hat. Andererseits macht er deutlich, daß Journalisten in der Lage sind, die Barriere der selektiven Zuwendung des Lesers durch formale Betonung der Artikel auszuschalten (im Falle negativer Informationen) bzw. zu verringern (im Falle positiver Informationen). Damit sind Rückschlüsse auf die Wirkung von ungünstigen Informationen über Politiker möglich: Die Anhänger eines Politikers werden gerade dann

Tabelle 11.7: Konsonanz und Dissonanz bei unterschiedlichem Betonungsgrad der Artikel
Basis: Kontakte zwischen Lesern und Artikeln

	Positive Rolle des Politikers						Negative Rolle des Politikers					
	Betonungsgrad des Artikels						Betonungsgrad des Artikels					
	hoch			niedrig			hoch			niedrig		
	kons. (n=876) %	diss. (n=1.228) %	neutr. (n=325) %	kons. (n=999) %	diss. (n=1.538) %	neutr. (n=497) %	kons. (n=1.058) %	diss. (n=603) %	neutr. (n=345) %	kons. (n=2.045) %	diss. (n=913) %	neutr. (n=538) %
nicht gelesen	30	36	35	43	50	54	37	30	41	51	55	55
mindestens Überschrift gelesen	70	64*	65	57	50**	46	63	70*	59	50	45	45
mindestens teilweise gelesen	45	40	39	39	29**	25	38	43	36	33	29	28
ganz gelesen	27	22*	23	27	15**	14	24	25	19	21	20	17

p-Werte für Unterschiede zwischen konsonanten und dissonanten Fällen: * p ≤ 0.01   ** p ≤ 0.001

von für ihn negativen Mitteilungen erreicht, wenn es sich um einen tatsächlich oder vermeintlich wichtigen politischen Kontext handelt. Dabei liegt es in der Hand der Journalisten, den Eindruck des Lesers von der Bedeutung einer Mitteilung durch deren formale Betonung zu steuern.

Auch die *Nachrichtenfaktoren* als Indikatoren für die Ereignismerkmale können dem Leser einen Hinweis auf die Bedeutung einer Meldung liefern. Der Index der Nachrichtenfaktoren gibt Anzahl und Intensität wieder, mit denen die einzelnen Nachrichtenfaktoren in der Artikelüberschrift vorkamen. Die Nachrichtenfaktoren haben bei negativen Informationen über den Politiker einen ähnlichen Einfluß auf das Selektionsverhalten in konsonanten und dissonanten Fällen wie der Betonungsgrad. Viele und intensive Nachrichtenfaktoren führten dazu, daß auch die Anhänger eines Politikers mit den negativen Informationen konfrontiert wurden und zwar stärker als die in diesem Falle konsonanten Gegner. Wenige und schwach ausgeprägte Nachrichtenfaktoren verleiteten dagegen die konsonanten Leser etwas häufiger dazu, den Beitrag zumindest teilweise zu lesen. In beiden Fällen sind die Unterschiede jedoch nicht signifikant. Bei positiven Informationen zeigte sich nicht der Nivellierungseffekt, den der Betonungsgrad auf die selektive Zuwendung ausübte. Starke Nachrichtenfaktoren vergrößern hier sogar noch die unterschiedliche Intensität der Zuwendung in konsonanten und dissonanten Fällen (Tabelle A11.2 im Anhang). Für ungünstige Mitteilungen über einen Politiker gelten demnach auch hier die gleichen Folgerungen für die Medienwirkungen, wie sie aus dem Einfluß des Betonungsgrades gezogen wurden.

Kommentare und Leitartikel wurden deutlich stärker selektiv beachtet und gelesen als Informationsbeiträge. Dies gilt jedoch wiederum nur für positive Mitteilungen. Bei Meinungsbeiträgen beträgt in diesen Fällen der Unterschied zwischen konsonanten und dissonanten Kontakten dafür, daß der Beitrag zumindest teilweise gelesen wurde, 14 Prozentpunkte, bei Informationsstilformen 7 Prozentpunkte. Offensichtlich hatten die Leser bei Meinungsstilformen deutlichere Vermutungen, ob ihnen der betreffende Beitrag bestätigende oder widersprechende Argumente liefern würde.

Die generelle Haltung, die eine Zeitung über einen längeren Zeitraum hinweg zu einem Politiker einnahm, kann man als einen Resonanzboden für die tagesaktuellen Meldungen betrachten, in deren Kontext er vorkommt. Die Inhaltsanalyse der vier Zeitungen über einen Zeitraum von drei Monaten vor dem Copy-Test bot die Möglichkeit, den Einfluß der *langfristigen Tendenz* auf das Selektionsverhalten von Lesern in konsonanten und dissonanten Konstellationen zu testen. Für diesen Zweck wurden die zu Beginn dieses Kapitels beschriebenen Tendenzwerte als intervenierende Variablen zu Konsonanz und Dissonanz herangezogen. Lediglich bei negativer Rolle zeigt sich ein (nicht signifikanter) Effekt der generellen Haltung der Zeitung auf die Selektion. In diesen Fällen lasen die (konsonanten) Gegner des Politikers etwas häufiger die Artikel als seine (dissonanten) Anhänger, wenn die Zeitung vorher überwiegend positiv berichtet hatte. Mit anderen Worten: Leser, denen die Person durch ihre

Zeitung meistens positiv präsentiert wurde, während sie selbst dem Politiker eher kritisch gegenüberstanden, widmeten einem einzelnen Artikel, der im Gegensatz zur Zeitungstendenz stand und ihre eigene Meinung bestätigte, relativ mehr Aufmerksamkeit.

Intervenierende Merkmale der Beziehung zwischen Leser und Zeitung

Die Unverträglichkeit von Informationen und Argumenten mit der eigenen Meinung kann durch die allgemeine Beziehung eines Lesers zu seiner Zeitung abgemildert oder verstärkt werden. Um diesen Einfluß zu testen, wurde geprüft, inwieweit zwei Indikatoren für die Leser-Blatt-Beziehung die bisherigen Befunde zum Selektionsverhalten modifizieren: Die subjektive politische Distanz zwischen Leser und Zeitung und die Beurteilung der Neutralität ihrer Redakteure.

Die *politische Distanz* wurde aus der Differenz zwischen der Selbsteinstufung des Lesers auf einer links-rechts-Skala und seiner Einschätzung der redaktionellen Tendenz der Zeitung auf der gleichen Skala gebildet. Je größer der Distanzwert, desto weiter nach rechts oder links glaubt der Leser die Zeitung von seinem eigenen Standort entfernt. Die wahrgenommene politische Übereinstimmung mit der Zeitung hat einen spürbaren Einfluß auf das Leseverhalten. Bei positiven Informationen wandten sich die Leser, die subjektiv eine große Distanz zu ihrer Zeitung wahrnahmen, signifikant mehr den für sie konsonanten Artikeln zu: In 47 Prozent der Fälle führten die konsonanten und nur in 32 Prozent die dissonanten Kontakte dazu, daß die betreffenden Personen zumindest die Artikel teilweise lasen. Der Einfluß der politischen Distanz ist jedoch nicht linear, da sich nicht die Leser mit der geringsten, sondern mit einer mittlerer Distanz zu ihrer Zeitung am wenigsten selektiv verhielten. Bei negativen Informationen über den Politiker lasen dessen Anhänger, die eine hohe politische Übereinstimmung zwischen sich und ihrer Zeitung sahen, die für sie dissonanten Mitteilungen signifikant häufiger als dessen Gegner, für die es sich um eher bestätigende Informationen handelte (Tabelle 11.8).

Aus den Ergebnissen über den Einfluß von politischer Distanz und affektiver Nähe lassen sich drei Schlußfolgerungen ziehen: 1. Der Vertrauensvorschuß, den eine Zeitung bei Personen genießt, die sie politisch oder affektiv in ihrer Nähe sehen, erlaubt den Lesern offensichtlich eher die Aufnahme von Informationen, die ihnen aufgrund ihrer bestehenden Meinungen unangenehm sind. Vermutlich antizipieren die Leser in solchen Fällen, daß die negative Rolle des von ihnen geschätzten Politikers in der Meldung durch den weiteren redaktionellen Text abgemildert, konterkariert oder zumindest erklärt und damit "kognitiv erträglicher" gemacht wird.

2. Umgekehrt führt eine große, vom Leser erlebte Kluft zwischen sich und seiner Zeitung offensichtlich dazu, daß er positiven Mitteilungen über einen von ihm geschätzten Politiker besondere Aufmerksamkeit widmet.

Tabelle 11.8: Konsonanz und Dissonanz bei unterschiedlicher politischer Distanz zwischen Leser und Zeitung
Basis: Kontakte zwischen Lesern und Artikeln

Politische Distanz zur Zeitung
Politiker in positiver Rolle

	gering			mittel			groß		
	kons. (n=747) %	diss. (n=739) %	neutr. (n=344) %	kons. (n=673) %	diss. (n=870) %	neutr. (n=287) %	kons. (n=455) %	diss. (n=1.157) %	neutr. (n=191) %
nicht gelesen	39	45	48	35	43	45	36	44	47
mindestens Überschrift gelesen	61	55	52	65	57*	55	64	56*	53
mindestens teilweise gelesen	41	33*	31	40	38	32	47	32**	29
ganz gelesen	26	19*	18	22	21	17	36	16**	17

Politiker in negativer Rolle

	gering			mittel			groß		
	kons. (n=892) %	diss. (n=537) %	neutr. (n=358) %	kons. (n=1.057) %	diss. (n=504) %	neutr. (n=303) %	kons. (n=1.154) %	diss. (n=475) %	neutr. (n=222) %
nicht gelesen	50	44	47	45	45	50	44	47	53
mindestens Überschrift gelesen	50	56	53	55	55	50	56	53	47
mindestens teilweise gelesen	33	36	32	34	32	31	37	35	31
ganz gelesen	21	24	18	21	18	17	23	24	20

p-Werte für Unterschiede zwischen konsonanten und dissonanten Fällen: * p ≤ 0.01   ** p ≤ 0.001

Dieser Befund ließe sich als Folge der Seltenheit interpretieren, mit denen diese von ihrer Zeitung politisch entfremdeten Leser konsonante Informationen im Blatt finden.

3. Politische Distanz bzw. affektive Nähe sind jedoch nur beim flüchtigen und damit stark selektiven Leser ein wirksamer Faktor in den beiden beschriebenen Richtungen. Die Vielleser nehmen auch dann mehr oder weniger unterschiedslos sowohl konsonante als auch dissonante Informationen auf, wenn sie sich in großer Distanz zu ihrer Zeitung sehen.

Die Leser wurden auch nach ihrer Meinung darüber gefragt, ob sich die Redakteure ihrer Zeitung um eine neutrale Berichterstattung bemühen, oder ob sie ihre Leser eher überzeugen wollen. Die *Beurteilung der Journalisten* hat lediglich dann einen signifikanten Einfluß auf das Selektionsverhalten bei konsonanten und dissonanten Kontakten mit Artikeln, wenn es sich um positive Informationen handelt. In diesem Fall führten bei denjenigen, die den Journalisten eine Überzeugungsabsicht unterstellen, 47 Prozent der konsonanten, aber nur 33 Prozent der dissonanten Kontakte dazu, daß der betreffende Artikel zumindest teilweise gelesen wurde. Der Unterschied ist damit deutlich größer als bei den Lesern, die den Redakteuren bescheinigen, daß sie sich um Neutralität bemühen. Bei negativen Informationen verhielten sich dagegen Leser unabhängig davon, wie sie das Aufgabenverständnis der Redakteure in dieser Hinsicht einschätzten, in gleicher Weise (Tabelle A11.3 im Anhang).

Auch dieses Verhalten der Leser läßt sich plausibel interpretieren. Negative Informationen haben vermutlich eher einen objektiven Charakter mit hohem, kaum zu hinterfragendem Nachrichtenwert. Ihre Publizierung ist im Urteil der Leser keine Frage des politischen Standorts der Zeitung oder der Wirkungsabsicht ihrer Redakteure. Der Leser ist daher der Ansicht, sich solchen Informationen auch dann nicht verweigern zu können, wenn sie seiner eigenen Meinung widersprechen und er den Journalisten unterstellt, daß sie eine starke Überzeugungsabsicht haben. Anders verhält es sich vermutlich bei positiven Informationen. Ein Leser, der den Journalisten seiner Zeitung eine starke Wirkungsabsicht unterstellt, erkennt vermutlich in den positiven Mitteilungen gerade jene Überzeugungsversuche und verweigert sich folglich diesen Meldungen. Diese Annahmen lassen sich zwar empirisch nicht testen, sie stellen jedoch ein Erklärungsmodell für die genannten Befunde dar.

Konkurrierender Einfluß von Informations- und Lesermerkmalen

In einer abschließenden simultanen Analyse wird der konkurrierende Einfluß ermittelt, den einerseits Informations- und Lesermerkmale sowie andererseits Konsonanz und Dissonanz auf die Zuwendung zu Artikeln über Politiker haben. Mit diesem multivariaten Modell läßt sich prüfen, ob Konsonanz und Dissonanz auch im Zusammenspiel mit anderen, die Selektion beeinflussenden Merkmalen noch eine signifikante Rolle spielten. Die multiple Regression umfaßt daher solche Variablen, die sich in den vorangegangenen Abschnitten als jeweils starke Prädiktoren herausgestellt hatten. Die Regressionen wurden getrennt für die drei Ebenen der Artikelnutzung und für Artikel mit positiven und negativen Rollen der betreffenden Politiker gerechnet.

Tabelle 11.9 gibt den Einfluß des politischen Interesses der Leser, des Betonungsgrades, der Nachrichtenfaktoren (Index) sowie von Konsonanz/Dissonanz auf die Artikelnutzung wieder. Das allgemeine politische Interesse der Leser hat danach den stärksten Einfluß darauf, ob sie einen Artikel beachteten, teilweise oder ganz lasen. Betrachtet man zunächst die Ergebnisse für das Lesen von mindestens Teilen des Artikels, dann hatten bei positiver Rolle der Betonungsgrad, bei negativer Rolle Anzahl und Intensität der Nachrichtenfaktoren den zweitstärksten Einfluß.

Im Zusammenspiel dieser wirkungsstarken formalen und inhaltlichen Selektionsfaktoren bleiben Konsonanz und Dissonanz zwischen Artikelinhalt und Lesermeinung als ebenfalls signifikante Einflußgrößen erhalten. Dies gilt allerdings, wie die vorangegangenen Ergebnisse immer wieder deutlich machten, nur für positive Mitteilungen. Der Beta-Wert von .08 ist signifikant auf dem 99,9-Prozent-Niveau. Konsonanz bzw. Dissonanz haben damit auf die Entscheidung des Rezipienten, einen Artikel zumindest teilweise zu lesen, einen fast gleichstarken Einfluß wie die Nachrichtenfaktoren.

Auch auf die Zuwendung zur Überschrift und auf das vollständige Lesen der Beiträge haben Konsonanz bzw. Dissonanz zwischen Lesermeinung und Tendenz der angebotenen Information bei positiven Meldungen einen signifikanten Einfluß. Für das Beachten der Überschrift ist deren Einfluß im Vergleich zu den anderen Variablen geringer, für das Lesen des ganzen Artikels stärker. Im letzten Fall wirken sie sich sogar stärker aus als die Nachrichtenfaktoren und ebenso stark wie der Betonungsgrad. Mit anderen Worten: Die Rolle von Konsonanz und Dissonanz wächst mit der Quantität der Informationsaufnahme und führt als Folge dazu, daß die Anhänger eines Politikers noch mehr und die Gegner noch weniger mit positiven Informationen und Argumenten in Kontakt kommen (Tabelle 11.9).

Tabelle 11.9: Konsonanz und Dissonanz in Konkurrenz zu anderen Faktoren der Artikelnutzung
(Multiple Regressionen)
Basis: Kontakte zwischen Lesern und Artikeln

N U T Z U N G

	mindestens Überschrift gelesen		mindestens teilweise gelesen		Artikel ganz gelesen	
	Rolle des Politikers		Rolle des Politikers		Rolle des Politikers	
	posit.	negat.	posit.	negat.	posit.	negat.
	- B e t a - G e w i c h t e * -					
Politisches Interesse	.18	.19	.19	.18	.14	.14
Betonungsgrad	.16	.14	.15	.05	.10	ns
Nachrichtenfaktoren der Überschrift	.14	.19	.10	.17	.07	.11
Konsonanz/Dissonanz	**.07**	**ns**	**.08**	**ns**	**.10**	**ns**
R	.31	.33	.29	.26	.22	.18
R²	.10	.11	.08	.07	.05	.03

* sofern nicht besonders gekennzeichnet, gilt jeweils $p \leq 0.001$

4. Ansehen von Politiker-Fotos

Wie in Kapitel VIII beschrieben, erfaßte die Inhaltsanalyse der Copy-Test-Nummern für alle Bildbeiträge unter anderem die Namen der Akteure, ihre Rolle in dem abgebildeten Geschehen sowie die Art der Darstellung. In Kombination mit der Angabe der Leser, von der betreffenden Person eine gute oder eine schlechte Meinung zu haben, lassen sich auf diese Weise auch Aussagen über den Einfluß von Konsonanz und Dissonanz auf die Zuwendung zu Fotos machen.

Da die vier Zeitungen an den drei Tagen nur insgesamt zwölf Fotos mit Politikern veröffentlichten, basiert die nachfolgende Analyse auf Einzelauswertungen. Tabelle 11.10 stellt für alle zwölf Fotos die Zuwendung von jeweiligen Anhängern und Gegnern des betreffenden Politikers gegenüber. Da keiner der Politiker in einer negativen Rolle vorkam, repräsentieren diejenigen, die eine gute Meinung von ihm haben, immer die konsonanten und diejenigen, die keine gute Meinung haben, immer die dissonanten Kontakte.[1]

Zehn der zwölf Fotos hatten sich die Anhänger des Politikers häufiger angesehen oder näher betrachtet als die Gegner. So hatten beispielsweise 71 Prozent der Leser des SK, die von Wörner eine gute Meinung hatten, ein Foto überflogen oder näher betrachtet, das ihn lachend und in Uniform gemeinsam mit dem französischen Verteidigungsminister auf einem Truppenübungsplatz zeigte. Von den Lesern, die keine gute Meinung von Wörner hatten, betrachteten das gleiche Foto nur 57 Prozent.

In nur zwei der zwölf Fälle beachteten die Gegner die Fotos intensiver als die Anhänger. Beide Fotos unterscheiden sich von den übrigen dadurch, daß der Politiker - es handelte sich in beiden Fällen um Helmut Kohl - nach dem Eindruck der Kodierer darauf eher ungünstig abgebildet war. Aufgrund der geringen Fallzahlen bei dieser Einzelanalyse sind nicht alle Unterschiede signifikant. Der einheitliche Trend der Ergebnisse spricht aber dafür, daß die eigene Meinung des Lesers auch bei Pressefotos eine selektive Wirkung ausübt (Tabelle 11.10).[2]

---

[1] Die zwei Fälle, in denen der Politiker in einer ambivalenten Rolle kodiert worden war, wurden den positiven Rollen zugeschlagen.

[2] Auf eine Darstellung der entsprechenden Ergebnisse für die sieben an den drei Tagen veröffentlichten Karikaturen wird hier verzichtet. Es stellte sich als methodisch zu unsicher heraus, bei Karikaturen eine eindeutige Rolle des betreffenden Politikers zu identifizieren.

Tabelle 11.10: Nutzung von Politiker-Fotos in konsonanten und dissonanten Fällen

Zeitung	Foto-Inhalt	Umfang (qcm)	Darstellung des Politikers	Fotos überflogen oder genauer betrachtet Anhänger %	Gegner %
FAZ	Wörner bei Tischrede	80	neutral	46	36
FAZ	Genscher und schweiz. Bundesrat Auber	75	positiv	62	49*
SZ	Neuer Regierungssprecher Ost und Kohl	90	positiv	87	83
SZ	Wörner und franz. Amtskollege Hernu	70	positiv	72	57*
AZ	Reagan bei Rede vor Pressekonferenz	34	positiv	84	78
AZ	Kohl und Ost	95	*negativ*	92	97
AZ	Ehepaar Reagan und Mutter Teresa	45	positiv	80	67*
SK	Craxi und Kohl	95	positiv	71	66
SK	Wörner, Hernu und Soldaten	110	positiv	71	57*
SK	Kohl u.a. bei Trauerfeier Alois Mertes	79	*negativ*	47	73***
SK	Neuer Regierungssprecher Ost und Kohl	94	positiv	69	60
SK	Reagan am Rednerpult und Mutter Teresa	47	positiv	63	52*

* $p \leq 0.05$ ** $p \leq 0.01$ *** $p \leq 0.001$

5. Zuwendung zu Artikeln über Konfliktthemen

Grundlagen der Analyse

Zu den sechs ausgewählten Konfliktthemen Rüstungspolitik, Deutschlandpolitik, Sozialpolitik, Verbrechensbekämpfung, Gleichstellung von Frauen sowie Firma "Sonnenschein", zu denen an den Testtagen alle vier Zeitungen aktuelle Berichte veröffentlicht hatten, wurden die Leser nach ihrer Meinung befragt und die Artikel danach kodiert, ob sie eine Information oder ein Argument enthielten, das für oder gegen eine der beiden Meinungsfraktionen sprach. Auf den Grundlagen dieser Angaben und den potentiellen Kontakten zwischen einzelnen Lesern und einzelnen Artikeln wird im folgenden Kapitel untersucht, wie sich Konsonanz und Dissonanz auf die Zuwendung zu Beiträgen über Konfliktthemen auswirken. Von den ursprünglich sechs Themen wurden in einem ersten Schritt zunächst zwei zusammengefaßt. Alle Artikel zur Gleichstellung der Frauen behandelten den sozialpolitischen Aspekt des Anspruchs von Frauen bei der Hinterbliebenenrente. Diese Beiträge wurden daher unter das Thema Sozialpolitik rubriziert und die Meinung der Leser zum Thema Gleichstellung in der weiteren Analyse nicht mehr berücksichtigt.[1]

Kern-Befunde

Die Tabellen A11.4 bis A11.8 im Anhang geben für jedes der verbleibenden fünf Themen die Artikelnutzung durch Leser wieder, die sich in einer konsonanten oder dissonanten Beziehung zum Inhalt der angebotenen Information befanden. Da sich bei den Artikeln über Politiker gezeigt hatte, daß die tägliche Lesedauer mit Konsonanz und Dissonanz interagiert, wird diese Variable kontrolliert. Diese themenspezifische Analyse zeigt ein sehr unterschiedliches Bild: Bei drei Themen entsprechen die Befunde zumindest bei einer der drei Lesergruppen oder einer der drei Ausprägungen der Artikelnutzung den dissonanztheoretischen Annahmen; bei zwei Themen widersprechen die Befunde nach den gleichen Kriterien diesen Erwartungen.

Beim Thema Rüstungspolitik hatten Leser mit einer mittleren Lesedauer von 30 bis 59 Minuten pro Tag signifikant häufiger die Artikel teilweise oder ganz gelesen, wenn es sich um konsonante Kontakte handelte, als wenn die Informationen ihrer eigenen Meinung widersprachen (Tabelle A11.4 im An-

---

[1] Für die inhaltliche Verbindung zwischen der Lesermeinung und den dazu relevanten Artikeln wurden mehrere Analysemodelle angewandt. Sie unterschieden sich darin, wie weit oder wie nah die Themen der Artikel an den erfaßten Lesermeinungen lagen. So wurden beispielsweise in einem Modell Artikel über allgemeine Rüstungsfragen eingeschlossen, in einem anderen Modell nur solche, die sich direkt auf das Thema Pershing-Stationierung bezogen. Die abschließenden Analysen wurden dann mit denjenigen Artikeln durchgeführt, die in einem relativ nahen Bezug zur Lesermeinung standen.

hang). Beim Thema SPD-SED-Verhandlungen zeigt sich der gleiche Effekt bei den Viellesern (eine Stunde und mehr pro Tag) für das Lesen des ganzen Artikels (Tabelle A11.5 im Anhang). Am deutlichsten diskriminieren Konsonanz bzw. Dissonanz beim Thema Sonnenschein. Hier ergaben sich signifikante Unterschiede zwischen konsonanten und dissonanten Fällen bei den flüchtigen Lesern (unter einer Stunde) für das Lesen des ganzen Artikels, bei der Gruppe mit mittlerer Lesedauer auf allen drei Nutzungsstufen und bei den Viellesern für das Lesen von mindestens der Überschrift sowie des ganzen Artikels (Tabelle A11.8 im Anhang).

Signifikante Zusammenhänge *entgegen* den dissonanztheoretischen Erwartungen zeigten sich beim Thema Sozialpolitik sowohl bei den flüchtigen Lesern (mindestens Überschrift gelesen) als auch bei den Viellesern (mindestens teilweise und ganz gelesen). In diesen Fällen hatten Leser, für die die angebotenen Informationen der eigenen Meinung widersprachen, sich den Artikeln intensiver zugewandt als die Leser in Konsonanz (Tabelle A11.6 im Anhang). Das gleiche gilt beim Thema Verbrechensbekämpfung für die Leser mit mittlerer Lesedauer pro Tag (Tabelle A11.7 im Anhang).

Für diese heterogenen Befunde kann es mehrere Erklärungen geben. Es ist erstens möglich, daß Konsonanz bzw. Dissonanz bei den verschiedenen Themen eine unterschiedlich starke Rolle spielen. Bei geringer Bedeutung können sie in diesem Fall leicht durch andere Selektionsfaktoren überspielt werden. Es ist zweitens möglich, daß bei einzelnen Themen überhaupt keine konsonanten bzw. dissonanten Beziehungen vorhanden waren, weil die angebotenen Informationen zu den gemessenen Einstellungen der Leser in keiner relevanten Beziehung standen.

Es ist drittens möglich, daß Konsonanz bzw. Dissonanz bei einzelnen Themen falsch identifiziert wurden. Wir trafen die Zuordnung von Informationstendenzen zu Meinungsfraktionen in der Datenanalyse durch Wertentscheidung auf der Grundlage von Plausibilitätsannahmen. Diese Entscheidungen konnten auf falschen Annahmen beruht haben. Bei den Konfliktthemen treten somit die Validitätsprobleme der Operationalisierung von Konsonanz bzw. Dissonanz durch Entscheidungen der Forscher von außen deutlich zutage. Auf dieses Problem hatten bereits Chapanis und Chapanis (1964) im Zusammenhang mit der dissonanztheoretischen Laborforschung hingewiesen. Es wirkt sich aber in einer Feldstudie mit mehr oder weniger zufälligen Themen noch krasser aus.

Betrachtet man die hier verwendeten Konfliktthemen vor dem Hintergrund dieser Fehlermöglichkeiten, dann erscheint es bei zwei Themen besonders fraglich, ob die Operationalisierung gelungen ist. Beim *Thema Sozialpolitik* wurde in der Analyse dann eine dissonante Beziehung definiert, wenn entweder der Artikel eine von der Regierung beschlossene Sozialleistung verkündete und der Leser der Ansicht war, die Sozialleistungen der Regierung seien nicht ausreichend, oder wenn der Artikel die Kürzung einer Sozialleistung publizierte und der Leser der Meinung war, die Bundesregierung tue in dieser Hinsicht genug. In beiden Fällen ist fraglich, ob die dissonanten Fälle richtig identifiziert wurden. Wenn ein Leser der Meinung war, die Regierung habe bisher zu wenig getan, dann kann er eine entsprechende Entscheidung (Erhöhung des Wohngeldes) auch als eine Bestätigung der Versäumnisse in der Vergangenheit ansehen. Der Kontakt wäre dann konsonant statt dissonant. Darüber hinaus ist ein Beschluß von zusätzlichen Sozialleistungen für einen großen Teil der Leser vermutlich ein so bedeutsames Ereignis, daß sie die Information nicht aus Gründen ihrer eigenen Prädispositionen verweigern. Bei dem Thema sind demnach Fehler der ersten und der dritten Kategorie (siehe oben) möglich.

Beim *Thema Verbrechensbekämpfung* handelte es sich ausschließlich um Beiträge über den von der Bundesregierung veröffentlichten Kriminalbericht. In diesem Fall ist zweifelhaft, ob die im Fragebogen gemessenen Einstellungen zur Vorgehensweise bei der Verbrechensbekämpfung (mehr oder weniger Möglichkeiten für die Verfolgungsbehörden) überhaupt in einer relevanten kognitiven Beziehung zum Thema der Artikel standen und somit konsonante oder dissonante Zustände auslösen konnten (Fehler der zweiten Kategorie). Bereits bei der Kodierung hatten sich hier Probleme ergeben, die Tendenzen der Artikel im Hinblick auf die Meinungsdimensionen zu bewerten. Dies führte auch dazu, daß nur wenige Artikel mit einer Tendenz in der Analyse verblieben.

Demgegenüber scheinen die drei übrigen Themen von diesen Fehlermöglichkeiten relativ frei zu sein. Die *Stationierung der Pershing-Raketen*, die *SPD-Verhandlungen mit der SED* über eine chemiewaffenfreie Zone in Europa und der Konflikt um die *Firma Sonnenschein* zeichnen sich gemeinsam vor allem durch zwei Eigenschaften aus. Sie waren erstens bereits relativ lange thematisiert, so daß die Leser mit hoher Wahrscheinlichkeit eine Einstellung entwickelt hatten, die durch die tagesaktuellen Informationen aktiviert werden konnte. Die Grenzen zwischen den Meinungsfraktionen verliefen zweitens relativ deutlich entlang parteipolitischer Grenzen, so daß die angebotenen Informationen vom Leser auch als konsonant oder dissonant erkannt und zugeordnet werden konnten (clear-cut-issues).

Wie die vorangegangenen Ergebnisse zeigen, scheinen die dissonanztheoretischen Annahmen gerade bei den beiden Themen widerlegt zu werden, bei denen sich auch die Operationalisierungsprobleme stellen. Die Evaluation der Themen im Hinblick auf die Validität der Kausalnachweise läßt sich zwar nicht empirisch rechtfertigen, sie scheint aber plausibel genug, um die Ergebnisse noch einmal unter diesem Gesichtspunkt zu betrachten. Signifikante Befunde entgegen den dissonanztheoretischen Annahmen ergeben sich dann für *keines* der drei in der Analyse verbliebenen Themen Pershing-Stationierung, SPD-SED-Verhandlungen und Sonnenschein. Vor allem Artikel über die Batteriefabrik im Besitz der Familie von Minister Schwarz-Schilling wurden durch Leser in Konsonanz bzw. Dissonanz deutlich unterschiedlich beachtet.

Faßt man diese drei Konfliktthemen zusammen, dann zeigen sich signifikante Effekte von Konsonanz und Dissonanz bei den Lesern, die eine mittlere Zeitdauer pro Tag für die Zeitung aufwenden. Bei ihnen führten 46 Prozent der konsonanten, aber nur 38 Prozent der dissonanten Kontakte dazu, daß der jewei-

Tabelle 11.11: Konsonanz und Dissonanz bei parteipolitisch strukturierten Themen
(Stationierung der Pershing-Raketen, Deutschlandpolitik, Konflikt um die Firma Sonnenschein)
Kontrollvariable: tägliche Lesedauer werktags
Basis: Kontakte zwischen Lesern und Artikeln

tägliche Lesedauer werktags

	bis 29 Minuten		30 - 59 Minuten		60 Minuten und mehr	
	konsonant (n=411) %	dissonant (n=312) %	konsonant (n=1.468) %	dissonant (n=1.207) %	konsonant (n=1.509) %	dissonant (n=1.283) %
nicht gelesen	41	41	38	42	28	28
mindestens Überschrift gelesen	59	59	62	58	72	72
mindestens teilweise gelesen	39	39	46	38**	59	58
ganz gelesen	22	20	30	22**	45	40*

* p ≤ 0.01   ** p ≤ 0.001

lige Artikel zumindest teilweise gelesen wurde. Für das Lesen des ganzen Artikels betragen die entsprechenden Werte 30 und 22 Prozent. Bei den Viellesern und bei den flüchtigen Lesern ergeben sich schwächere Effekte in der gleichen Richtung, die jedoch nicht signifikant sind (Tabelle 11.11). Insgesamt scheint jedoch die kognitive Beziehung zwischen Leser und Information im Falle von Konfliktthemen bei der Selektion eine geringere Rolle zu spielen als im Falle von Beiträgen über Politiker.

Festigkeit der eigenen Meinung

Die psychologische Laborforschung hatte ergeben, daß die Festigkeit der eigenen Meinung eine wichtige intervenierende Variable für die Selektion von bestätigenden oder widersprechenden Informationen ist (vgl. Kapitel V). Personen, die von der Richtigkeit ihrer eigenen Meinung überzeugt waren, wandten sich häufiger auch Informationen zu, die ihrer eigenen Meinung widersprachen. In der Literatur wurde dieses Verhalten damit erklärt, daß die Überzeugungsstärke das eigene Kognitionssystem weniger angreifbar macht, indem der Wert solcher Informationen heruntergespielt oder ihre Glaubwürdigkeit in Frage gestellt wird. Die Ergebnisse dieser Feldstudie bestätigen die Laborforschung *nicht*.
Wie Tabelle A11.9 im Anhang deutlich macht, wandten sich gerade diejenigen Personen, die angaben, eine feste Meinung zu den drei Themen Pershing-Stationierung, SPD-SED-Verhandlungen und Sonnenschein zu haben, stärker bestätigenden Informationen zu als Personen, die sich ihrer Ansicht weniger sicher waren. Im ersten Fall führten konsonante Kontakte schwach signifikant ($p \leq 0,01$) häufiger dazu, daß die Artikel zumindest teilweise gelesen wurden, und deutlich signifikant ($p \leq 0,001$), daß sie ganz gelesen wurden. Im zweiten Fall zeigten sich auf keiner Ebene signifikante Unterschiede zwischen konsonanten und dissonanten Artikel-Leser-Kontakten.[1]
Der Einfluß der Sicherheit, mit der die Meinung bei den Befragten verankert ist, zeigt sich in der Einzelanalyse bei allen drei Konfliktthemen. Die bereits vorher beobachtete besonders krasse Selektivität gegenüber den Beiträgen zum Thema Sonnenschein ist bei Lesern mit fester Meinung noch deutlicher ausgeprägt. Drei Viertel der Kontakte führten in diesem Fall dazu, daß die Befragten den betreffenden Beitrag mindestens teilweise lasen, immerhin noch 57 Prozent dazu, daß sie ihn ganz lasen. Bei dissonanten Kontakten liegen die entsprechenden Werte mit 62 Prozent bzw. 40 Prozent deutlich und signifikant darunter. Personen mit wenig gefestigter Meinung verhielten sich zwar bei diesem Thema ebenfalls selektiv, die Unterschiede zwischen konsonanten und

---

[1] Dieser Befund ist weitgehend unabhängig von der Zeit, die ein Leser täglich mit seiner Zeitung zubringt. Lediglich bei Personen, die weniger als eine halbe Stunde pro Tag Zeitung lesen, führte die Sicherheit der eigenen Meinung nicht zu einem deutlich selektiveren Leseverhalten.

dissonanten Kontakten sind jedoch bei ihnen deutlich geringer.

Kongruenz zwischen Leser und Zeitung

Neben ihrer eigenen Meinung hatten die Leser im Interview auch angegeben, welche Linie ihrer Ansicht nach ihre Tageszeitung zu den Themen vertritt. Damit konnte spezifisch für jedes Thema ermittelt werden, ob sich ein Leser eher in Kongruenz oder in Inkongruenz zu seiner Zeitung empfand. Mit dieser Variable kann das politische Leser-Blatt-Verhältnis themenspezisch und damit präziser beschrieben werden als dies bei den Artikeln über Politiker der Fall war. Bereits dort hatte sich gezeigt, daß die allgemeine politische Distanz zwischen Leser und Zeitung stark mit dem Einfluß von Konsonanz und Dissonanz interagierte.

In Tabelle 11.12 wird die Artikelnutzung in konsonanten und dissonanten Fällen getrennt für Kontakte mit Themen ausgewiesen, bei denen sich die Leser jeweils in Kongruenz bzw. in Inkongruenz zu ihrer Zeitung sahen. Die Artikelnutzung wird danach auch bei Konfliktthemen erheblich von der subjektiven Überzeugung der Leser beeinflußt, mit ihrer Zeitung übereinzustimmen. Im Falle von Kongruenz waren die Leser sogar eher bereit, Artikel mit dissonanten als mit konsonanten Informationen zu lesen. Im Falle von Inkongruenz praktizierten sie dagegen eine extreme Selektivität zugunsten ihrer eigenen Meinung: Konsonante Beiträge wurden in 66 Prozent, dissonante dagegen nur in 49 Prozent der Kontakte mindestens teilweise gelesen. Noch krasser sind die Unterschiede mit 48 zu 32 Prozent für das Lesen des ganzen Artikels (Tabelle 11.12). Dieses Verhalten ist unbeeinflußt von der täglichen Lesedauer und gilt für alle drei in der Analyse verbliebenen Konfliktthemen.

Kongruenz bzw. Inkongruenz haben vermutlich einen Einfluß darauf, welche Artikelinhalte die Leser bei einem Thema antizipieren. Leser, die glauben, daß ihre Zeitung in einem politischen Konflikt eine Gegenposition zu ihrem eigenen Standpunkt einnimmt, erwarten mit größerer Wahrscheinlichkeit dissonante Inhalte in einem Artikel über das Thema als Leser, die sich mit der Zeitung in Übereinstimmung sehen. Umgekehrt können diese wiederum mit einem gewissen Vertrauensvorschuß auch bei dissonanten Meldungen erwarten, daß die Zeitung die entsprechenden Sachverhalte, Ereignisse oder Äußerungen abmildert, einordnet oder zumindest erklärlich macht. Mit anderen Worten: Der Schutzschild der selektiven Zuwendung ist dann besonders wirksam, wenn zu der bereits vorhandenen eigenen Einstellung als weitere Prädisposition des Leser die Vermutung hinzutritt, daß seine Zeitung die entgegengesetzte Auffassung vertritt.

Tabelle 11.12: Konsonanz und Dissonanz bei unterschiedlicher Kongruenz zwischen Leser und Zeitung
- Beiträge über die Stationierung der Pershing-Raketen, Deutschlandpolitik SPD und die Firma Sonnenschein -
Basis: Kontakte zwischen Lesern und Artikeln

	Kongruenz		Inkongruenz	
	kons. (n=1.252) %	diss. (n=684) %	kons. (n=1.070) %	diss. (n=1.332) %
nicht gelesen	35	24	17	35
mindestens Überschrift gelesen	65	76**	83	65**
mindestens teilweise gelesen	51	57*	66	49**
ganz gelesen	36	37	48	32**

* $p \leq 0.01$ ** $p \leq 0.001$

Konsonanz und Dissonanz bei verschiedenen Leser-Themen-Beziehungen

In Kapitel X wurde der Einfluß beschrieben, den die jeweilige subjektive Beziehung eines Lesers zu einem Konfliktthema auf die Zuwendung zu Artikeln über diese Themen ausübt. Dabei hatte sich gezeigt, daß mehrere Beziehungen, die die Leser zu einem Konfliktthema haben, die Zuwendung zu Artikeln zum Teil erheblich steuern. Als besonders einflußreich hatten sich zum Beispiel die Nützlichkeit der Informationen für die personale Kommunikation und die Entschiedenheit der eigenen Meinung herausgestellt. Im Folgenden geht es nun um die Interaktion zwischen diesen Leser-Themen-Beziehungen einerseits und der Konsonanz bzw. Dissonanz der angebotenen Informationen andererseits.

Diese Interaktion läßt sich auf zwei verschiedenen Wegen ermitteln. In einem ersten Schritt wird das Leseverhalten bei konsonanten und dissonanten Kontakten jeweils für diejenigen Leser verglichen, für die die jeweilige Themen-Beziehung zutrifft bzw. nicht zutrifft. Als Kriterium wurde dabei gewählt, ob ein Leser den betreffenden Artikel mindestens teilweise gelesen hat. Aus den Verteilungen läßt sich ablesen, ob bei bestimmten Beziehungen Konsonanz bzw.

Dissonanz eine größere, geringere oder gar keine Rolle spielen. In einem zweiten Schritt wird simultan der Einfluß aller Variablen der Leser-Themen-Beziehungen einschließlich der kognitiven Dissonanz bzw. Konsonanz auf das Leseverhalten geprüft, um die Stärke der konkurrierenden Einflußfaktoren zu ermitteln. Grundlage für die nachfolgenden Analysen sind wiederum nur die drei Themen Pershing-Stationierung, SPD-SED-Verhandlungen und Sonnenschein (siehe oben).

Für die Mehrzahl der Leser-Themen-Beziehungen ergeben sich signifikante Unterschiede in der Zuwendung zu den Artikeln zwischen Lesern in Konsonanz und in Dissonanz. In allen Fällen führten konsonante Kontakte dazu, daß von den Beiträgen mehr gelesen wurde. Für die Variablen des Faktors Relevanz bedeutet dies, daß Leser dann, wenn sie das Thema für wichtig hielten und wenn sie sich häufig darüber unterhielten, stärker nach ihrer eigenen Meinung selektierten. Die Ergebnisse für die persönliche Betroffenheit und den Wunsch, sich in der Zukunft über das Thema zu unterhalten, gehen in die gleiche Richtung, sind aber nicht signifikant. In allen vier Fällen zeigen sich demgegenüber keine signifikanten Unterschiede zwischen konsonanten und dissonanten Konstellationen, wenn die entsprechenden Leser-Themen-Beziehungen nicht gegeben waren.

Für die Variablen des Faktors Entschiedenheit ergeben sich in drei der fünf Fälle signifikante Unterschiede. Leser, die der Ansicht waren, zu dem Thema könne es nur eine richtige oder gute Meinung geben, die eine feste Überzeugung hatten und die das Thema für eindeutig parteipolitisch besetzt hielten, lasen ebenfalls dann mehr, wenn die angebotenen Informationen mit ihrer eigenen Meinung übereinstimmten. Eine Abneigung gegenüber dem Thema ("das ärgert mich, das regt mich auf") und die Überzeugung, das Meinungsklima auf seiner Seite zu haben, führten zu ähnlichen, aber nicht signifikanten Unterschieden. Schließlich selektierten auch Leser, die aus Presse oder Fernsehen von dem Thema bereits früher etwas erfahren hatten, sowie diejenigen, für die das Thema nicht schwierig war, aber für die es sich um ein unangenehmes Thema handelte, stärker entsprechend ihrer eigenen Meinung als die jeweilige Vergleichsgruppe (Tabelle 11.13.).

Dies führt zu der Frage, ob es ein gemeinsames Merkmal aller Leser-Themen-Variablen gibt, bei denen sich signifikante Unterschiede zwischen dem Leseverhalten bei konsonanten und dissonanten Konstellationen zeigten. Die Einschätzung der Bedeutung des Themas, seine Rolle im persönlichen Gespräch sowie ein klarer und gefestigter Standpunkt in dem Konflikt fügen sich zu einem Bild zusammen, das sich als verstärkte *Ich-Beteiligung* kennzeichnen läßt. Man könnte aus den Befunden mit anderen Worten den Schluß ziehen, daß eine dissonanztheoretisch begründbare Selektivität gegenüber aktuellen Informationen vor allem dann wirksam wird, wenn das Thema beim Leser subjektiv relevante Prädispositionen anspricht und aktiviert.

Tabelle 11.13: Konsonanz und Dissonanz bei verschiedenen Leser-Themen-Beziehungen:
Beiträge über die Stationierung der Pershing-Raketen, Deutschlandpolitik und die Firma Sonnenschein
Kriterium: Artikel mindestens teilweise gelesen
Basis: Kontakte zwischen Leser und Artikel

	genannt		nicht genannt	
	konsonant %	dissonant %	konsonant %	dissonant %
F I RELEVANZ				
Eines der wichtigsten Themen überhaupt	50	44*	51	49
Darüber unterhalte ich mich oft mit anderen	58	52*	48	46
Betrifft mich ganz persönlich	51	46	50	48
Darüber würde ich mich gerne unterhalten	53	48	50	47
F II ENTSCHIEDENHEIT				
Das regt mich auf, ärgert mich	57	52	48	45
Darüber kann man verschiedener Meinung sein	44	44	55	50**
Dazu habe ich eine ganz feste Meinung	57	52*	42	41
Das Thema schadet der Regierung Kohl	57	52*	46	44
Da denken die meisten so wie ich	57	52	48	45
F III INFORMATION				
Darüber habe ich in letzter Zeit etwas gelesen	55	50*	43	41
Darüber habe ich in den letzten Tagen etwas im Fernsehen gesehen	57	51**	46	44
F IV AVERSION				
Ein schwieriges, anstrengendes Thema	44	42	56	51*
Ein unangenehmes Thema	53	44**	50	49

* p ≤ 0.01   ** p ≤ 0.001

Die Ich-Beteiligung gehört andererseits auch zu den Randbedingungen der Dissonanz-Theorie. Sie ist nach Ansicht einiger Autoren häufig in den Laborexperimenten vernachlässigt worden, wodurch sich möglicherweise einige widersprüchliche Ergebnisse dieser Studien erklären lassen (vgl. z.B. Hardyck 1966). Umgekehrt konnten mehrere andere Studien unter der Voraussetzung der Ich-Beteiligung eine besonders starke Selektivität zugunsten der eigenen Meinung nachweisen (vgl. McNeil 1968, Mortenson und Sereno 1970, Rothschild und Ray 1973). Damit wird das weiter oben beschriebene Ergebnis über den Einfluß, den eine feste Meinung auf die Zuwendung zu dissonanten Informationen hat, relativiert. Betrachtet man die Festigkeit der eigenen Meinung als einen Indikator für die Ich-Beteiligung der Person am Thema, dann sind die Befunde dieser Studie durchaus konsistent mit der dissonanztheoretischen Laborforschung.

Eine multiple Regression mit allen Leser-Themen-Variablen sowie Konsonanz und Dissonanz als unabhängigen Variablen und der Artikelnutzung als abhängiger Variable macht deutlich, daß die politischen Prädispositionen der Leser auch im Konzert aller übrigen Faktoren noch als signifikante Wirkungsgröße erhalten bleiben. Wie sich bereits beim Selektionsverhalten gegenüber Artikeln über Politiker zeigte, steigt der Einfluß von Konsonanz und Dissonanz mit den verschiedenen Selektionsstufen an. Die eigene Meinung wirkte sich am stärksten darauf aus, ob ein Artikel bis zu Ende gelesen wurde. Konsonanz und Dissonanz sind also als Selektionsfaktoren um so wichtiger, je umfangreicher die Informationen sind, um deren Aufnahme es geht (Tabelle A11.10 im Anhang).

Als Fazit kann man festhalten, daß Konsonanz und Dissonanz immer dann eine Rolle bei der Zuwendung zu Informationen über Konfliktthemen spielen, wenn der Leser erkennt, daß die Artikel für ihn relevante Themen betreffen. In diesen Fällen tendiert er dazu, sich bestätigenden Informationen mehr und seiner Meinung widersprechenden Informationen weniger zuzuwenden. Umgekehrt bedeutet dies, daß Leser, die zwar eine Meinung zu einem Thema haben, aber für die der Sachverhalt - sowohl innerhalb ihres Einstellungsgefüges als auch in ihren Beziehungen zur sozialen Außenwelt - von geringerer subjektiver Bedeutung ist, sich relativ wenig selektiv verhalten. Mit anderen Worten: Je relevanter ein Thema für ein Individuum ist und je mehr es sich engagiert, desto weniger kann es durch Argumente der Gegenseite erreicht und dadurch beeinflußt werden und umgekehrt.

6. Selektive Wahrnehmung von Informationen in Artikeln

Grundlagen der Analyse

Die bisher betrachteten Selektionsprozesse betrafen die Zuwendung zu Artikeln oder Bildern in der Zeitung. Haben sich Leser einmal einem Artikel zugewandt, dann können sie darin eine noch differenziertere Auswahl treffen, indem sie bestimmte Teile davon aufnehmen oder verweigern. Jeder Beitrag besteht in der Regel aus einer Vielzahl von einzelnen Informationen, Argumenten und Zitaten, die häufig einen Sachverhalt von verschiedenen Seiten beleuchten. So kann beispielsweise ein Artikel über einen sozialpolitischen Beschluß der Bundesregierung die Erläuterungen durch den zuständigen Minister, eine Kritik der Opposition und Stellungnahmen von Interessenverbänden enthalten. Ein Leser, der sich entschieden hat, den betreffenden Beitrag zumindest anzulesen, hat die Möglichkeit, sich auch gegenüber diesen kleineren Text- bzw. Sinneinheiten selektiv entsprechend seiner eigenen Meinung zu verhalten.

Auch hierzu kann die vorliegende Studie nur Aussagen auf der Grundlage der Erinnerung der befragten Leser machen. Inwiefern einzelne Informationen während des Lesevorgangs tatsächlich aufgenommen oder übersprungen wurden, kann im nachhinein nicht mit Gewißheit ermittelt werden. Bisher liegen auch in der Laborforschung kaum Studien vor, die das Problem auf befriedigende Weise gelöst hätten.[1]

Wie in Kapitel VIII dargestellt, erfaßte der Copy-Test bei jeweils einem Artikel pro Nummer, welche Teile die Leser, die sich an den Artikel erinnerten, darin gelesen hatten. Die Messung erfolgte durch eine Markierung der Leser im Originaltext. Bei allen vier Zeitungen waren an jedem Erscheinungstag hierfür Artikel zu den gleichen Themen ausgewählt worden (Gerichtsurteil mit der Aussage zur Verfassungswidrigkeit der Pershing-Stationierung, Wohngelderhöhung und Neuregelung der Hinterbliebenenrente). Jeder Artikel wurde später nach inhaltlichen Gesichtspunkten in einzelne, abgegrenzte Informationseinheiten unterteilt. Dabei spielte es vor allem eine Rolle, ob eine Informationseinheit für oder gegen einen der Standpunkte in dem jeweiligen Konflikt sprach. Die Nutzung dieser Einheiten wurde auf der Grundlage der Markierungen anschließend in den Datensatz der Leser nachgetragen. Die Ergebnisse konnten bei diesem Teil der Studie nur jeweils für einzelne Artikel ausgewertet werden. Eine Zusammenfassung wie bei den Kontakten mit ganzen Artikeln war aus methodischen Gründen nicht möglich.

---

[1] Augenbewegungs- oder Videokameras-Kameras wurden bisher fast ausschließlich für die Zuwendung zu Anzeigen eingesetzt. Die sogen. "signaled stopping-Technik" führte demgegenüber zu keinen validen Ergebnissen über die Informationsaufnahme bei Texten (vgl. Kapitel VI).

Befunde

Die Ergebnisse lassen keine deutlichen Prozesse der selektiven Zuwendung zu Informationseinheiten innerhalb der Artikel erkennen. Zwar zeigen sich mitunter stark disproportionale Leserverluste zwischen den einzelnen Meinungsfraktionen, diese Unterschiede können aber nicht bzw. nicht durchgängig auf die Beziehung zwischen der Lesermeinung und der jeweiligen Tendenz der angebotenen Information zurückgeführt werden. Die wenigen Befunde, die die dissonanztheoretischen Annahmen zu bestätigen scheinen, werden durch andere Befunde konterkariert, die das Gegenteil anzeigen. Am Beispiel eines Artikels in der SZ vom 21. Juni 1985 über die Erhöhung des Wohngeldes läßt sich dieser Befund verdeutlichen. Der Beitrag enthielt abwechselnd Stellungnahmen von Politikern der Regierung und der Opposition und bot somit theoretisch gute Voraussetzungen für ein selektives Verhalten der Leser.

Nach dem Lead, der die wichtigsten Aspekte der Beschlüsse zusammenfaßte, folgte eine Stellungnahme von SPD und GRÜNEN, die dem Gesetz zwar zustimmten, es aber als unzureichend und zu spät kritisierten. Die Schlüsselreize der beiden Parteibezeichnungen "SPD" und "Grüne" führten aber offensichtlich nicht dazu, daß die Informationseinheit stärker von Anhängern dieser beiden Parteien genutzt wurde als von den Anhängern der Regierungskoalition. Nach dem Lead fiel die Nutzung relativ einheitlich bei allen Vergleichsgruppen ab. Die nachfolgende Informationseinheit enthielt eine umgekehrte Konstellation, da in ihr der CSU-Politiker Faltlhauser mit einer zustimmenden Kommentierung zu Wort kam. In diesem Fall blieb die Leserschaft der CDU/CSU-Wähler im Übergang praktisch stabil, während der Artikel 10 Prozentpunkte unter den SPD-Anhänger verlor. Noch einmal folgte in der letzten Informationseinheit des Artikels die Wiedergabe einer Stellungnahme von SPD und Grünen. Hier waren Leserverluste bei den CDU/CSU-Wählern stärker als bei den SPD-Wählern, während bei den Wählern der Grünen sogar wieder neue Leser dazukamen (Tabelle 11.14).[1]

Bei einem weiteren Artikel der SZ am darauffolgenden Tag zum Thema "Hinterbliebenenrente" wurde das Leseverhalten von Personen verglichen, die von Minister Blüm eine gute bzw. keine gute Meinung haben. Blüm wurde mehrfach an verschiedenen Stellen des Artikels zitiert oder referiert. Auch hier bestätigten sich die dissonanztheoretischen Erwartungen nicht. Nach einer Kritik von SPD und Grünen kam Blüm mit einer Rechtfertigung des Gesetzes zu Wort. Aber ausgerechnet seine Anhänger brachen beim Übergang zwischen den Informationseinheiten das Lesen ab, während alle Gegner Blüms hier weiterlasen. Bei einer weiteren Informationseinheit, in der Blüm von einem SPD-Politiker kritisiert wurde, zeigten sich praktisch keine Unterschiede zwischen

---

[1] Basis für die prozentuale Nutzung der Informationseinheiten sind immer alle Leser, die angegeben hatten, in dem Artikel zumindest etwas gelesen zu haben. Die Tabellen-Spalten spiegeln somit die Brutto-Leserverluste eines Artikels zwischen den einzelnen Informationseinheiten wieder.

Tabelle 11.14: Selektion von Informationseinheiten: Zuwendung zu Informationseinheiten in einem SZ-Artikeln vom 21.06.1985 nach Parteipräferenz der Leser
Basis: Leser der Süddeutschen Zeitung, die in dem Artikel irgendetwas gelesen haben

Informationseinheit gelesen	alle (n=177) %	Anhänger der CDU/CSU (n=66) %	SPD (n=69) %	FDP (n=9) %	GRÜNEN (n=33) %
ÜBERSCHRIFT: "Bundestag beschließt höheres Wohngeld"	79	83	77	67	79
UNTERTITEL: "Mietzuschuß steigt um 42 DM; Bauminister Schneider: soziale Tat; SPD: zu spät und unzureichend"	79	80	78	67	79
LEAD: "Änderung des Wohngeldgesetzes; mehr Wohnungen"	93	89	96	89	97
"SPD/GRÜNE dem Gesetz zugestimmt, aber kritisiert, Anpassung sei spät und unzureichend"	63	67	67	44	55
"Falthauser (CSU) begrüßt Gesetzesänderung, fordert Ausdehnung für Ballungsgebiete"	59	65	59	44	49
"Wohnungsbauminister Schneider: positive Beurteilung, soziale Tat"	59	67	59	33	49
"Gesetzesregelung im einzelnen: Wohngeld"	66	71	71	33	55
"SPD/GRÜNE-Anträge abgelehnt"	62	67	65	33	52
"Wohngeld-Erläuterungen" (Zahlen)	63	67	62	44	64
"Wohnungsrecht: Vereinfachungen, Erläuterungen"	48	58	44	33	39
"Bauherren-Einkommensgrenzen" (Zahlen)	50	53	54	33	42
"Besserstellung Erwerbstätiger"	41	47	39	22	39
"Fehlbelegungsabgabe, Kompetenzübertragung auf Länder"	54	59	57	22	46
"SPD/GRÜNE-Vorschlag (nicht mehr Kompetenzübertragung auf Länder) wurde abgelehnt	49	50	52	11	49

den beiden Meinungsfraktionen. Zwei aufeinanderfolgende Stellungnahmen, bei denen der Minister wieder selbst zu Wort kam, lasen seine Anhänger wiederum relativ seltener als seine Gegner (Tabelle A11.11 im Anhang).

Bewertung der Befunde

Aus den Ergebnissen können drei sich widersprechende Schlüsse gezogen werden: 1. Zeitungsleser wählen innerhalb von Artikeln die einzelnen Informationen nicht selektiv danach aus, ob es sich für sie um Fakten oder Argumente handelt, die ihrer eigenen Meinung entsprechen oder widersprechen. 2. Die vermutete Selektivität wird auch bei Informationseinheiten praktiziert, die hier angewandte Methode war jedoch nicht in der Lage, diesen subtilen Prozeß zu messen, so daß sich in den Ergebnissen die Selektionsvorgänge nicht widerspiegeln können. 3. Die Meßmethode führte zwar zu verläßlichen und validen Ergebnissen, deren widersprüchliche Tendenz ist aber darauf zurückzuführen, daß jeweils unterschiedliche Randbedingungen herrschten und damit Konsonanz und Dissonanz im Zusammenspiel mit anderen Selektionskriterien unterschiedlich stark wirksam wurden.

Die erste Schlußfolgerung ist am wenigsten wahrscheinlich. Gegen sie sprechen die experimentellen Befunde der psychologischen Dissonanzforschung, die Ergebnisse der vorliegenden Studie zur Zuwendung zu Artikeln und mehrere Studien, in denen die gleichen Kommunikationsinhalte bei Rezipienten mit verschiedenen Prädispositionen zu verschiedenen Wahrnehmungen führten. Für die Annahme, daß die Ergebnisse im wesentlichen auf Meßprobleme zurückzuführen sind, sprechen dagegen mehrere Gründe:

1. Das Verfahren wurde zwar in mehreren Pretests entwickelt und verbessert, es war aber keine experimentelle Validierung möglich, aus der eindeutig hervorging, daß die markierten Textstellen auch mit den an den Vortagen tatsächlich gelesenen übereinstimmten. Erinnerungsfehler der Befragten sind damit nicht ausgeschlossen.

2. Geht man statt von Prozessen selektiver Zuwendung von Prozessen selektiver Erinnerung aus und unterstellt eine unterschiedliche Verfallzeit von konsonanten und dissonanten Informationen im Langzeitspeicher, dann kann die angewandte Meßmethode diesen Prozeß erheblich beeinflußt und damit die Ergebnisse verfälscht haben. Die Befragten mußten, um die Artikel markieren zu können, sie noch einmal lesen. Informationen und Argumente, die vom politischen Gegner stammten und bei denen der Vergessensprozeß vielleicht bereits eingesetzt hatte, konnten durch das erneute Lesen aktiviert und als gelesen wiedererkannt werden.

3. Es ist unbekannt, in welche Sinneinheiten die Leser die Artikeltexte gliederten und wo daher die tatsächlichen Schnittstellen für Selektionsentscheidungen lagen. Ob die semantischen Einheiten, nach denen die Zuwendung von uns kodiert wurde, denen entsprachen, in die die Leser den Text einteilten, läßt sich nicht prüfen. Ebenso ist unklar, ob es sich hierbei um ein stark invariantes Verhalten der Leser handelt, oder ob - je nach persönlicher kognitiver Struktur - die Sinneinheiten individuell verschieden gebildet wurden.

Auch die dritte Schlußfolgerung aus den heterogenen Ergebnissen kann nicht ausgeschlossen werden. Bei der Zuwendung zu den Artikeln hatten sich zum Teil erhebliche Einflüsse von intervenierenden Variablen des Lesers (z.B. Dogmatismusstärke), des Beitrags (z.B. Betonungsgrad) und der Beziehung zwischen Leser und Zeitung (z.B. politische Distanz) gezeigt. Welche Faktoren den Selektionsprozeß während des Lesens von Texten beeinflußten, konnte mit dieser Methode nicht mehr nachvollzogen werden. Einerseits fehlten genügend systematische Variationen in den Merkmalskonstellationen der Informationseinheiten, andererseits war die Messung der Selektionsvorgänge mit Hilfe der Text-Markierung zu grob, um die spezifischen Eigenschaften der Entscheidungsstellen festhalten zu können.

Vor dem Hintergrund dieser Methodenkritik erscheint es vielversprechender, bei Untersuchungen zur faktischen Selektion von einzelnen Informationseinheiten auf Laborstudien zurückzugreifen. Anders als bei Entscheidungen über die Zuwendung zu Artikeln, lassen sich damit vermutlich verläßlichere Ergebnisse erzielen. Mit Hilfe von Kameras, die die Augenbewegungen beim Lesen nachzeichnen können, kann viel genauer ermittelt werden, welche Textteile Leser rascher überfliegen oder wo sie das Lesen ganz abbrechen. Nach der vorliegenden Studie bleibt die Frage, ob und in welchem Ausmaß eine Selektivität zugunsten der eigenen Meinung auch bei kleineren semantischen Einheiten innerhalb eines Textes stattfindet, empirisch zunächst noch unbeantwortet.

7. Bewußte und unbewußte Selektionsprozesse

Um den generellen Einfluß verschiedener Faktoren auf die Artikelnutzung zu testen, wurde bisher meistens das Kriterium verwendet, ob die betreffenden Personen einen Artikel zumindest teilweise gelesen hatten oder nicht. Diese Betrachtungsweise vernachlässigte zunächst die Rolle der Überschriften als Selektionskriterium. Auf zwei bereits theoretisch behandelte Fragen wird hier noch einmal anhand der empirischen Daten zurückgekommen. Das erste Problem betrifft die kausallogische Frage, inwieweit Merkmale einer Texteinheit als unabhängige Variable für die Nutzung derselben Texteinheit als abhängige Variable herangezogen werden dürfen (vgl. Kapitel VIII). Das zweite Problem betrifft die Frage, welche inhaltliche Bedeutung die Überschriften als Selektionskriterium für das Lesen der Artikel spielen (vgl. Kapitel VII).

Unbewußte Traktionseffekte durch die Überschrift

Tabelle 11.15 lenkt den Blick noch einmal auf die besondere Rolle der Überschrift. Bei Artikeln, in denen Politiker in positiver Rolle vorkamen, führten 63 Prozent der konsonanten, aber nur 56 Prozent der dissonanten Kontakte dazu, daß von dem Artikel mindestens die Schlagzeile gelesen wurde; oder umgekehrt: bei 37 Prozent der potentiellen Kontakte mit konsonanten Informationen, aber bei 44 Prozent der potentiellen Kontakte mit dissonanten Informationen wurden die Artikel überhaupt nicht beachtet. Da man eine unterschiedliche Verteilung in der Wahrscheinlichkeit des potentiellen Kontakts mit einem Artikel ausschließen kann, können diese Nutzungsdifferenzen auf Effekte von Konsonanz und Dissonanz zurückgeführt werden.

Allerdings ist ein methodischer Einwand gegen die Verläßlichkeit der Messung möglich: Da der Copy-Test im ungünstigsten Fall bis zu fünf Tage nach dem Lesen der Zeitungen durchgeführt wurde, könnte der Befund das Resultat von Erinnerungsprozessen und nicht von unbewußten Selektionsprozessen beim Lesen sein. Diesem Einwand kann mit der vorliegenden Feldstudie empirisch nicht begegnet werden. Er ist aber aus publizistikwissenschaftlicher Sicht weitgehend irrelevant: Ob die Leser für sie dissonante Informationen bereits in einem frühen Wahrnehmungsstadium verweigerten und daher angaben, den Artikel nie gesehen zu haben, oder ob sie zunächst seine Überschrift vollständig dekodierten und diesen Kontakt erst später vergaßen, ist für das Ergebnis des Selektionsprozesses unerheblich. Es handelt sich lediglich um die beiden Phasen eines Selektionsvorgangs mit dem entscheidenden Ergebnis, welche Informationen und Argumente erfolgreich und auf Dauer vermittelt wurden.

Auf diesen Selektionsvorgang haben nach den Ergebnissen in Tabelle 11.15 unbewußte Prozesse der Abwehr von dissonanten und/oder der Suche von konsonanten Informationen offensichtlich einen signifikanten Einfluß. Dies gilt jedoch nicht bei negativer Rolle eines Politikers und bei den Konfliktthemen (Tabelle A11.12 im Anhang).[1] Für die Annahme, daß es sich aber in den übrigen Fällen um die Wirkungen einer unbewußten Selektion handelt, sprechen zwei weitere Befunde: Erstens verhielten sich - wie weiter oben gezeigt wurde - flüchtige Leser selbst dann stark selektiv zugunsten ihrer eigenen Meinung, wenn es sich um negative Informationen über einen Politiker handelte. Unterstellt man, daß diese Leser eher dazu tendieren, eine Zeitungsseite zu überfliegen und unbewußt nach Schlüsselreizen zu suchen, dann ist dieser Befund plausibel.

---

[1] In den vorangegangen Abschnitten wurden verschiedene Erklärungen dafür gegeben, warum in diesen Fällen Konsonanz bzw. Dissonanz eine geringere oder keine Rolle als Selektionskriterium spielen.

Tabelle 11.15: Bewußte und unbewußte Selektion von Artikeln über Politiker

	Rolle des Politikers positiv			Rolle des Politikers negativ			Rolle des Politikers ambivalent		
	kons. (n=1.875) %	diss. (n=2.766) %	neutral (n=822) %	kons. (n=3.103) %	diss. (n=1.516) %	neutral (n=883) %	kons. (n=3.018) %	diss. (n=4.052) %	neutral (n=1.661) %
nicht gelesen	37	44	47	46	45	50	39	45	47
mindestens Überschrift gelesen	63	56**	53	54	55	51	61	55**	54
	(n=1.181) %	(n=1.549) %	(n=436) %	(n=1.676) %	(n=834) %	(n=450) %	(n=1.841) %	(n=2.229) %	(n=897) %
mindestens Überschrift gelesen = 100%									
mindestens teilweise gelesen	67	61*	59	65	62	61	62	56**	56
ganz gelesen	43	32**	32	41	40	35	38	33**	31

* p ≤ 0.01   ** p ≤ 0.001

Zweitens beachteten die Anhänger deutlich mehr als die Gegner von Politikern solche Artikel, in denen diese in einer neutralen Rolle vorkamen (61 zu 55 Prozent der Kontakte, Tabelle 11.15). Auch dieser Befund spricht für die Wirkung von Schlüsselreizen, die eine (in diesem Falle von der Tendenz der angebotenen Informationen unabhängige) Anziehungskraft auf die Leser ausüben. Begriffe, die - wie die Namen von Politikern, die man schätzt - für Leser vertraut sind und zu denen sie eine positive Beziehung besitzen, springen offensichtlich ins Auge und lenken die Aufmerksamkeit auf die betreffenden Artikel.

Bewußte und unbewußte Motivationseffekte

Frühere Forschungsergebnisse hatten gezeigt, daß die Schlagzeilen von den Lesern offensichtlich als Kondensat des gesamten Artikelinhalts angesehen werden und auf diese Weise einen starken Einfluß auf die Wahrnehmung des Textes haben. Dies läßt darauf schließen, daß die Inhalte der Überschrift auch einen Einfluß auf die Entscheidung des Lesers haben, nach der Schlagzeile abzubrechen oder mehr von dem Artikel zu lesen. Eine gerade gelesene Überschrift kann dabei motivieren oder demotivieren, je nachdem, welche Gratifikationen sich der Leser auf ihrer Grundlage verspricht.

Um diesen Motivationseffekt zu quantifizieren, enthält Tabelle 11.15 die Zuwendungswerte für die nachfolgenden Artikelteile nur noch auf der Basis derjenigen Befragten, die mindestens die Überschrift gelesen hatten und somit vor dieser Selektionsentscheidung standen. Die bereits durch den oben beschriebenen Traktionseffekt der Überschrift entstandene Disproportionalität der Zuwendung von Lesern, für die die Überschrift konsonante bzw. dissonante Informationen anbot, ist damit aus der weiteren Berechnung eliminiert. Die Verteilungen messen dann einerseits Motivationseffekte durch die Inhalte der Schlagzeilen und andererseits Traktionseffekte der nachfolgenden Textteile (erster Absatz bzw. ganzer Artikel).[1]

Sowohl bei Artikeln über Politiker als auch bei Beiträgen über Konfliktthemen (vgl. Tabelle A11.12 im Anhang) hatten Konsonanz bzw. Dissonanz zwischen dem Inhalt der Überschrift und der Lesermeinung einen signifikanten Einfluß darauf, ob weitere Textteile aufgenommen wurden oder nicht. Wiederum zeigt sich dieser Effekt jedoch nur bei Artikeln, in denen ein Politiker in positivem Kontext vorkam. In diesem Fall führten 67 Prozent der konsonanten aber nur 61 Prozent der dissonanten Kontakte nach dem Lesen der Überschrift

---

[1] Die inklusive Kodierung der drei Artikelebenen (vgl. Kapitel VIII) erlaubte es nicht, beide Effektarten analytisch zu trennen. Man kann jedoch unterstellen, daß der Motivationseffekt der gerade gelesenen Überschrift stärker ist als der Traktionseffekt durch nachfolgende Textteile, die im peripheren Gesichtsfeld liegen. Diese Annahme erlaubt es, als unabhängige Variable für das Lesen von Teilen des Artikels oder des ganzen Beitrags weiterhin die inhaltlichen Merkmale der Überschrift zu verwenden.

dazu, daß die Rezipienten den betreffenden Artikel mindestens teilweise lasen. Noch deutlicher ist der Unterschied mit 43 zu 32 Prozent für das Lesen des ganzen Artikels. Konsonanz bzw. Dissonanz verursachten wiederum keine signifikanten Unterschiede, wenn die Überschrift den Politiker in negativem Zusammenhang präsentierte (Tabelle 11.15).

Auch bei Artikeln über Konfliktthemen, bei denen Konsonanz und Dissonanz weder starke Effekte auf die Brutto-Nutzung noch signifikante Traktions-Effekte auf die Nutzung der Überschrift ausgeübt hatten, weisen die Ergebnisse nun auf eine unterschiedliche Motivation durch konsonante und dissonante Schlagzeilen hin: Bei konsonanter Beziehung führten 54 Prozent, bei dissonanter 47 Prozent der Kontakte nach dem Lesen der Überschrift dazu, daß der Artikel bis zu Ende gelesen wurde (Tabelle A11.12 im Anhang).

Die kognitive Beziehung zwischen den in der Schlagzeile wahrgenommenen Informationen und den Meinungen der Leser scheint somit zwar nicht die Beachtung der Artikel über Konfliktthemen zu beeinflussen, wohl aber die Bereitschaft, zusätzliche Informationen aufzunehmen. Mit anderen Worten: Leser, für die die Artikelüberschrift dissonant war, gaben sich eher mit den Basisfakten eines Sachverhalts zufrieden, während Leser, deren eigene Meinung durch die Schlagzeile bestätigt wurde, über das Thema mehr wissen wollten.

8. Das Problem von Suchen und Vermeiden

Bereits in Kapitel V habe ich beschrieben, daß in vielen Selektionsstudien keine analytische Unterscheidung zwischen der Suche nach konsonanten und dem Vermeiden von dissonanten Informationen möglich war. Ihnen fehlte meistens eine neutrale Grundlinie, auf deren Basis das Verhalten der Versuchspersonen klassifizierbar gewesen wäre. Darüber hinaus behandelte Festinger in seiner Theorie die Informationsaufnahme unter zwei grundsätzlich verschiedenen Dispositionen des Individuums: Sie konnte einerseits Ursache für die Entstehung, andererseits ein funktionales Verhalten für die Reduktion von Dissonanzen sein. Dies wiederum führte zu der Unterscheidung von aktivem und passivem Verhalten.

Aus publizistikwissenschaftlicher Sicht ist dabei gerade *nicht* das zentrale Anliegen Festingers relevant, nämlich die aktive Suche nach bestätigenden Informationen zur Reduktion vorhandener Dissonanzen. Vielmehr haben Publizistikwissenschaftler meistens implizit unterstellt, daß man mit der Theorie generell die Zuwendung zu Informationen aus den Massenmedien erklären könne, unabhängig davon, ob bei den Rezipienten eine Dissonanz besteht. Mit anderen Worten: Die Medieninhalte wurden nicht hinsichtlich ihrer dissonanzreduzierenden Funktion für bestimmte Individuen betrachtet, sondern die Selektivität selbst als ein Mittel, mit dem praktisch alle Rezipienten die Medieninhalte entsprechend ihrer eigenen Bedürfnisse kanalisieren, wobei zu diesen Bedürfnissen auch das Streben nach Konsonanz zählen kann.

Die hier vorgestellte Feldstudie konnte ebenfalls analytisch keine Unterscheidung zwischen Suchen und Vermeiden treffen, da nicht bekannt war, ob sich die Rezipienten vorher in konsonantem oder dissonantem Zustand befanden. Auch die neutralen bzw. ambivalenten Fälle helfen hier nicht weiter. Einerseits erfüllten Leser, die keine oder eine ambivalente Meinung hatten, nicht die Randbedingung der Dissonanz-Theorie, daß es sich für sie um relevante Einstellungen handeln muß. Andererseits können Artikel mit neutralem Informationsangebot nicht mit denjenigen verglichen werden, die eine eindeutige Tendenz aufwiesen und zur Grundlage für die Gegenüberstellungen von konsonanten und dissonanten Fällen gemacht wurden.[1]

Aber auf eher interpretative Weise lassen sich mit den Ergebnissen Hinweise dafür gewinnen, welche Motive das Selektionsverhalten der Leser steuerten. In der Regel wird man bei den Lesern ein relativ konsistentes kognitives System unterstellen können, bei dem kein akuter Bedarf nach konsonanten Informationen zur Spannungsreduktion besteht. In diesem Fall kann man sich Selektionsentscheidungen als eine passive Gatekeeper-Situation vorstellen, in der die Rezipienten weitgehend frei von bestehenden Spannungszuständen über die Weiterverarbeitung von Informationen entscheiden, die zunächst gleiche Beachtungschancen haben. Hält man formale Unterschiede wie etwa den Betonungsgrad des Artikels konstant, dann entscheidet vermutlich in einer *ersten Selektionsphase* vor allem das Vorkommen eines Namens über die Zuwendung. Informationen über Politiker, von denen man eine positive Meinung hat, rufen offensichtlich ein stärkeres Interesse hervor und haben einen höheren Beachtungswert als Informationen über Politiker, die man weniger schätzt. Konsonanz oder Dissonanz spielen dann in dieser ersten Phase nur eine untergeordnete Rolle.

In der *zweiten Selektionsphase* entscheidet vor allem der Inhalt, die Tendenz der Information, über die weitere Zuwendung. Anhänger eines Politikers lesen positive, d.h. für sie konsonante Informationen intensiv, negative Informationen weniger intensiv. Die Gegner eines Politikers, die sich trotz eines bei ihnen geringeren Interesses einem Artikel zugewandt haben, lesen nun mit größerer Wahrscheinlichkeit weiter, wenn es sich um negative, d.h. für sie konsonante Informationen handelt. Bei den Anhängern hat mit anderen Worten die mit negativen Meldungen verbundene Dissonanz einen Bremseffekt auf das bei ihnen ursprünglich größere Interesse; bei den Gegnern hat die mit den gleichen Informationen verbundene Konsonanz einen eher verstärkenden Effekt auf das bei ihnen ursprünglich vorhandene geringere Interesse. Umgekehrt haben positive Informationen im ersten Fall eine verstärkende und im zweiten eine bremsende Wirkung.

Wie erwähnt, können diese Annahmen empirisch nicht schlüssig nachgewiesen werden. Sie sind jedoch mit den Befunden über die Zuwendung zu

---

[1] Die Artikel unterschieden sich hinsichtlich einer Reihe von formalen und inhaltlichen Merkmalen.

Artikeln, in denen Politiker entweder in positiver oder negativer Rolle vorkamen, vereinbar.[1] Daß vermutlich in der ersten Selektionsphase vor allem das Vorkommen von Namen eine Rolle spielt, kann man aus dem Ergebnis ableiten, daß sich Anhänger eines Politikers auch bei negativen Informationen den Artikeln ebenso häufig zuwandten wie dessen Gegner (55 zu 54 Prozent). Allerdings scheint auch die Aufmerksamkeit für einzelne Artikel von der Tendenz der Information leicht beeinflußt zu werden. Dies kann man aus dem Ergebnis ableiten, daß die Anhänger je nach Konsonanz oder Dissonanz die Artikel auch unterschiedlich häufig überhaupt beachteten (63 zu 55 Prozent, vgl. den vorangegangenen Abschnitt über bewußte und unbewußte Selektionsprozesse).

Das stärkere Anfangsinteresse der Anhänger wurde dann bei konsonanten Inhalten verstärkt und bei dissonanten Inhalten gebremst. Dies kann man aus dem Befund ableiten, daß die relativen Leserverluste nach dem Lesen der Überschrift für mindestens Teile des Artikels im ersten Fall nur 33 Prozent, im zweiten Fall dagegen 38 Prozent betrugen. Für das Lesen des ganzen Artikels betrugen die relativen Verluste 57 bzw. 60 Prozent. Das bereits geringere Anfangsinteresse der Gegner wurde bei konsonanten Inhalten angehoben, bei dissonanten Inhalten noch weiter reduziert. Dies kann man aus dem Befund ableiten, daß im ersten Fall die relativen Leserverluste nach dem Lesen der Überschrift für mindestens Teile des Artikels im ersten Fall nur 35 Prozent, im zweiten Fall dagegen 39 Prozent betrugen. Für das Lesen des ganzen Artikels betrugen die relativen Verluste sogar 59 zu 68 Prozent.

Anders betrachtet, führten bei positiven Informationen Interesse und Konsonanz bei den Anhängern zu einer überdurchschnittlichen, bei den Gegnern Desinteresse und Dissonanz zu einer unterdurchschnittlichen Nutzung. Hier sind die Unterschiede für das Lesen von Teilen oder des ganzen Artikels zwischen beiden Vergleichsgruppen besonders krass. Bei negativen Informationen führten dagegen Interesse und Dissonanz bei den Anhängern sowie Desinteresse und Konsonanz bei den Gegnern zu einer im Endeffekt annähernd gleichen Nutzung, da beide unabhängige Variablen in gegensätzlicher Richtung wirkten. Schaubild 11.1 enthält noch einmal die empirischen Ergebnisse, die mit dem oben angebotenen Modell für die beiden Selektionsphasen bei der Zuwendung zu Artikeln über Politiker weitgehend übereinstimmen (Schaubild 11.1).

Das dem Interesse entsprechende Motiv der ersten Selektionsphase bei Artikeln über Politiker scheinen bei Beiträgen über politische Sachthemen die instrumentelle Nützlichkeit, die Sicherheit des eigenen Standpunkts und ein Verständnis der Materie zu sein. Diese Leser-Themen-Beziehungen entschieden am meisten über die Zuwendung. Anders als bei Artikeln über Politiker spielten Konsonanz und Dissonanz in der ersten Phase überhaupt keine Rolle. Deren Einfluß wuchs jedoch bei den nachfolgenden Artikelteilen und interagierte dort

---

[1] Die Befunde über die Zuwendung zu Beiträgen über Politiker werden hier zugrundegelegt, weil sich bei ihnen die Leser aus den erwähnten Gründen selektiver verhielten.

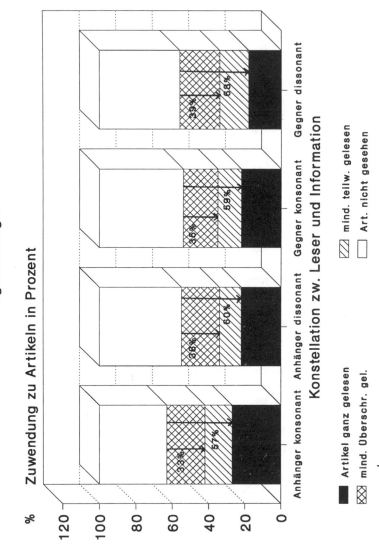

erheblich mit der Ich-Beteiligung (siehe den entsprechenden Abschnitt in diesem Kapitel).

In dem hier zugrundegelegten Modell eines eher passiven Gatekeeper-Rezipienten, der die tägliche Informationsflut aus den Massenmedien zu bewältigen hat, kommt somit eine aktive Suche nach bestätigenden Informationen mit dem Ziel, bestehende Dissonanzen abzubauen, nicht vor. Konsonanz und Dissonanz sind stattdessen eher sekundäre Ursachefaktoren, die erst wirksam werden, wenn bei gleicher formaler Betonung der Artikel andere, primäre Faktoren wie Interesse, Nützlichkeit oder Sicherheit der Meinung eine Vorselektion getroffen haben. In diesem Stadium können sie je nach Thema oder Akteur des Beitrags zum Teil erheblich die Weiterverarbeitung mit dem Ziel steuern, Konsonanzen aufrechtzuerhalten bzw. Dissonanzen zu vermeiden.

9. Zusammenfassung

Mit dieser Feldstudie konnte das Selektionsverhalten von Zeitungslesern auf drei verschiedenen Stufen untersucht werden: Für die Vorauswahl der Zeitung (sogen. Quellenselektion), für die Zuwendung zu einzelnen Beiträgen innerhalb der Zeitungen und für die Aufnahme von einzelnen Informationen oder Argumenten innerhalb von Artikeln. Für alle drei Selektionsebenen war erwartet worden, daß die Beziehung zwischen dem Inhalt der Information und den Meinungen der Leser einen Einfluß darauf hat, wie sich die Leser gegenüber dem Informationsangebot verhalten. Die wichtigsten Befunde dieser Studie lassen sich in den folgenden elf Punkten zusammenfassen.

1. Die Leser der beiden überregionalen Tageszeitungen FAZ und SZ haben offensichtlich die Möglichkeit genutzt, aus dem Konkurrenzangebot von Tageszeitungen an ihrem Wohnort diejenige zu abonnieren, deren redaktionelle Tendenz ihrer eigenen politischen Ansicht am nächsten kommt. Beide Leserschaften zeigten politische Einstellungen, die auf der gleichen Seite des links-rechts-Spektrums lagen wie die inhaltsanalytisch ermittelten Tendenzen der beiden Blätter. Diese Kongruenz konnte nicht alleine durch die politische Struktur der Region erklärt werden und spricht somit für bewußte oder unbewußte Selektionsentscheidungen der Leser. Ob allerdings bei der Entscheidung für eine Tageszeitung das Motiv, kognitive Dissonanz zu vermeiden oder Konsonanz zu erhalten, ausschlaggebend war, ließ sich mit dieser Feldstudie ex post nicht schlüssig nachweisen.

2. Bei der Zuwendung zu Artikeln, in denen Politikernamen in Überschrift oder Lead vorkamen, hatten Konsonanz bzw. Dissonanz zwischen der angebotenen Information und der Meinung der Leser einen zwar signifikanten aber in seinen Ausmaßen nur unbedeutenden Einfluß. Die Rolle von Konsonanz und Dis-

sonanz interagierte allerdings erheblich mit der Tendenz der Information: Bei positiven Informationen zeigten sich deutliche, bei negativen Informationen praktisch keine Unterschiede zwischen der Zuwendung von Lesern, für die die angebotene Information konsonant bzw. dissonant war. Die Ausschaltung der Selektivität bei negativen Informationen kann drei Ursachen haben: Einfluß des hohen Nachrichtenwerts Negativismus, das sogen. Überwachungs-Motiv ("surveillance"), das möglicherweise gerade bei negativen Meldungen stärker zum Tragen kommt, sowie eine offensichtlich geringere Fähigkeit von Lesern, negative Tendenzen als solche zu erkennen.

3. Mit einigen weiteren intervenierenden Variablen ließ sich die Selektivität der Leser gegenüber Artikeln über Politiker präzisieren. Leser, die täglich nur wenig Zeit für ihre Zeitung aufbringen und stark dogmatische Leser verhielten sich selektiver zugunsten ihrer bestehenden Meinungen als Leser, die sich für ihre Zeitung viel Zeit nehmen und ein eher toleranteres Weltbild aufweisen. Damit zeigt sich, daß die Rolle von Konsonanz und Dissonanz sowohl durch äußere (Zeitdruck) als auch durch kognitive Faktoren (Dogmatismusgrad) beeinflußt wird.

4. Von den Artikelmerkmalen beeinflußten vor allem der Betonungsgrad und die Nachrichtenfaktoren die Selektivität. Gegenüber stark betonten Artikeln und gegenüber Artikeln, in denen viele Nachrichtenfaktoren vorkamen, verhielten sich die Leser nicht selektiv entsprechend ihrer eigenen Meinung.

5. Auch die grundsätzliche Einstellung der Leser zu ihrer Zeitung wirkte sich auf das Verhalten bei Konsonanz und Dissonanz aus. Leser, die subjektiv glaubten, mit ihrer Zeitung politisch übereinzustimmen, verhielten sich weniger selektiv als Leser, die eine große politische Distanz zwischen sich und ihrem Blatt erkannten. Man kann annehmen, daß der Vertrauensvorschuß, den eine Zeitung bei Personen genießt, die sie politisch in ihrer Nähe sehen, den Lesern offensichtlich eher die Aufnahme von zunächst dissonanten Informationen erlaubt.

6. Bei Artikeln über Politiker sind Konsonanz und Dissonanz auch in Konkurrenz zu anderen Kriterien der Zuwendung noch statistisch signifikante Faktoren, die über das Lesen eines Artikels entscheiden. Wenn der betreffende Politiker in einer positiven Rolle vorkommt, dann ist der Einfluß von Konsonanz und Dissonanz darauf, ob der Artikel ganz gelesen wird, stärker als der der Nachrichtenfaktoren und ebenso stark wie der Einfluß des Betonungsgrades. Mit anderen Worten: Die Rolle von Konsonanz und Dissonanz wächst mit der Quantität der Information, um deren Selektion es geht.

7. Mit Vorbehalten läßt sich aus den Befunden schließen, daß sich die Leser auch selektiv gegenüber Politiker-Fotos in ihren Zeitungen verhielten. Alle

Fotos wurden von deren Anhängern intensiver betrachtet als von deren Gegnern mit Ausnahme derjenigen Fotos, auf denen der Betreffende eher ungünstig dargestellt war.

8. Konsonanz und Dissonanz spielten bei Artikeln über Konfliktthemen eine geringere Rolle als Auswahlkriterium. Sie wurden auch nur dann wirksam, wenn es sich um parteipolitisch eindeutig strukturierte Themen handelte. Mehrere Merkmale, mit denen sich die Beziehung der Leser zu den Themen beschreiben läßt, verstärkten oder unterdrückten die Rolle von Konsonanz und Dissonanz. Vergröbert zeigen die Befunde, daß sich die Leser bei starker Ich-Beteiligung an einem Konfliktthema selektiver zugunsten ihrer bereits bestehenden Meinung verhalten und damit dissonante Informationen eher vermeiden.

9. Die vorliegende Studie brachte keine schlüssigen Hinweise auf eine selektive Zuwendung zu einzelnen Informationen in den Artikeln. Ob dies die Folge davon ist, daß sich Leser hierbei tatsächlich anders verhalten als es die dissonanztheoretischen Hypothesen erwarten lassen, oder ob die Befunde die Folge von Meßproblemen sind, ließ sich nicht klären. Wahrscheinlicher ist jedoch, daß die angewandten Feldforschungsmethoden zu grob waren, um diese Selektionsebene valide zu messen.

10. Auf indirekte Weise ließ sich zeigen, daß bei den Entscheidungen, welche Artikel gelesen oder vermieden werden, bewußte und unbewußte Prozesse zusammenspielen. Eine besondere Rolle spielen dabei die Überschriften. Sie üben in einer ersten Phase Traktions-Effekte auf den Beitrag, in einer zweiten Phase Motivations-Effekte für den Rest des Artikels aus.

11. Das Problem, zwischen der Suche nach konsonanten und dem Vermeiden von dissonanten Informationen analytisch zu unterscheiden, konnte auch in dieser Studie nicht gelöst werden. Allerdings spricht vieles dafür, daß sich in der Massenkommunikation die Rezipienten normalerweise *nicht* in einem spannungsgeladenen Zustand befinden. Sie sind daher eher mit einem Gatekeeper zu vergleichen, der nach verschiedenen Gesichtspunkten die Informationsflut kanalisieren muß. In einer ersten Phase verhalten sich die Leser vermutlich eher passiv, wobei Konsonanz und Dissonanz nur eine geringe Rolle spielen. In einer zweiten Phase - nach der Aufnahme von konsonanten oder dissonanten Informationen in der Überschrift - verhalten sie sich eher aktiv und die Bedeutung von Konsonanz und Dissonanz für die Selektion nimmt zu. Dieses Modell stand in Einklang mit den empirischen Befunden.

In ihrer Gesamtheit bestätigen diese Ergebnisse die bisherige Dissonanzforschung. Dies gilt auch für einige intervenierende Variablen, die sich - wie der Dogmatismusgrad einer Person - in den Laborexperimenten als Prädiktoren für Selektivität ergeben hatten. Die deutlichen Unterschiede in der Zuwendung zu konsonanten und dissonanten Informationen bei positiver und negativer Tendenz werfen die Frage auf, inwieweit die Ergebnisse ausschließlich dissonanztheoretisch erklärt werden können. Es ließe sich einwenden, daß nicht die Suche nach bestätigenden oder das Vermeiden von der eigenen Meinung widersprechenden Informationen das Verhalten der Leser auslöste, sondern einfach deren größeres Interesse an Politikern, von denen sie eine gute Meinung haben. Bei Artikeln, in denen diese Akteure vorkamen, wurde ihre Aufmerksamkeit möglicherweise aktiviert, was dazu führte, daß sie die Beiträge beachteten und lasen.

Dieser Einwand läßt sich zumindest zum Teil widerlegen. Wären das Interesse und eine positive affektive Beziehung zur Person der alleinige Faktor für die Selektion, dann müßten sich die Anhänger auch den negativen Informationen stärker zugewandt haben als die Gegner, sofern alle anderen Variablen konstant gehalten wurden. Dies war jedoch, wie die Ergebnisse gezeigt haben, nicht der Fall. Dieser Unterschied im Vergleich zum Verhalten bei positiven Informationen ist ein Indiz dafür, daß eine weitere Variable in den Kausalprozeß der Selektion eingreift. Ob die stärkere Zuwendung konsonanter Leser bei positiven oder die ungefähr gleiche Zuwendung konsonanter und dissonanter Leser bei negativen Informationen die "neutrale Grundlinie" im Verhalten bedeutet, kann mit den Daten nicht geprüft werden. Wahrscheinlicher ist es, daß sich in beiden Konstellationen Konsonanz und/oder Dissonanz auswirken und im einen Fall zu einem Diskrepanzeffekt, im anderen Fall zu einem Nivellierungseffekt führen.

Unabhängig von diesen analytischen Überlegungen sprechen mehrere kommunikationstheoretische Annahmen dafür, daß die Befunde eher eine partielle Ausschaltung der Selektivität des Lesers bei negativen Informationen anzeigen. Erstens hatte sich bei der Analyse des Leseanreizes, den die Nachrichtenfaktoren ausüben, gezeigt, daß der Faktor "Negativismus" relativ stark mit der Artikelnutzung korreliert. Zweitens kann man vermuten, daß die Leser negativen Informationen eher den Charakter 'objektiver' Nachrichten zusprechen, denen man sich nicht verweigern kann, auch dann nicht, wenn sie nicht zur eigenen Meinung passen. Drittens wäre es ein irrationales Verhalten der Leser, negative Entwicklungen nicht wahrzunehmen. Der kurzfristige Schutz des eigenen Einstellungssystems vor dissonanten Informationen könnte sich langfristig als dysfunktional für die Verhaltenskompetenz in der sozialen Umwelt auswirken. Bei positiven Mitteilungen scheint diese Gefahr deutlich weniger gegeben zu sein. Mit anderen Worten: Mit der Unkenntnis einer politischen Affäre kann man sich eher sozial isolieren als mit der Unkenntnis einer Auszeichnung, die ein Politiker erhalten hat. Diese Interpretationen gehen jedoch weit über die empirischen Daten hinaus.

Die Untersuchungsanlage läßt einen direkten Vergleich der Befunde für Artikel über Politiker und über Konfliktthemen nur bedingt zu. Insgesamt scheint aber der Einfluß von Konsonanz und Dissonanz bei den Themen einerseits geringer zu sein und andererseits stärker von der Spezifik des Themas abzuhängen. Für die aufgetretenen Unterschiede ließen sich durchaus Erklärungen finden. Erstens kann man unterstellen, daß der kognitive Vorteil des Verhaltens, konsonante Informationen zu suchen und/oder dissonante zu vermeiden, bei aktuellen Konfliktthemen eher durch den praktischen Nachteil konterkariert würde, über wichtige Entwicklungen und Entscheidungen nicht informiert zu sein. Zweitens sind Meinungen über Personen mit großer Wahrscheinlichkeit stärker affektbeladen und polarisierter als Meinungen über Themen. Da man beide Merkmale wiederum als Indikatoren für eine größere Ich-Beteiligung und Relevanz ansehen kann, läßt sich aus dieser Annahme ebenfalls eine größere Selektivität bei Artikeln über Politikern als über politische Sachthemen ableiten, was die Ergebnisse zu bestätigen scheinen.

Kapitel XII.

Ein Fazit im Hinblick auf Medienwirkungen

In der Einleitung wurde die dissonanztheoretisch begründete Selektivität des Medienpublikums als eines der Schlüsselkonzepte für die lange vorherrschende Vorstellung von wirkungsschwachen Medien bezeichnet. Auf der Grundlage des dann in den nachfolgenden Kapiteln wiedergegebenen Forschungsstandes mußte der Schluß gezogen werden, daß sowohl die psychologischen als auch die publizistikwissenschaftlichen Studien bei weitem kein klares Bild von der Gültigkeit der sogenannten Selektionsregel hinterließen. Wie lassen sich nun die Befunde der hier in den letzten vier Kapiteln vorgestellten empirischen Studie zur Selektivität von Zeitungslesern in die bisherige Selektionsforschung und in die Vorstellungen vom Wirkungspotential der Massenmedien einordnen?

Der Paradigmenwechsel zu Beginn der siebziger Jahre ("Return to the concept of powerful mass media") war nach Ansicht McQuails zwar darauf ausgerichtet, neue Wirkungsformen zu suchen, ohne die alten Konzepte völlig aufzugeben. Es hatte jedoch - folgte man einem großen Teil der Fachliteratur - den Anschein, als gerate die dissonanztheoretisch begründete Selektivität der Rezipienten mehr und mehr aus den Augen der Forschung. Einerseits zogen die neuen Wirkungsformen wie agenda-setting, knowledge-gap oder die Effekte von Darstellungstechniken das Interesse der Forscher auf sich. Andererseits wurde Selektivität unter neuen Aspekten betrachtet, mit anderen Funktionen belegt als der Abpolsterung des bestehenden Einstellungssystems und der Vermeidung kognitiver Dissonanzen. Der uses-and-gratifications-Ansatz und einige der neueren psychologischen Ansätze, die den Dissonanzbegriff auf Zustände des affektiven Ungleichgewichts ausgeweitet haben, gehören hierzu.

So entstand trotz einer Vielzahl von psychologischen Labor- und publizistikwissenschaftlichen Feldstudien der Eindruck, daß die beabsichtigte Verbindung alter und neuer Konzepte nicht stattgefunden hat. Nur wenige Autoren unternahmen den Versuch, die Dissonanz-Theorie in ihre neuen Hypothesen zu integrieren. Die Selektionsregel war im Grunde als unerledigter Fall von der Publizistikwissenschaft zu den Akten gelegt worden. Ungelöst blieben Fragen der Gültigkeit und der Geltung. Die theoretisch-methodologischen Fragen der Dissonanz-Theorie hat die Psychologie inzwischen (die entscheidenden Publikationen datieren aus den letzten zehn Jahren) weitgehend ausdiskutiert. Sie sind auch für die Frage der Medienwirkungen nur von untergeordneter Bedeutung.

Hinsichtlich publizistischer Medienwirkungen wirft die Selektionsregel drei Fragen auf unterschiedlichen Ebenen auf:

1. Haben Rezipienten grundsätzlich eine größere Chance, mit Medieninhalten in Kontakt zu kommen, die ihren eigenen Meinungen, Einstellungen und Werten entsprechen als mit solchen, die

ihnen widersprechen?

2. Tendieren Rezipienten dazu, auch bei Informationen, die mit gleichen sonstigen Beachtungschancen bei ihnen eintreffen, eher solche auszuwählen, die ihre bestehenden Meinungen bestärken?

3. Wenn dies der Fall ist: Läßt sich dieses Verhalten mit den Annahmen der Dissonanz-Theorie, mit anderen Theorien, mit mehreren Theorien oder mit keiner der derzeit vorhandenen Ansätze erklären?

Die *erste Frage* betrifft die de-facto-Selektivität und kann mit den Ergebnissen früherer Studien und den hier dargestellten Befunden eindeutig bejaht werden. Rezipienten wählen sich in der präkommunikativen Phase solche Medien aus, von denen sie annehmen oder wissen, daß deren redaktionelle Linie den eigenen politischen Überzeugungen möglichst nahekommt. Dieses Verhalten läßt sich bisher nur interpretativ erklären; dissonanztheoretische Motive sind wahrscheinlich, aber noch nicht schlüssig nachgewiesen. Selektivität setzt die Möglichkeit zur Auswahl voraus. Dort, wo sie wie im Monopol nicht gegeben ist, führt der Zwang zur politischen Entfremdung und die politische Entfremdung zu einer unterentwickelten Leser-Blatt-Bindung. Dafür sprechen die unterschiedlichen Einstellungen, die Leser in Konkurrenz- und in Monopolgebieten zu ihrem jeweiligen Blatt haben.

Die Vorauswahl führt in einem zweiten Schritt dazu, daß dann auch der Kontakt mit aktuellen, konkreten Informationen und Argumenten, die die eigene Meinung bestätigen, stets wahrscheinlicher ist als der Kontakt mit Informationen und Argumenten der Gegenseite. Hierfür spricht der Befund, daß FAZ-Leser relativ häufiger als die Leser der anderen Zeitungen konsonante Kontakte mit Informationen hatten, da in ihrer Zeitung über die konservativen Politiker positiver berichtet wurde. Generell gilt diese Konsequenz der de-facto-Selektivität jedoch nur unter der Voraussetzung, daß das Angebot der verschiedenen Medien tatsächlich inhaltlich vielfältig und wenig konsonant ist. Mehrere Studien sprechen dafür, daß das publizistische Spektrum der Tageszeitungen in der Bundesrepublik Deutschland relativ breit ist und ungefähr dem politischen Spektrum der Parteien entspricht.

Dies schließt jedoch nicht aus, daß zu konkreten Konfliktthemen und Personen auch Medien mit unterschiedlichen redaktionellen Linien in hohem Maße gleichförmig berichten und kommentieren. Beispiele hierfür waren die in der Mehrheit gleichförmigen Bewertungen der Politiker, bei denen lediglich die FAZ aus dem allgemeinen Medientenor ausscherte, und die wertenden Aussagen zur Sozialpolitik der Bundesregierung, die konsonant in allen vier Zeitungen überwiegend negativ waren. Konsonanz war dennoch in den meisten Fällen nur relativ und nie absolut gegeben. Die oben formulierte Hypothese, daß die Quellen-Selektion zu einer unterschiedlichen Kontakt-Wahrscheinlichkeit mit konsonanten und dissonanten Informationen und Argumenten führt, kann daher aufrechterhalten werden.

Die *zweite Frage* betrifft den korrelativen Zusammenhang zwischen den vorhandenen Meinungen und Einstellungen der Rezipienten auf der einen und ihrer Informationsselektion auf der anderen Seite, ohne daß zunächst Aussagen über die kognitiven Ursachen der Auswahlentscheidungen gemacht werden. Die vorliegende Untersuchung konnte im Feld und mit relativ starker Variablenkontrolle nachweisen, daß sich Zeitungsleser bei konstanten Umfeldbedingungen von Inhalt und Form der angebotenen Informationen lieber denjenigen Artikeln zuwenden, von denen sie eine Bestätigung ihrer eigenen Meinung erwarten können. Dieser summarische Befund kann unter zwei Aspekten spezifiziert werden: 1. Art und Einflußstärke der intervenierenden Variablen, die diese Grundbeziehung präzisieren; 2. Einflußstärke von Konsonanz und Dissonanz im Hinblick auf das Wirkungspotential der Massenmedien.

Zum ersten Punkt zeigten die Befunde, daß sich die Rezipienten bei Artikeln über Politiker stärker selektiv zugunsten der eigenen Meinung verhalten als bei Artikeln über politische Sachverhalte. Auch gilt offensichtlich die Selektionsregel überwiegend nur dann, wenn dem Leser positive Informationen über einen Politiker angeboten werden. Bei negativer Rolle verhalten sich seine Anhänger und Gegner fast gleich. Für beide Einschränkungen gibt es plausible Erklärungen: Meinungen zu Politikern sind in der Regel deutlich affektbeladener, polarisierter und schematisierter als Meinungen zu eher nüchternen, differenzierten und komplexen Konfliktthemen. Das Vorkommen von Politikernamen in der Presse kann daher vermutlich eher vorhandene Schemata ansprechen und diese als Selektionskriterien aktivieren. Die Analyse zeigte, daß die Wahrscheinlichkeit der selektiven Zuwendung auch bei Berichten über Sachverhalte in dem Maße ansteigt, in dem die Themen polarisierter und eindeutiger politisch zuzuordnen sind sowie eine starke Ich-Beteiligung beim Leser auslösen.

Die fehlende Selektivität gegenüber negativen Informationen erscheint vor dem Hintergrund der Überwachungs-Funktion der Massenkommunikation als ein rationales Verhalten, mit dem es der Rezipient vermeidet, über möglicherweise bedeutsame negative Entwicklungen in einem ihm wichtigen Bereich uninformiert zu bleiben. Für die Frage nach den Medienwirkungen bedeutet dies, daß der Schutzschild der selektiven Zuwendung zwar gegenüber Informationen funktioniert, die eine Meinungsänderung zum Positiven, nicht aber gegenüber Informationen, die eine Meinungsänderung zum Negativen auslösen könnten.

Verschiedene andere Variablen qualifizieren die Beziehung zwischen Prädisposition und Informationsselektion. Auf der Seite des Medienangebots sind hierbei vor allem die Betonung der Artikel und ihr Gehalt an Nachrichtenfaktoren zu nennen. Je mehr die Journalisten einen Beitrag durch Umfang und Überschriftengröße als wichtig kennzeichnen, und je mehr sie Ereignismerkmale mit hohem Nachrichtenwert in der Überschrift herausstellen, desto weniger selektieren die Leser entsprechend ihrer eigenen Meinung. Auch dieses Verhalten der Rezipienten kann man als rational ansehen. Für die Frage des Wirkungspotentials der Medien bedeutet dies, daß gerade die tatsächlich oder im Urteil der Journalisten wichtigen Mitteilungen mit hoher Wahrscheinlichkeit auch diejenigen Leser erreichen, für die die angebotenen Informationen dissonant sind.

Die Selektivität kann darüber hinaus durch eine starke Kongruenz zwischen Leser und Zeitung überspielt werden. Die Bereitschaft zur Aufnahme dissonanter Informationen ist größer, wenn man sich mit seiner Zeitung mehr oder weniger auf gleicher politischer Linie sieht. Dagegen verhalten sich Leser in Inkongruenz besonders dann selektiv, wenn sie Überzeugungsversuche ihrer Zeitung argwöhnen. Kongruenz und Leser-Blatt-Bindung sind bei den einzelnen Zeitungen zwar unterschiedlich, wegen der oben beschriebenen Quellenselektion jedoch häufiger anzutreffen als Inkongruenz und Distanz. Für die Frage der Medienwirkungen bedeutet auch dieser Umstand eher eine Einschränkung des Schutzschildes der Selektivität.

Von den Merkmalen der Rezipienten beeinflussen vor allem das Alter und damit im Zusammenhang die tägliche Lesedauer sowie ein dogmatisches Weltbild die Stärke der Selektivität. Mit dem zeitlichen Zwang zur Auswahl aus dem Informationsangebot wächst auch die Bedeutung der eigenen Meinung als Selektionsfaktor. Umgekehrt kommen die Vielleser praktisch unterschiedslos mit für sie konsonanten und dissonanten Informationen in Kontakt. Für die Frage der Medienwirkungen läßt sich daraus die Schlußfolgerung ziehen, daß das Einflußpotential nicht nur quantitativ sondern auch qualitativ mit der Zeit wächst, die der Rezipient mit dem Medium zubringt.

Die Verträglichkeit zwischen dem Inhalt der angebotenen Informationen und den vorhandenen Lesermeinungen ist auch im simultanen Zusammenspiel anderer wirkungsstarker Selektionsfaktoren noch als signifikante Einflußgröße erkennbar und zwar um so deutlicher, je mehr Informationsmenge zur Disposition steht. Dies gilt sowohl für Artikel über Politiker als auch für Beiträge über Konfliktthemen, sofern auf sie die oben genannten Merkmale zutreffen.

Der Schritt von den statistischen Signifikanzen zur Bedeutsamkeit der Selektivität im Wirkungsprozeß läßt sich nur interpretativ vollziehen. Betrachtet man den Brutto-Effekt, ausgedrückt in den unterschiedlichen Rezeptionswahrscheinlichkeiten bei konsonanten und dissonanten Kontakten, dann wirkt sich die Selektivität nur auf einen geringen Teil der angebotenen Informationen aus. Zunächst entstehen bei der Mehrzahl der Meldungen gar nicht erst konsonante oder dissonante Beziehungen, weil die Informationen entweder keine erkennbare Tendenz oder die Leser keine relevante Meinung zu Person oder Thema haben. Zumindest der erste Fall kann jedoch aus den Überlegungen zum Überzeugungspotential der Massenmedien ausgeklammert werden, weil dann die Medieninhalte auch kein Veränderungspotential tragen. Allerdings greifen dann immer noch andere Formen der Medienwirkung wie etwa deren Potential, bestimmte Themen im Bewußtsein der Öffentlichkeit zu etablieren (agenda-setting).

In den Fällen, in denen die Kontakte konsonante oder dissonante Beziehungen kreieren, erklären diese nur einen kleinen Teil der Selektionsentscheidungen, modifiziert je nach Vorhandensein der beschriebenen intervenierenden Variablen. Mit anderen Worten: Die Wahrscheinlichkeit, daß sich ein Leser dissonanten Informationen verweigert, weil sie dissonant sind, ist immer noch geringer als die Wahrscheinlichkeit, daß er sie dennoch aufnimmt und umgekehrt.

Kombiniert man die quantitative Bewertung dieses Brutto-Effektes mit den Modifikationen durch die intervenierenden Variablen, dann gelangt man zu dem Schluß, daß die von der eigenen Meinung gesteuerte Selektivität letztlich keinen wirksamen Schutz gegen die Beeinflussung durch Medieninhalte darstellt. Sie wird auf nur wenige Beiträge angewandt, kann zu einfach durch journalistische Mittel überwunden werden und gilt ohnehin überwiegend nur gegenüber positiven Mitteilungen. Ergebnisse der Medienwirkungsforschung, die - wie etwa Langzeitanalysen über die Beziehungen zwischen Medientenor und Bevölkerungsmeinung zu Politiker-Images - eine starke Reagibilität der Rezipienten auf die wertenden Aussagen in den Zeitungen deutlich machen, stehen dazu in einem plausiblen Zusammenhang (vgl. Kepplinger et al. 1986b, 1989, Fan und Tims 1989, Patterson 1989).[1]

Auch muß bei Generalisierungen der Befunde der Tatsache Rechnung getragen werden, daß es sich hier um das Selektionsverhalten gegenüber Zeitungsinhalten und damit gegenüber einem Medium handelte, das die Auswahl erleichtert. Beim Fernsehen sind die hier beobachteten Prozesse nur sehr eingeschränkt möglich. Auch dieser Sachverhalt spricht trotz der statistisch signifikant nachgewiesenen Selektivität der Rezipienten eher für ein generell starkes Wirkungspotential der Medien.

Die *dritte Frage* betrifft schließlich den Bestätigungsgrad der dissonanztheoretischen Annahmen Festingers als Erklärung für die beobachtete Selektivität. Soweit erkennbar, hat bisher keine publizistikwissenschaftliche Studie empirisch schlüssig nachweisen können, daß ein Zusammenhang zwischen Selektionsentscheidung und Prädisposition *durch das Motiv* verursacht wird, bestehende kognitive Spannungen abzubauen oder mögliche Spannungen zu verhindern. Nur: der gleiche Einwand gilt auch für alle anderen, mit der Dissonanz-Theorie um die Erklärung der gleichen Phänomene konkurrierenden Ansätze. Der information-seeking- oder der uses-and-gratifications-Ansatz haben ebenso mit dem Problem zu kämpfen, daß die unterstellten Entscheidungsmotive letztlich nur interpretativ vermutet, nicht aber empirisch stringent nachgewiesen werden können. Der Bestätigungsgrad dieser konkurrierenden Ansätze ist

---

[1] Die Studie von Kepplinger und Mitautoren lieferte darüber hinaus auch ein Beispiel für die Konsonanz in den Tendenzänderungen von Blättern mit unterschiedlichen redaktionellen Linien. Diese Konsonanz ist ein weiterer Wirkungsfaktor, weil sie intern die ohnehin geringe Selektivität gegenüber Informationen einschränkt und extern eine Auswirkung der Quellen-Selektion (in der präkommunikativen Phase) auf die Inhalte verhindert.

darüber hinaus insgesamt geringer als der der Dissonanz-Theorie, die nach zunächst widersprüchlicher Entwicklung heute in modifizierter und präzisierter Form ein gutes empirisches Fundament aufweist.

So läßt sich abschließend vor dem Hintergrund aller Einzelbefunde das Fazit ziehen, daß eine Selektivität der Rezipienten entsprechend ihrer bereits vorhandenen Einstellungen zwar empirisch nachweisbar ist, aber aufgrund ihrer relativ geringen Einflußstärke, der vielen einschränkenden Randbedingungen und der Möglichkeiten des Mediums, sie auszuschalten, *keinen* wirksamen Schutz gegen Meinungsänderungen darstellt. Die Publizistikwissenschaft hat somit in der Zeit ihres Paradigmas der schwachen Medienwirkungen die Selektivität überschätzt und die Wirkungen unterschätzt. Sie hat dann die Selektionsregel zu vorschnell aus den Augen verloren und damit einen Faktor im Kommunikationsprozeß weitgehend unberücksichtigt gelassen, der neben anderen über die Kontakte der Rezipienten mit Medieninhalten und damit über die Voraussetzungen für Medienwirkungen entscheiden kann.

Literatur

Abelson, R.P. (1959): Modes of Resolution of Believe Dilemmas. Journal of Conflict Resolution 3, S. 343-352

Abelson, R.P. (1983): Whatever Became of Consistency Theory? Personality and Social Psychology Bulletin 9, Nr. 1, S. 37-64

Abelson, R.P., E. Aronson, B. McGuire, T. Newcomb, M. Rosenberg und P. Tannenbaum (Hrsg.) (1968): Theories of Cognitive Consistency: A Sourcebook. Chicago (weiterhin zitiert als TOCCAS)

Adams, M.J. (1979): Models of Word Recognition. Cognitive Psychology 11, S. 133-176

Allport, F.H. und M. Lepkin (1943): Building War Morals with News Headlines. Public Opinion Quarterly 7, S. 211-221

Allport, G.W. und L. Postman (1945): The Basic Psychology of Rumor. Transactions of the New York Academy of Science. Series II, Volume 8, S. 61-81

Anderson, J.R. und G.H. Bower (1972): Recognition and Retrieval Processes in Free Recall. Journal of Experimental Psychology 81, S. 29-35

Anderson, P.A., J.P. Garrison und J.F. Anderson (1979): Implication of a Neurophysiological Approach for the Study of Nonverbal Communication. Human Communication Research 6, S. 74-89

Apple, R.W. (1976): Voter Poll Finds Debate Aided Ford and Cut Carter Lead. The New York Times, 27. September, S. 1

Aronson, E. (1968): Dissonance Theory: Progress and Problems. In: Abelson et al.: TOCCAS

Atkin, C.K. (1971): How Balanced Campaign Coverage Affects Audience Exposure Patterns. Journalism Quarterly 48, S. 235-244

Atkin, C.K. (1973): Instrumental Utilities und Information Seeking. In P. Clarke (Hrsg.): New Models for Communication Research. Beverly Hills, S. 205-242

Atkin, C.K. (1985): Informational Utility and Selective Exposure to Entertainment Media. In: D. Zillmann, J. Bryant (Hrsg.): a.a.O., S. 63-91

Atkin, C.K., J. Galloway und O.B. Nayman (1973a): Mass Communication and Political Socialization Among College Student Voters. Paper presented to the conference of the American Association for Public Opinion Research, Asheville

Atkin, C.K., L. Bowen, O. Nayman, und K. Sheinkopf (1973b): Quantity versus Quality in Televised Political Advertising. Public Opinion Quarterly 37: S. 209-224

Atkin, C.K., B. Greenberg, F. Korzenny und S. McDermott (1979): Selective Exposure to Television Violence. Journal of Broadcasting 23, S. 5-13

Atwood, E.L. (1970): How Newsmen and Readers Perceive Each Other's Story Preferences. Journalism Quarterly 47, S. 296-302

Augustin, S. (1990): Validierung von Inhaltsanalyse durch Textidentifikation. Magister-Arbeit, Mainz

Axelrod, R. (1973): Schema Theory: An Information Processing Model of Perception and Cognition. American Political Science Review 67, S. 1248-1266

Baas, L.R. und D.B. Thomas (1980): Dissonance and Perception During a Presidential Campaign: Pre- and Postelection Findings from the Ford-Carter-Contest. Journal of Social Psychology 112, S. 305-306

Badii, N. und W.J. Ward (1980): The Nature of News in Four Dimensions. Journalism Quarterly 57, S. 243-248

Bain, C. (1980): Newspaper Design and Newspaper Readership: A Series of Four Experiments. In: Center for New Communications (Hrsg.): Research Report No. 10. Bloomington, S. 9ff.

Barber, P.J. und D. Legge (1976): Perception and Information. London

Barlett, D.L., P.B. Drew, E.G. Fahle und W.A. Watts (1974): Selective Exposure to a Presidential Campaign Appeal. Public Opinion Quarterly 38, S. 264-270

Barton, B. (1980): Das Betrachten von Anzeigen - Forschungsergebnisse zum Blickverhalten. Interview und Analyse, Heft 6, S. 254-257

Berelson, B. (1949): What Missing the Newspaper Means. In: P.F. Lazarsfeld, F.N. Stanton (Hrsg.): Communication Research 1948-49. New York, S. 111-129

Berelson, B. und R. Kimball (1959): People Without Papers. Public Opinion Quarterly 23, S. 389-398

Berelson, B. und G.A. Steiner (1964): Human Behavior. An Inventory of Scientic Findings. New York

Berg, K. und M.L. Kiefer (Hrsg.) (1982): Massenkommunikation II: Eine Langzeitstudie zur Mediennutzung und Medienbewertung 1964-1980. Frankfurt am Main

Berg, K. und M.L. Kiefer (Hrsg.) (1987): Massenkommunikation III: Eine Langzeitstudie zur Mediennutzung und Medienbewertung 1964-1985. Frankfurt am Main

Berry, C., B. Gunter und B. Clifford (1980): Nachrichtenpräsentation im Fernsehen: Faktoren, die die Erinnerungsleistung der Zuschauer beeinflussen. Media Perspektiven Nr. 10, S. 688-694

Bettinghaus, E.P. und I.L. Preston (1964): Dogmatism and Performance of the Communicator Under Cognitive Stress. Journalism Quarterly 41, S. 399-402

Blumler, J.G. und E. Katz (Hrsg.) (1974): The Uses of Mass Communications. Beverly Hills und London

Blumler, J.G. und D. McQuail (1969): Television in Politics. Chicago

de Bock, H. (1980): Gratification Frustration During a Newspaper Strike and Television Blackout. Journalism Quarterly 57, S. 61-66

Bogart, L. (1968): Changing News Interests and the News Media. Public Opinion Quarterly 32, S. 560-574

Bogart, L. (1981): Press and Public: Who Reads What, When, Where and Why in American Newspapers? Hillsdale

Bogart, L. (1989): The Public and the Press. Hillsdale

Bogart, L. und B.S. Tolley (1988): The Search for Information in Newspaper Advertising. Journal of Advertising Research 28, Nr.2, S. 9-19

Bostian, L.R. (1983): How Active, Passive, and Nominal Styles Affect Readability of Science Writing. Journalism Quarterly 60, S. 635-640

Boyanowsky, E.O. (1977): Film Preferences under Conditions of Threat: Whetting the Appetite for Violence, Information or Excitement? Communication Research 4, S. 133-145

Bramford, J.D., J.H. Barclay und J.J. Franke (1972): Sentence Memory. A Constructive Interpretative Approach. Cognitive Psychology 3, S. 193-209

Brehm, J.W. und A.R. Cohen (1962): Explorations in Cognitive Dissonance. New York

Briscoe, M.E., H.D. Woodyard und M.E. Shaw (1967): Personality Impression Change as a Function of the Favorableness of First Impressions. Journal of Personality and Social Psychology 35, S. 343-357

Broadbent, B.E. (1958): Perception and Communication. London

Brock, T.C. und J.L. Balloun (1967): Behavioral Receptivity to Dissonant Information. Journal of Personality and Social Psychology 6, S. 413-428

Brosius, H.B. (1983): Ein Modell der Verarbeitung visuell präsentierter Szenen. Dissertation, Universität Münster

Brosius, H.B. und C. Berry (1990): Ein Drei-Faktoren-Modell der Wirkung von Fernsehnachrichten. Media Perspektiven, Heft 9, S. 573-583

Brosius, H.B. und H.M. Kepplinger (1990): The Agenda-setting Function of Television News. Static and Dynamic Views. Communication Research 17, S. 183-211

Brosius, H.B. und J.F. Staab (1989): Messung und Wahrnehmung politischer Tendenzen in der Berichterstattung der Massenmedien. Publizistik 34, S. 46-61

Brünne, M., F.R. Esch und H.D. Ruge (1987): Berechnung der Informationsüberlastung in der Bundesrepublik Deutschland. Saarbrücken

Bruhn Jensen, K. und K.E. Rosengren (1990): Five Traditions in Search for the Audience. European Journal of Communication 5, S. 207-238

Bruner, J.S. und L. Postman (1949): Perception, Cognition, and Behavior. Journal of Personality 18, S. 14-31

Bruner, J.S. und L. Postman (1951): An Approach to Social Perception. In: W. Dennis und R. Lippitt (Hrsg.): Current Trends in Social Psychology. Pittsburg, S. 71-118

Burgoon, J.K. und M. Burgoon (1980): Predictors of Newspaper Readership. Journalism Quarterly 57, S. 589-596

Burgoon, J.K. und M. Burgoon (1982): The Functions of the Daily Newspaper. Newspaper Research Journal 2, Nr. 4, S. 29-39

Burgoon, M., J.K. Burgoon und S.H. Burch (1981): Effects of Editorial and Production Practices on Satisfaction with the Use of Local Daily Newspapers. Newspaper Research Journal 2, Nr.4, S. 77-88

Burgoon, M., J.K. Burgoon und M. Wilkinson (1981): Newspaper Image and Evaluation. Journalism Quarterly 58, S. 411-419

Burgoon, M., J.K. Burgoon und M. Wilkinson (1983): Dimensions of Content Readership in Ten Newspaper Markets. Journalism Quarterly 69, S. 74-80

Bush, C.R. (Hrsg.) (1967): News Research for Better Newspapers. Band 2. New York

Butler, D. und D. Stokes (1969): Political Change in Britain. New York

Canon, L. (1964): Self-confidence and Selective Exposure to Information. In: L. Festinger u.a. (Hrsg.): Conflict, Decision, and Dissonance. Stanford, S. 83-96

Capon, N. und J. Hulbert (1973): The Sleeper-effect - An Awakening. Public Opinion

Quarterly 37, S. 333-358

Cantril, H. (1949): The Invasion from Mars. Princeton

Carlson, R.E. (1971): Effect of Interview Information in Altering Valid Impressions. Journal of Applied Psychology 55, S. 66-72

Carter, R.F., R.H. Pyszka und J.L. Guerrero (1969): Dissonance and Exposure to Aversive Information. Journalism Quarterly 46, S. 37-42

Carter, R.F., W.L. Ruggels, K.M. Jackson und M.B. Heffner (1973): Application of Signaled Stopping Technique to Communication Research. In: P. Clarke (Hrsg.): New Models for Communication Research. Beverly Hills, S. 15-43

Catalano, K. (1990): On the Wire: How Six News Services are Exceeding Readability Standards. Journalism Quarterly 67, S. 97-103

Catton, W. (1960): Changing Cognitive Structure as a Basis for the 'Sleeper Effect'. Social Forces 38, S. 348-354

Cazeneuve, J. (1974): Television as a Functional Alternative to Traditional Sources of Need Satisfaction. In: J.G. Blumler, E. Katz (Hrsg.): The Uses of Mass Communication. Beverly Hills und London, S. 213-248

Chaffee, S.H. und S.Y. Choe (1981): Newspaper Reading in Longitudinal Perspective: Beyond Structural Constraints. Journalism Quarterly 58, S. 201-211

Chaffee, S.H. und J.M. McLeod (1973): Individual vs. Social Predictors of Information Seeking. Journalism Quarterly 50, S. 237-245

Chaffee, S.H. und Y. Miyo (1983): Selective Exposure and the Reinforcement Hypothesis. An Intergenerational Panel Study of the 1980 Presidential Campaign. Communication Research 10, S. 3-36

Chaffee, S.H. und C. Roser (1986): Involvement and the Consistency of Knowledge, Attitudes, and Behaviors. Communication Research 13, S. 373-399

Chaffee, S.H. und J. Schleuder (1986): Measurement and Effects of Attention to Media News. Human Communication Research 13, S. 76-107

Chapanis, N. und A. Chapanis (1964): Cognitive Dissonance: Five Years Later. Psychological Bulletin 61, S. 1-22

Clark, K.B. (1940): Some Factors Influencing the Remembering of Prose Material. Archives of Psychology No. 253

Clarke, P. und J. James (1967): The Effects of Situation, Attitude Intensity and Personality on Information Seeking. Sociometry 30, S. 235-245

Clarke, P. und F.G. Kline (1974): Media Effects Reconsidered: Some New Strategies for Communication Research. Communication Research 1, S. 224-240

Cohen, A.R., J.W. Brehm und B. Latane (1959): Choice of Strategy and Voluntary Exposure to Information under Public and Private Conditions. Journal of Personality 27, S. 63-73

Cotton, J.L. (1985): Cognitive Dissonance in Selective Exposure. In: D. Zillmann und J. Bryant (Hrsg.): Selective Exposure to Communication. Hillsdale, S. 11-33

Cotton, J. und R.H. Hieser (1980): Selective Exposure to Information and Cognitive Dissonance. Journal of Research in Personality 14, S. 518-527

Diab, L.N. (1965): Studies in Social Attitudes II: Selectivity in Mass Communication Media as a Function of Attitude-Medium Discrepancy. Journal of Social Psychology 67, S. 297-302

Die Zeitung (1990): Keine Chance für lange Riemen. Nr. 4/5, S. 12

Dixon, N. (1981): Preconscious Processing. Chichester u.a.

Donohew, L.A., M. Nair und S. Finn (1984): Automaticity, Arousal, and Information Exposure. In: R.N. Bostrom, B.H. Westley (Hrsg.): Communication Yearbook 8. Beverly Hills, S. 267-284

Donohew, L.A. und B. Palmgreen (1971a): A Reappraisal of Dissonance and the Selective Exposure Hypothesis. Journalism Quarterly 48, S. 412-420, 437

Donohew, L.A. und B. Palmgreen (1971b): An Investigation of the 'Mechanisms' of Information Selection. Journalism Quarterly 48, S. 627-639, 666

Donohew, L.A., J.M. Parker und V. McDermott (1972): Psychophysiological Measurement of Information Selection: Two Studies. Journal of Communication 22, Nr. 1, S. 54-63

Donohew, L.A. und L. Tipton (1973): A Conceptual Model of Information Seeking, Avoiding, and Processing. In: P. Clarke (Hrsg.): New Models for Communication Research. Beverly Hills, S. 243-268

Donohew, L.A., L. Tipton und R. Haney (1978): Analysis of Information-Seeking Strategies. Journalism Quarterly 55, S. 25-31

Donsbach, W. (1982): Legitimationsprobleme des Journalismus. Freiburg und München

Donsbach, W. (1984): Die Rolle der Demoskopie in der Wahlkampf-Kommunikation. Zeitschrift für Politik 31, S. 388-407

Donsbach, W. (1987): Journalismusforschung in der Bundesrepublik. Offene Fragen trotz Forschungsboom. In: J. Wilke (Hrsg.): Zwischenbilanz der Journalistenausbildung. München, S. 105-144

Donsbach, W. (1989a): Selektive Zuwendung zu Medieninhalten. Forschungsstand und Feldstudie am Beispiel des Selektionsverhaltens von Zeitungslesern. Habilitationsschrift, Mainz

Donsbach, W. (1989b): Selektive Zuwendung zu Medieninhalten. Einflussfaktoren auf die Auswahlentscheidungen der Rezipienten. In: M. Kaase und W. Schulz (Hrsg.): Massenkommunikation. Theorien, Methoden, Befunde. Opladen, S. 392-404

Donsbach, W. (1990): Wahrnehmung von redaktionellen Tendenzen durch Zeitungsleser. Medienpsychologie 2, S. 275-301

Donsbach, W. und J. Donnerstag (1986): Gefühle und Einstellungen binden den Leser ans Blatt. Die Zeitung 14, Nr. 10, S. 7

Durand, R.M. und Z.V. Lambert (1975): Dogmatism und Exposure to Political Candidates. Psychological Reports 36, S. 423-429

Emig, E. (1928): The Connotation of Newspaper Headlines. Journalism Quarterly 4, S. 53ff.

Espe, H., M. Seiwert und H.P. Lang (1985): Eine Typologie von deutschen Fernsehzuschauern nach Programmpräferenzen. Publizistik 30, S. 471-484

Espe, H. und M. Seiwert (1986): European Television Viewer Types: A Six-Nation Classification by Programme Interests. European Journal of Communication 1, S. 301-325

Evans, L.A. (1987): Perception of Bias in New York Times Reports About the Third World. Master thesis, University of Maryland

Everett, B. (1970): Communication Behavior Before and After Decision Making. Master Thesis, Seattle

Fan, D.P. und A.R. Tims (1989): The Impact of the News Media on Public Opinion: American Presidential Election 1987-1988. International Journal of Public Opinion Research 1, S. 151-163

Farquhar, J.W. (1978): The Community-Based Model of Life Style Intervention Trials. American Journal of Epidemiology 108, S. 103-11

Feather, N.T. (1962): Cigarette Smoking and Lung Cancer: A Study of Cognitive Dissonance. Australian Journal of Psychology 14, S. 55-64

Fedler, F. und P. Taylor (1978): Broadcasting's Impact on Selection of News Stories by Readers. Journalism Quarterly 55, S. 301-305

Fenigstein, A. und R.G. Heyduk (1985): Thought and Action as Determinants of Media Exposure. In: D. Zillmann, J. Bryant (Hrsg.): a.a.O., S. 113-139

Ferguson, M.A., K.A. Person, N.W. Pickard, B.E. Richardson und L.D. Tournade (1987): A Cognitive Model of the Effects of Linking Political Referenda to Salient Social Issues. Paper presented to the conference of the International Communication Association, Montreal

Festinger, L. (1957): A Theory of Cognitive Dissonance. Stanford

Fields, J.N. und H. Schuman (1976): Public Beliefs about the Beliefs of the Public. Public Opinion Quarterly 40, S. 427-448

Flegel, R.C. und S.H. Chaffee (1971): Influences of Editors, Readers and Personal Opinions on Reporters. Journalism Quarterly 48, S. 645-651

Fowler, G.L. und E.J. Smith (1982): Readability of Delayed and Immediate Reward Content in 'Time' and 'Newsweek'. Journalism Quarterly 59, S. 431-434

Frazier, L. und K. Rayner (1982): Making and Correcting Errors During Sentence Comprehension. Cognitive Psychology 14, Nr. 2, S. 178-210

Freedman, J.L. (1965): Confidence, Utility, and Selective Exposure : A Partial Replication. Journal of Personality and Social Psychology 2, S. 778-780

Freedman, J. und D.O. Sears (1963): Voters' Preferences Among Types of Information. American Psychologist 14, S. 375f.

Freedman, J.L. und D.O. Sears (1965): Selective Exposure. In: L. Berkowitz (Hrsg.): Advances in Experimental Social Psychology. Band 2. New York, S. 58-98

Frey, D. (1984): Die Theorie der kognitiven Dissonanz. In: D. Frey und M. Irle (Hrsg.): Theorien der Sozialpsychologie. Band 1: Kognitive Theorien. Bern u.a., S. 243-292

Frost, R., G. Mersham und J. Stauffer (1987): Factors Affecting the Recall and Comprehension of Television News. Communication 13, S. 47-53

Früh, W. (1978): Leseranspruch und Leserurteil. Publizistik 23, S. 319-336

Früh, W. (1980): Lesen, Verstehen, Urteilen. Untersuchungen über den Zusammenhang zwischen Textgestaltung und Textwirkung. Freiburg und München

Früh, W. und K. Schönbach (1982): Der dynamisch-transaktionale Ansatz. Ein neues

Paradigma der Medienwirkungen. Publizistik 27, S. 74-88

Gallup, G. (1930): A Scientific Method for Determining Reader Interest. Journalism Quarterly 7, S. 1-13

Gannett Center for Media Studies (1985): The Media and the People. Americans' Experience with the News Media: A Fifty-Year Review. Gannett Center Working Papers, Nr.1, New York

Gans, H. (1979): Deciding What's News. New York

Gantz, W. (1979): How Uses and Gratifications Affect Recall of Television News. Journalism Quarterly 56, S. 115-123

Gazzaniga, M.S. (1974): The Split Brain in Man. In: R.E. Ornstein (Hrsg.): The Nature of Human Consciousness. New York, S. 87-100

Genova, B.K. und B.S. Greenberg (1979): Interests in News and the Knowledge Gap. Public Opinion Quarterly 43, S. 79-91

Glasser, T.L. (1982): Play, Pleasure and the Value of News Reading. Communication Quarterly 30, S. 101-107

Graber, D. (1984): Processing the News. How People Tame the Information Tide. New York

Granberg, D. (1971): Selectivity in Exposure and the Effect of Attitudes on Judgment of the Mass Media Coverage of the King Assassination. Journal of Social Psychology 85, S. 147-148

Graumann, C.F. (1966): Nicht-sinnliche Bedingungen des Wahrnehmens. In: W. Metzger (Hrsg.): Handbuch der Psychologie, Bd. 1. Göttingen, S. 1031-1096

Greenberg, B. und P.H. Tannenbaum (1962): Communicator Performance under Cognitive Stress. Journalism Quarterly 39, S. 169-178

Greenwald, A.G. und D.L. Ronis (1978): Twenty Years of Cognitive Dissonance: A Case Study of the Evolution of a Theory. Psychological Review 85, S. 53-57

Gunter, B. (1980): Remembering Television News: Effects of Picture Context. Journal of General Psychology 102, S. 127-133

Halloran, J.D., P. Elliott und G. Murdock (1970): Demonstrations and Communication: A Case Study. Harmondsworth

Hardyck, J.A. (1966): Consistency, Relevance, and Resistance to Change. Journal of Experimental Social Psychology 2, S. 27-41

Haskins,J.B. und M.M. Miller (1984): The Effects of Bad News and Good News on a Newspaper's Image. Journalism Quarterly 61, S. 3-13

Hastorf, A. und H. Cantril (1954): They Saw a Game: A Case Study. Journal of Personality and Social Psychology 49, S. 129-134

Hawkins, D. (1972): Reported Cognitive Dissonance and Anxiety: Some Additional Findings. Journal of Marketing 36, S. 63-66

Heider, F. (1958): The Psychology of Interpersonal Relations. New York

Heilmann, P. (1964): Der New Yorker Druckerstreik 1962/63. Verlauf und Auswirkungen. Publizistik 9, S. 228-235

Hensel, M. (1990): Die Informationsgesellschaft. Neuere Ansätze zur Analyse eines Schlagwortes. München

Hernandez-Péon, R. (1961): Reticular Mechanism of Sensory Control. In: W.A. Rosenblight (Hrsg.): Sensory Communication. New York, S. 497-530

Herzog, H. (1944): What Do We Really Know About Daytime Serial Listeners? In: P.F. Lazarsfeld, F.N. Stanton (Hrsg.): Radio Research 1944. S. 3-33

Hess, E.M. (1981): Leserschaftsforschung in Deutschland. Ziele, Methoden, Techniken. Offenburg

Higgins, E.T. und J.A. Bargh (1987): Social Cognition and Social Perception. Annual Review of Psychology 38, S. 369-425

Hillis, J.W. und W.D. Crano (1973): Additive Effects of Utility and Additional Supportiveness in the Selection of Information. Journal of Social Psychology 89, S. 257-269

Hochberg, J. (1970): Components of Literacy. In: H. Levin, J.D. Williams (Hrsg.): Basic Studies in Reading. New York

Holding, D.H. (1975): Sensory Storage Reconsidered. Memory and Cognition 3, S. 31-41

Holmlöv, P.G. (1982): Motivation for Reading Different Content Domains. Communication Research 9, S. 314-320

Horton, D. und R. Wohl (1956): Mass Communication and Para-social Interaction. Psychiatry 19, S. 215-219

Hovland, C.I. (1959): Reconciling Conflicting Results Derived from Experimental and Survey Studies of Attitude Change. American Psychologist 14, S. 8-17 Houghton-

Larsen, R. (1982): Patterns of Media Usage Related to Gratifications Sought. Canadian Journal of Communication 8, Nr.4, S. 42-55

Hovland, C.I., A.A. Lumsdaine und F.D. Sheffield (1949): Experiments in Mass Communication. Princeton

Hovland, C.I. und W. Weiss (1951): The Influence of Source Credibility on Communication Effectiveness. Public Opinion Quarterly 15, S. 635-650

Hovland, C.I., I.L. Janis und H.H. Kelley (1953): Communication and Persuasion. New Haven und London

Huey, E.B. (1968): The Psychology und Pedagogy of Reading. Cambridge

Hyman, H.J. und P.B. Sheatsley (1947): Some Reasons Why Information Campaigns Fail. Public Opinion Quarterly 11, S. 412-423

Innes, J.M. (1978): Selective Exposure as a Function of Dogmatism und Incentive. Journal of Social Psychology 106, S. 261-265

Irle, M. und V. Möntmann (1978): Die Theorie der kognitiven Dissonanz. Ein Resümee ihrer theoretischen Entwicklung und empirischen Ergebnisse 1957- 1976. In M. Irle und V. Möntmann (Hrsg.): L. Festinger: Theorie der kognitiven Dissonanz. Bern S. 247-363

Jacoby, J. und W.D. Hoyer (1989): The Comprehension/Miscomprehension of Print Communication: Selected Findings. Journal of Consumer Research 15, S. 434-443

Johnson, N.F. (1981): Understanding Word Recognition. In: O.J.L. Tzeng, H. Singer (Hrsg.): Perception of Print. Hillsdale, S. 29-64

Johnson-Carter, K.S. und G. Copeland (1989): Southern Voters' Reaction to Negative Political Ads in the 1986 Election. Journalism Quarterly 66, S. 883-893

Just, M.A. und P.A. Carpenter (1980): A Theory of Reading: From Eye Fixations to Comprehension. Psychological Review 87, S. 329-354

Kanouse, D.E. und R. Hanson (1972): Negativity in Evaluations. In: E. Jones et al. (Hrsg.) Attribution: Perceiving the Causes of Behavior. Morristown, S. 47-62

Katz, E. (1957): The Two-step Flow of Communication: An Up-to-Date-Report on a Hypothesis. Public Opinion Quarterly 21, S. 61-78

Katz, E. (1968): On Reopening the Question of Selectivity in Exposure to Mass Communications. In R.P. Abelson et al.: TOCCAS, S. 788-96

Katz, E., J.G. Blumler und M. Gurevitch (1974): Utilization of Mass Communication by the Individual: An Overview. In: J.G. Blumler, E. Katz (Hrsg.): a.a.O.

Katz, E. und P.F. Lazarsfeld (1955): Personal Influence. Glencoe

Kendall, P. und K. Wolf (1949): The Personification of Prejudice as a Device in Educational Propaganda. New York

Kepplinger, H.M. (1985): Die aktuelle Berichterstattung des Hörfunks. Freiburg und München

Kepplinger, H.M. (1989a): Theorien der Nachrichtenauswahl als Theorien der Realität. Aus Politik und Zeitgeschehen, April, S. 3-16

Kepplinger, H.M. (1989b): Content Analysis and Reception Analysis. American Behavioral Scientist 33, S. 175-182

Kepplinger, H.M. (1989c): Instrumentelle Aktualisierung. Grundlagen einer Theorie publizistischer Konflikte. In: M. Kaase und W. Schulz (Hrsg.): Massenkommunikation. Theorien, Methoden, Befunde. Opladen, S. 199-220

Kepplinger, H.M., H.B. Brosius und J.F. Staab (1986a): Instrumentelle Aktualisierung am Beispiel Mittelamerika. Manuskript für die Tagung des DFG-   Schwerpunkts 'Publizistische Medienwirkungen', Hannover

Kepplinger, H.M. und H.B. Brosius (1990): The Agenda-setting Function of Television News. Static and Dynamic Views. Communication Research 17, S. 183-211

Kepplinger, H.M. und W. Donsbach (1983): Der Einfluß der Kameraperspektiven auf die Wahrnehmung eines Parteiredners durch Anhänger, Gegner und neutrale Zuschauer. In: W. Schulz, K. Schönbach (Hrsg.): Massenmedien und Wahlen. München, S. 406-423

Kepplinger, H.M., W. Donsbach, H.B. Brosius und J.F. Staab (1986b): Medientenor und Bevölkerungsmeinung. Kölner Zeitschrift für Soziologie und Sozialpsychologie 38, S. 247-279

Kepplinger, H.M., W. Donsbach, H.B. Brosius und J.F. Staab (1989): Media Tone and Public Opinion: A Longitudinal Study of Media Coverage und Public Opinion on Chancellor Kohl. International Journal of Public Opinion Research 1, S. 326-342

Kepplinger, H.M. und R. Köcher (1990): Professionalization in the Media World? European Journal of Communication 5, S. 285-311

Kerrick, J.S., T.E. Anderson und L.B. Swales (1964): Balance and the Writer's Attitude in News Stories and Editorials. Journalism Quarterly 41, S. 207-215

Kiefer, M.L. (1989): Medienkomplementarität und Medienkonkurrenz. In: M. Kaase, W. Schulz (Hrsg.): Massenkommunikation. Theorien, Methoden, Befunde. Opladen, S. 337-350

Kintsch, W. (1982): Gedächtnis und Kognition. Berlin

Kintsch, W. und D. Monk (1972): Storage of Complex Information in Memory. Journal of Experimental Psychology 94, S. 25-32

Klapper, T. (1960): The Effects of Mass Communication. Glencoe

Kleinhesselink, R.R. und R.E. Edwards (1975): Seeking and Avoiding Belief-Discrepant Information as a Function of its Perceived Refutability. Journal of Personality and Social Psychology 31, S. 787-790

Kline, F.G. (1977): Time in Communication Research. In: P.M. Hirsch u.a. (Hrsg.): Strategies for Communication Research. Beverly Hills

Kocher, D.J. und E.F. Shaw (1981): Newspaper Inaccuracies and Reader Perceptions of Bias. Journalism Quarterly 58, S. 471-474

Köcher, R. (1986): Bloodhounds or Missionaries: Role Definitions of German and British Journalists. European Journal of Communication 1, S. 43-64

Korgaonkar, P.K. und G.P. Moschis (1982): An Experimental Study of Cognitive Dissonance, Product Involvement, Expectation, Performance, and Consumer Judgment of Product Performance. Journal of Advertisement 11, S. 32-44

Koschnik, W. (1990): Am Anfang steht das Bild. Amerikanische Studie zur Zeitungsgestaltung. Die Zeitung 18, Nr. 10, S. 6

Kroeber-Riehl, W. und G. Meyer-Hentschel (1982): Werbung: Steuerung des Konsumentenverhaltens. Würzburg

Kraus, S. (1962): The Great Debates. Background, Perspectives, Effects. Bloomington

Kraus, S. und D. Davis (1976): The Effects of Mass Communication on Political Behavior. University Park, London

Krugman, H. (1971): Brain Wave Measures of Brain Involvement. Journal of Advertising Research, Februar, S. 3-10

Kunczik, M. (1984): Kommunikation und Gesellschaft. Theorien zur Massenkommunikation. Köln und München

Lang, K. und G.E. Lang (1953): The Unique Perspective of Television and Its Effects. American Sociological Review 18, S. 3-12

Lang, K. und G.E. Lang (1978): Immediate and Delayed Responses to a Carter-Ford-Debate: Assessing Public Opinion. Public Opinion Quarterly 42, S. 322-334

Lang, K. und G.E. Lang (1985): Method as Master or Mastery over Method. In: M. Gurevitch und M.R. Levy (Hrsg.): Mass Communication Review Yearbook 5, Beverly Hills, S. 49-63

Lasswell, H.D. (1948): The Structure and Function of Communication in Society. In L. Bryson (Hrsg.) The Communication of Ideas. New York, S. 37-51

Lawrence, D.H. und L. Festinger (1962): Deterrents and Reinforcement: The Psychology of Insufficient Reward. Stanford

Lazarsfeld, P.F. (1942): Effects of Radio on Public Opinion. In: D. Waples (Hrsg.): Print, Radio, and Film in a Democracy. Chicago, S. 114-158

Lazarsfeld, P.F., B. Berelson und H. Gaudet (1944): The People's Choice. New York

Lazarus, R.S. und R.A. McCleary (1951): Automatic Discrimination Without Awareness: A Study of Subception. Psychological Review 58, S. 113-122

Leventhal, H. und A.J. Tomarken (1986): Emotion: Today's Problems. Annual Review of Psychology 37, S. 565-610

Levine, J.M. und G. Murphy (1958): The Learning and Forgetting of Controversial Material. Journal of Abnormal and Social Psychology 67, S. 507-517

Levy, L.H. und M.L. Richter (1963): Impressions of Groups as a Function of the Stimulus Values of Their Individual Members. Journal of Abnormal and Social Psychology 67, S. 349-354

Levy, M.R. (1979): Watching Television News as Para-social Interaction. Journal of Broadcasting 23, S. 69-80

Lichtenstein, A. und L.B. Rosenfeld (1983): Uses and Misuses of Gratifications Research: An Explication of Media Functions. Communication Research 10, S. 97-109

Lichty, L.W. (1982): Video versus Print. Wilson Quarterly 6, Nr. 5, S. 49-57

Lilli, W. (1984): Die Hypothesentheorie der sozialen Wahrnehmung. In: D. Frey, M. Irle (Hrsg.): Theorien der Sozialpsychologie, Bd. 1: Kognitive Theorien. Bern u.a., S. 19-46

Lowin, A. (1967): Approach and Avoidance: Alternative Models of Selective Exposure to Information. Journal of Personality and Social Psychology 6, S. 1-9

Mackworth, N.H. und A.J. Morandi (1967): The Gaze Selects Informative Details within Pictures. Perception und Psychophysics 2, S. 547-552

Manis, M. (1961): Interrelation of Opinion Statements as a Function of Recipient Attitude and Source Prestige. Journal of Abnormal and Social Psychology 63, S. 82-86

Martin, R.K., G.J. O'Keefe und O.B. Nayman (1972): Opinion Agreement and Accuracy Between Editors and Their Readers. Journalism Quarterly 49, S. 460-468

Massad, C.M., M. Hubbard und D. Newtson (1979): Selective Perception of Events. Journal of Experimental Social Psychology 15, S. 513-532

McCombs, M.E. und J.B. Mauro (1977): Predicting Newspaper Readership from Content Characteristics. Journalism Quarterly 54, S. 3-7, 49

McCombs, M.E. und D. L. Shaw (1972): The Agenda-Setting Function of Mass Media. Public Opinion Quarterly 36, S. 176-8

McCombs, M.E. und J.M. Smith (1969): Perceptual Selection and Communication. Journalism Quarterly 46, S. 352-355

McCroskey, J.C. und S.V.O. Pritchard (1967): Selective Exposure and Lyndon B. Johnson's 1966 'State of the Union' Address. Journal of Broadcasting 11, S. 331-337

McDonald, D.G. (1990): Media Orientation and Television News Viewing. Journalism Quarterly 67, S. 11-20

McGinnies, E. (1948): Emotionality und Perceptual Defense. Psychological Review 56, S. 244-251

McGinnies, E. und L. Rosenbaum (1965): A Test of the Selective Exposure Hypothesis in Persuasion. Journal of Psychology 61, S. 237-240

McGuire, W.J. (1968): Selective Exposure: A Summing Up. In: Abelson et al. (Hrsg.): TOCCAS, S. 797-800

McGuire, W.J. (1974): Psychological Motives and Communication Gratification. In: J.G. Blumler, E. Katz (Hrsg.): a.a.O., S. 167-196

McLean, D. (1989): Libel Consequences of Headlines. Journalism Quarterly 66, S. 924-929

McLeod, S.H. und S.H. Chaffee (1972): The Construction of Social Reality. In: I.T. Tedeschi (Hrsg.): The Social Influence Process. Chicago, S. 52ff.

McLeod, J.M., W. Wackman, W. Hurt und H. Payne (1965): Political Conflict and Communication Behavior in the 1964 Presidential Campaign. Paper presented to the conference of the Association for Education in Journalism, Syracuse

McNeil, R. (1968): Marketing and Candidates. The Use of Television in the American Election. Listener, 14. November, S. 631-632

McQuail, D. (1981): The Influence of Effects of Mass Media. In: M. Janowitz, P.M. Hirsch (Hrsg.): Reader in Public Opinion and Mass Communication. 3. Auflage, New York, S. 261-285

McQuail, D. (1987): Mass Communication Theory. An Introduction. London, Beverly Hills und New Delhi

McQuail, D., J.G. Blumler und J.R. Brown (1972): The Television Audience: A Revised Perspective. In: D. McQuail (Hrsg.): Sociology of Mass Communications. Harmondsworth, S. 135-165

Medoff, N.J. (1982): Selective Exposure to Televised Comedy Programs. Journal of Applied Communication Research 10, S.117-132

Merbold, K. und U. Johannsen (1977): Maße der Leser-Blatt-Bindung - Kriterien zur qualitativen Mediaplanung. Hamburg

Merton, R. (1949): Patterns of Influence. In: P.F. Lazarsfeld, F.N. Stanton (Hrsg.): Communication Research 1948-49. New York

Miettinen, J. (1979): Finns Diligent Newspaper Readers. Finnish Newspaper Publishers Association. Unveröff. Manuskript, Helsinki

Miettinen, J. (1981): Newspaper Readership. Finns Diligent Newspaper Readers. Unveröff. Manuskript, Helsinki

Milburn, M.A. (1979): A Longitudinal Test of Selective Exposure Hypothesis. Public Opinion Quarterly 43, S. 507-517

Mills, J. (1965): Avoidance of Dissonant Information. Journal of Personality and Social Psychology 2, S. 589-593

Mills, J. (1968): Interest in Supporting and Discrepant Information. In: Abelson et al. (Hrsg.): TOCCAS, S. 771-776

Mills, J., E. Aronson und H. Robinson (1959): Selectivity in Exposure to Information. Journal of Abnormal and Social Psychology 59, S. 250-253

Mills, J. und A. Ross (1964): Effects of Commitment and Certainty upon Interest in Supporting Information. Journal of Abnormal and Social Psychology 68, S. 552-555

Moray, N. (1959): Attention in Dichotonic Listening. Attentive Cues und the Influence of Instructions. Quarterly Journal of Experimental Psychology 11, S. 56-60

Moray, N. (1970): Attention: Selective Processes in Vision and Hearing. New York

Mortensen, C.D. und K.K. Sereno (1970): Influence of Ego-involvement and Discrepancy on Perceptions of Communication. Speech Monographs 37, S. 127-134

Mulder, R. (1981): A Log-linear Analysis of Media Credibility. Journalism Quarterly 58, S. 635-638

Murray, E.M. (1983): Channels to the Top? An Exploration of Sex Role and Information Source. Communication Quarterly 31, S. 156-166

Nafziger, R.O., M. McLean jr. und W. Engström (1951): Useful Tools of Interpreting Newspaper Readership Data. Journalism Quarterly 28, S. 441-456

Neisser, U. (1967): Cognitive Psychology. New York

Newcomb, T.M. (1953): An Approach to the Study of Communicative Acts. Psychological Review 60, S. 393-404

Newspaper Readership Project (1978): Patterns of Exposure to News in the Mass Media. New York

Noelle-Neumann, E. (1971): Wirkungen der Massenmedien. In: E. Noelle-Neumann, W. Schulz (Hrsg.): Publizistik (Fischer-Lexikon), Frankfurt am Main, S. 316-350

Noelle-Neumann, E. (1973a): Return to the Concept of Powerful Mass Media. Studies of Broadcasting 9, S. 67-112

Noelle-Neumann, E. (1973b): Kumulation, Konsonanz und Öffentlichkeitseffekt. Ein neuer Ansatz zur Analyse der Wirkung der Massenmedien. Publizistik 18, S. 26-55

Noelle-Neumann, E. (1979): Kumulation, Konsonanz und Öffentlichkeitseffekt. Ein neuer Ansatz zur Analyse der Wirkung von Massenmedien. In: E. Noelle-Neumann: Öffentlichkeit als Bedrohung. Freiburg und München, S. 127-68

Noelle-Neumann, E. (1980): Die Schweigespirale. Öffentliche Meinung - unsere soziale Haut. München

Noelle-Neumann, E. (1982): Der Konflikt zwischen Wirkungsforschung und Journalismus. Publizistik 27, S. 114-128

Noelle-Neumann, E. (1985): Die Identifizierung der Meinungsführer. Vortrag beim ESOMAR-Kongreß, Wiesbaden

Noelle-Neumann, E. (1989a): Wirkung der Massenmedien. In: E. Noelle-Neumann, W. Schulz, J. Wilke (Hrsg.): Publizistik, Massenkommunikation (Fischer-Lexikon). Frankfurt am Main, S. 364-400

Noelle-Neumann, E. (1989b): Spiral of Silence in Comparative Context. Paper prepared for annual conference of the International Communication Association, San Francisco

Noelle-Neumann, E. und R. Mathes (1987): The 'Event as Event' and the 'Event as News': The Significance of 'Consonance' for Media Effects Research. European Journal of Communication 2, S. 391-414

Noelle-Neumann, E. und E. Piel (Hrsg.) (1983): Jahrbuch der Demoskopie 1978-1983. München u.a.

Noelle-Neumann, E. und R. Schulz (1988): A Breakthrough for Social Experimentation in the Federal Republic of Germany: Reactions to CTV and Commercial Channels. In: L.B. Becker, K. Schönbach (Hrsg.): Coping with Plenty: Audience Responses to Media Content Diversification. Hillsdale

Norman, D.A. und D.E. Rumelhart (1975): Exploration in Cognition. San Francisco

Norman, D.A. und D.G. Bobrow (1976): On the Role of Active Memory Processes in Perception and Cognition. In: C. Cofer (Hrsg.): The Structure of Human Memory. San Francisco

O'Keefe, G.J. und H. Mendelsohn (1974): Voter Selectivity, Partisanship, and the Challenge of Watergate. Communication Research 1, S. 345-367

Olson, J. und M.P. Zanna (1979): A New Look at Selective Exposure. Journal of Experimental Social Psychology 15, S. 1-15

Opello, W.C. (1977): Cognitive Inconsistency among some Mozambican Revolutionaries. Journal of Social Psychology 102, S. 73-77

Osgood, C.H. und P.H. Tannenbaum (1955): The Principle of Congruity in the Prediction of Attitude Change. Psychological Review 62, S. 42-55

Paletz, D.L., J. Koon, E. Whitehead und R.B. Hagens (1972): Selective Exposure: The Potential Boomerang Effect. Journal of Communication 22, S.48-53

Patterson, T.E. (1989): The Press and Candidate Images. International Journal of Public Opinion Research 1, S. 123-135

Perloff, R.M. (1987): Biased Perceptions of Media Effects: Partisan Reactions to News of the Arab-Israeli Conflict. Paper presented to the conference of the American Association for Public Opinion Research, Hershey

Poindexter, P.M. (1979): Daily Newspaper Nonreaders: Why They Don't Read. Journalism Quarterly 56, S. 764-770

Powell, F.A. (1974): Cognitive Tuning and Differentiation of Arguments in Communication. Human Communication Research 1, S. 53-61

Powers, R.D. und B.E. Kearl (1968): Readability and Display as Readership Predictors. Journalism Quarterly 45, S. 117-8

Rarick, G. (Hrsg.) (1975): News Research for Better Newspapers. Band 7. Washington

Rayburn, J.D., R. Palmgreen und T. Aeker (1984): Media Gratifications and Choosing a Morning News Program. Journalism Quarterly 61, S. 149-156

Rayner, K. (1978): Eye Movements in Reading and Information Processing. Psychological Bulletin 85, Nr. 3, S. 618-660

Rayner, K. und G.W. McConkie (1977): Perceptual Processes in Reading: The Perceptual Spans. In: A. Reber, D. Scarborough (Hrsg.): Toward a Psychology of Reading. Hillsdale

Reagan, J. (1989): New Technologies and News Use: Adopters vs. Nonadopters. Journalism Quarterly 66, S. 871-875

Reeves, B. und E. Thorson (1986): Watching Television. Experiments on the Viewing Process. Communication Research 13, S. 343-361

Reeves, B., A. Lang, E. Thorson und M. Rothschild (1989): Emotional Television Scenes and Hemispheric Specialization. Human Communication Research 15, S. 493-508

Rhine, R. (1967): The 1964 Presidential Election and Curves of Information Seeking and Avoiding. Journal of Personality and Social Psychology 5, S. 416-423

Richey, M.H., F.S. Bono, H.V. Lewis und H.W. Richey (1982): Selectivity of Negative Bias in Impression Formation. Journal of Social Psychology 116, S. 107-118

Riecken, H.W. (1954): Narrowing the Gap between Field Studies and Laboratory Studies in Social Psychology: A Statement by the Summer Seminar. Social Science Research Council Nr.8, S. 37-42

Robeck, G.B. und V.V. Troldahl (1966): News Selection Patterns Among Newspaper Readers. Paper presented to the conference of the Association for Education in Journalism, Iowa City

Robinson, W.S. (1950): Ecological Correlations and the Behavior of Individuals. American Sociological Review 15, S. 351-357

Roper Organization (1983): Trends in Attitudes Toward Television and Other Media: A Twenty-four Year Review. New York

Rosen, S. (1961): Postdecision Affinity for Incompatible Information. Journal of Abnormal and Social Psychology 63, S. 188-190

Rosenberg, W.L. und W.R. Elliott (1987): Missing the Daily Newspaper: Gratifications Loss and News Media Use for the Public and Reporters. Paper presented to the International Communication Association Convention, Montreal

Rosengren, K.E. und S. Windahl (1972): Mass Media Consumption as a Functional Alternative. In: D. McQuail (Hrsg.): Sociology of Mass Communications. Harmondsworth, S. 166-194

Rosengren, K.E., L.A. Wenner und P. Palmgreen (Hrsg.) (1985): Media Gratifications Research: Current Perspectives. Beverly Hills

Rothschild, M.L. und M.L. Ray (1973): Involvement and Political Advertising Effectiveness: A Laboratory Repetition Experiment. Paper presented to the conference of the American Association for Public Opinion Research, Asheville

Rothschild, M.L. et al. (1986): EEG Activity and the Processing of Television Commercials. Communication Research 13, S. 182-220

Rubin, A.M. (1983): Television Uses and Gratifications: The Interactions of Viewing Patterns and Motivations. Journal of Broadcasting 27, S. 37-51

Rubin, A.M. (1984): Ritualized and Instrumental Television Viewing. Journal of Communication 34, Nr. 3, S. 67-77

Rubin, A.M., E.M. Perse und R.A. Powell (1985): Loneliness, Parasocial Interaction, and Local Television News Viewing. Human Communication Research 12, S. 155-180

Rubin, R.B. und M.P. McHugh (1987): Development of Parasocial Interaction Relationships. Journal of Broadcasting and Electronic Media 31, S. 279-292

Sachs, J.D.S. (1967): Recognition Memory for Syntactic and Semantic Aspects of Connected Discourse. Perception 2, S. 437-442

Salmon, C.T. (1986): Message Discrimination and the Information Environment. Communication Research 13, S. 363-372

Saxer, U. (1980): Grenzen der Publizistikwissenschaft. Publizistik 25, S. 525-- 543

Schenk, M. (1983): Meinungsführer und Netzwerke persönlicher Kommunikation. Rundfunk und Fernsehen 31, S. 326-336

Schenk, M. (1984): Soziale Netzwerke und Kommunikation. Tübingen

Schenk, M. (1985): Politische Meinungsführer: Kommunikationsverhalten und primäre Umwelt. Publizistik 30, S. 7-16

Schenk, M. (1987): Medienwirkungsforschung. Tübingen

Schramm, W. (1947): Measuring Another Dimension of Readership. Journalism Quarterly 24, S. 293-300

Schramm, W. (1949): The Nature of News. Journalism Quarterly 26, S. 259-269

Schramm, W. und R.F. Carter (1955): Effectiveness of a Political Telethon. Public Opinion Quarterly 23, S. 121-127

Schulz, W. (1971): Kommunikationsprozeß. In: E. Noelle-Neumann, W. Schulz (Hrsg.): Publizistik (Fischer-Lexikon), S. 89-109

Schulz, W. (1975): Wirkungsqualitäten verschiedener Medien. Rundfunk und Fernsehen 23, S. 57-72

Schulz, W. (1976): Die Konstruktion von Realität in den Nachrichtenmedien. Freiburg und München

Schulz, W. (1982): Ausblick am Ende des Holzweges? Eine Übersicht über die Ansätze der neuen Wirkungsforschung. Publizistik 27, S. 49-73

Sebald, H. (1962): Limitations of Communication: Mechanisms of Image Maintenance in Form of Selective Perception, Selective Memory and Selective Distortion. Journal of Communication 12, Nr. 3, S. 142-149

Severin, W.J. und J.W. Tankard (1979): Communication Theories. Origins, Methods, Uses. New York

Sheinkopf, K., C.K. Atkin und L. Bowen (1972): The Functions of Political Advertising for Campaign Organizations. Journal of Marketing Research 9, S. 401-405

Sherif, M. und C.I. Hovland (1961): Social Judgement. New Haven

Sherrod, D.R. (1971): Selective Perception of Political Candidates. Public Opinion Quarterly 35, S. 554-562

Shields, S.A. und K.A. McDowell (1987): 'Appropriate' Emotion in Politics: Judgments of a Televised Debate. Journal of Communication 37, Nr. 2, S. 78-89

Shiffrin, R.M. und G.T. Gardner (1972): Visual Processing Capacity and Attentional Control. Journal of Experimental Psychology 93, S. 72-82

Simons, H.W. (1976): Persuasion: Understanding, Practice, and Analysis. Reading

Smith, E.J. und G.L. Foweler jr. (1982): How Comprehensible are Newspaper Headlines? Journalism Quarterly 59, S. 305-308

Smith, M.J. (1982): Cognitive Schema Theory and the Perseverance and Attenuation of Unwarranted Empirical Beliefs. Communication Monographs 49, S. 115-126

Smith, R.F. und P. Voelz (1983): Newspaper Stylistic Codes: A Hindrance to Understanding? Journalism Quarterly 60, S. 641-646

Sobol, J. und M. Jackson-Beeck (1981): Newspaper Nonreaders: A National Profile. Journalism Quarterly 58, S. 9-13

de Sola Pool, I. et al. (1984): Communication Flows. A Census in the United States and Japan. Information Research und Resource Reports, vol. 3, Tokyo

Sperling, G. (1960): The Information Available in Brief Normal Presentations. Psychological Monographs, 74

Staab, J.F. (1990): Nachrichtenwert-Theorie. Formale Struktur und empirischer Gehalt. Freiburg und München

Stamm, K.R. und M.D. Jacoubovitch (1980): How Much Do They Read in the Daily Newspaper: A Measurement Study. Journalism Quarterly 57, S. 234-242

Stanford, S. und B. Riccomini (1984): Linking TV Program Orientations and Gratifications: An Experimental Approach. Journalism Quarterly 61, S. 76-82

Steele, C,M., L.L. Southwick und B. Critchlow (1981): Dissonance and Alcohol: Drinking your Troubles Away. Journal of Personality and Social Psychology 41, S. 831-846

Stelzl, I. (1982): Fehler und Fallen der Statistik. Bern u.a.

Stempel, G.H. (1961): Selectivity in Readership of Political News. Public Opinion Quarterly 25, S. 400-404

Stempel, G.H. (1967): A Factor Analytic Study of Reader Interest in News. Journalism Quarterly 44, S. 326-330

Stephenson, W. (1967): The Play Theory of Mass Communication. Chicago

Stevenson, R.L. (1990): The Disappearing Newspaper Reader. Paper presented to the conference of the Association for Education in Journalism and Mass Communication, Minneapolis

Stevenson, R.L. und M.T. Greene (1980): A Reconsideration of Bias in the News. Journalism Quarterly 57, S. 115-121

Stocking, S.H. und P.H. Gross (1989): How Do Journalists Think? A Proposal for the Study of Cognitive Bias in Newsmaking. Bloomington.

Stolz, H.G. (1987): Die redaktionellen Linien ausgewählter Publikationsorgane. Magisterarbeit, Mainz

Stone, G.C. und R.V. Wetherington Jr. (1979): Confirming the Newspaper Reading Habit. Journalism Quarterly 56, S. 554-561

Streitberg, B. (1976): Schätzung von Kovarianzstrukturen in linearen Zwei- und Mehrebenenmodellen. Dissertation, Freie Universität Berlin

Stricker, G. (1964): The Operation of Cognitive Dissonance on Pre- and Postelection Attitudes. Journal of Social Psychology 63, S. 111-119

Sweeney, P.D. und K.L. Gruber (1984): Selective Exposure: Voter Information Preferences and the Watergate Affair. Journal of Personality and Social Psychology 46, S. 1208-1221

Taijfel, H. (1969): Social und Cultural Factors in Perception. In: G. Lindzey und E. Aronson (Hrsg.): The Handbook of Social Psychology, Bd. 3, Reading

Tan, A.S. (1975): Exposure to Discrepant Information and Effect of Three Coping Modes. Journalism Quarterly 52, S. 678-684

Tannenbaum, P.H. (1953): The Effect of Headlines on the Interpretation of News Stories. Journalism Quarterly 30, S. 189-197

Tannenbaum, P.H. (1985): 'Play it Again, Sam': Repeated Exposure to Television Programs. In: D. Zillmann, J. Bryant (Hrsg.): a.a.O., S. 225-241

Times Mirror (1989): The People and the Press - Survey V: Attitudes Towards News Organizations. Unveröff. Manuskript. Princeton

Treisman, A. (1964): Selective Attention in Man. British Medical Bulletin 20, S. 12-16

Trenaman, J. und D. McQuail (1961): Television and the Political Image. London

Tullius, C. (1990): Validierung von Inhaltsanalyse durch Texteinschätzung. Magister-Arbeit Mainz

Turner, J.M. und A. Maryanski (1979): Functionalism. Menlo Park

Umphrey, D. (1989): A Comparison of Cable Disconnecters and Subscribers. Journalism Quarterly 66, S. 628-631, 779

Vacchiano, R.B., P.S. Strauss und L. Hochmann (1969): The Open and Closed Mind: A Review of Dogmatism. Psychological Bulletin 71, S. 261-273

Vallone, R.P., L. Ross und M.R. Lepper (1985): The Hostile Media Phenomenon: Biased Perception and Perceptions of Media Bias in Coverage of the Beirut Massacre. Journal of Personality and Social Psychology 49, S. 577-585

Wakshlag, J., V. Vival, R. Tamborini (1983): Selecting Crime Drama and Apprehension About Crime. Human Communication Research 10, S. 227-42

Warner, W.L. und W.E. Henry (1948): The Radio Daytime Serial: A Symbolic Analysis. Genetic Psychology Monographs 37, S. 7-13

Warshaw, R. (1978): Application of Selective Attention Theory to Television Advertising Displays. Journal of Applied Psychology 63, S. 366-372

Watson, W.S. und G.W. Hartmann (1939): The Rigidity of a Basic Attitudinal Frame. Journal of Abnormal and Social Psychology 34, S. 314-335

Weaver, D.H. (1979): Estimating the Value of Newspaper Content for Readers: A Comparison of Two Methods. Newspaper Research Journal, S. 7-13

Weaver, D.H. und J.B. Mauro (1978): Newspaper Readership Patterns. Journalism Quarterly 55, S. 84-99

Weick, K.E. (1968): Processes of Ramification among Cognitive Links. In: Abelson et al. (Hrsg.): TOCCAS, S. 512-519

Weimann, G. (1982): On the Importance of Marginality. One More Step into the Two-Step-Flow of Communication. American Sociological Review 47, S. 764-773

Weinstein, S., V. Appel und C. Weinstein (1980): Brain-Activity Responses to Magazine and Television Advertising. Journal of Advertising Research, Juni, S. 57-63

Wenner, L.A. (1983): Political News on Television: A Reconsideration of Audience Orientations. Western Journal of Speech Communication 47, S. 380-395

Wicklund, R.A. und J.W. Brehm (1976): Perspectives on Cognitive Dissonance. Hillsdale

Wilhoit, G.C. und H. de Bock (1976): 'All in the Family' in Holland. Journal of Communication 26, Nr. 4, S. 75-84

Williams, L.G. (1966): The Effect of Forget Specification on Objects Fixated During Visual Search. Perception and Psychophysics 1, S. 315-318

Wilke, J. (1985): Nachrichtenauswahl und Medienrealität in vier Jahrhunderten. Berlin und New York

Wright, C.R. (1960): Functional Analysis and Mass Communication. Public Opinion Quarterly 24, S. 605-20

Wulfemeyer, K.T. (1983): The Interests and Preferences of Audiences for Local Television News. Journalism Quarterly 60, S. 323-328

Yngve, V.H. (1960): A Model and a Hypothesis for Language Structure. Technical Report, MIT, Boston

Zetterberg, H. (1962): Theorie, Forschung und Praxis in der Soziologie. In: R. König (Hrsg.): Handbuch der empirischen Sozialforschung, Band 1, Stuttgart, S. 64-104

Ziemke, D.A. (1980): Selective Exposure in a Presidential Campaign. In D. Nimmo (Hrsg.) Communication Yearbook 4. New York, S. 497-511

Zillmann, D. und J. Bryant (Hrsg.) (1985): Selective Exposure to Communication. Hillsdale

Zillmann, D. und J. Bryant (1985a): Selective Exposure Phenomena. In: Dies. (Hrsg.): a.a.O., S. 1-10

Zillmann, D. und J. Bryant (1985b): Affect, Mood, and Emotion as Determinants of Selective Exposure. In: Dies. (Hrsg.): a.a.O., S. 157-189

Zillmann, D., R.T. Hezel und N.J. Medoff (1980): The Effect of Affective States on Selective Exposure to Televised Entertainment Fare. Journal of Applied Social Psychology 10, S. 323-339

Zucker, H.G. (1978): The Variable Nature of News Media Influence. In: B.D. Ruben (Hrsg.): Communication Yearbook, New Brunswick, S. 225-240

Übersicht über Tabellen und Schaubilder

Tabellen im Text

Tabelle 9.1:	Nutzung verschiedener Formen von redaktionellen Beiträgen
Tabelle 10.1:	Einfluß der Leser-Themen-Beziehungen auf die Artikelnutzung
Tabelle 11.1:	Analyse der Vorberichterstattung: Wertende Aussagen über Politiker
Tabelle 11.2:	Analyse der Vorberichterstattung: Wertende Aussagen zu den Konfliktthemen
Tabelle 11.3:	Vorauswahl der Zeitung nach Gesichtspunkten der politischen Tendenz
Tabelle 11.4:	Einfluß von Konsonanz und Dissonanz
Tabelle 11.5:	Konsonanz und Dissonanz bei positiven und negativen Informationen über Politiker
Tabelle 11.6:	Konsonanz und Dissonanz bei Lesern mit unterschiedlichem Dogmatismusgrad
Tabelle 11.7:	Konsonanz und Dissonanz bei unterschiedlichem Betonungsgrad der Artikel
Tabelle 11.8:	Konsonanz und Dissonanz bei unterschiedlicher politischer Distanz zwischen Leser und Zeitung
Tabelle 11.9:	Konsonanz und Dissonanz in Konkurrenz zu anderen Faktoren der Artikelnutzung
Tabelle 11.10:	Nutzung von Politiker-Fotos in konsonanten und dissonanten Fällen
Tabelle 11.11:	Konsonanz und Dissonanz bei parteipolitisch strukturierten Themen
Tabelle 11.12:	Konsonanz und Dissonanz bei unterschiedlicher Kongruenz zwischen Leser und Zeitung
Tabelle 11.13:	Konsonanz und Dissonanz bei verschiedenen Leser-Themen-Beziehungen
Tabelle 11.14:	Selektion von Informationseinheiten
Tabelle 11.15:	Bewußte und unbewußte Selektion von Artikeln über Politiker

Schaubilder im Text

Schaubild 1.1:	Die Amplituden der Medienwirkungsforschung
Schaubild 3.1:	Selektionsphasen in der Massenkommunikation
Schaubild 5.1:	Intervenierende Variablen zur selektiven Zuwendung in der dissonanztheoretischen Forschung der Psychologie
Schaubild 5.2:	Suchen und Vermeiden von Informationen
Schaubild 8.1:	Übersicht über die Struktur der Datensätze
Schaubild 9.1:	Einfluß von Nachrichtenfaktoren auf die Artikelnutzung
Schaubild 11.1:	Zwei-Phasen-Modell für die Selektion von Informationen aus Tageszeitungen

Tabellen im Anhang

Tabelle A5.1:	Konstellationen von Artikeltendenz und Lesermeinung zu Politikern je Zeitung
Tabelle A5.2:	Validierung der Analyseeinheit "Kontakt"
Tabelle A9.1:	Formale Merkmale und Artikelnutzung
Tabelle A9.2:	Einfluß von Betonungsmerkmalen auf die Artikelnutzung
Tabelle A9.3:	Nachrichtenfaktoren als Selektionskriterien der Journalisten und Lesern im Vergleich
Tabelle A10.1:	Einfluß der Leser-Themen-Beziehungen auf die Artikelnutzung
Tabelle A11.1:	Artikelnutzung und Lesermeinung: Einstellung zum Politiker
Tabelle A11.2:	Konsonanz und Dissonanz bei unterschiedlichem Nachrichtenwert der Beiträge
Tabelle A11.3:	Konsonanz und Dissonanz bei unterschiedlicher Einstellung zu den Journalisten der Zeitung
Tabelle A11.4:	Konsonanz und Dissonanz bei Beiträgen über die Stationierung der Pershing-Raketen
Tabelle A11.5:	Konsonanz und Dissonanz bei Beiträgen über die Deutschlandpolitik
Tabelle A11.6:	Konsonanz und Dissonanz bei Beiträgen über die Sozialpolitik der Bundesregierung
Tabelle A11.7:	Konsonanz und Dissonanz bei Beiträgen über die Verbrechensbekämpfung
Tabelle A11.8:	Konsonanz und Dissonanz bei Beiträgen über die Firma Sonnenschein
Tabelle A11.9:	Konsonanz und Dissonanz bei unterschiedlich fester Meinung zu den Konfliktthemen
Tabelle A11.10:	Konkurrierender Einfluß von Konsonanz und Dissonanz sowie der Leser-Themen-Beziehungen
Tabelle A11.11:	Selektion von Informationseinheiten
Tabelle A11.12:	Bewußte und unbewußte Selektion von Artikeln: Konfliktthemen

Schaubild im Anhang

Schaubild A9.1:	Konkurrierender Einfluß von Nachrichtenfaktoren und Betonungsgrad auf die Artikelnutzung

Tabelle A5.1: Konstellationen von Artikeltendenz und Lesermeinung zu Politikern je Zeitung
Basis: Kontakteinheiten

		FAZ (n=5.276) %	SZ (n=6.956) %	AZ (n=3.216) %	SK (n=4.248) %
	Rolle/Meinung				
Konsonanz	pos./pos.	14	7	8	9
	neg./neg.	7	23	10	19
Dissonanz	pos./neg.	12	16	13	14
	neg./pos.	5	8	9	10
Ambivalent/ neutral	alle	61	46	60	49
		99	100	100	100

Tabelle A5.2: Validierung der Analyseeinheit "Kontakt"
Beispiel: Pearson Korrelationen für Informationsgehalt der Überschrift, Betonungsgrad, Nachrichtenfaktoren und Artikelnutzung

	Informationsgehalt		Betonungsgrad		Nachrichtenfaktoren	
	IA (n=148)	K (n=40.369)	IA (n=148)	K (n=40.369)	IA (n=148)	K (n=40.369)
Betonungsgrad						
Pearson r	0.295	0.286	-	-	-	-
r, Z-transformiert	0.304	0.293	-	-	-	-
Signifikanzniveau p	0.000	0.000	-	-	-	-
Nachrichtenfaktoren						
Pearson r	0.523	0.519	0.353	0.344	-	-
r, Z-transformiert	0.583	0.576	0.371	0.360	-	-
Signifikanzniveau p	0.000	-	0.000	-	-	-
Nutzung**						
Pearson r	0.318	0.118	0.699	0.271	0.452	0.173
r, Z-transformiert	0.332	0.121	0.867	0.277	0.485	0.177
Signifikanzniveau p	0.000	-	0.000	-	0.000	-

* Basis: Alle Artikel, die auch im Kontakt-Datensatz I enthalten sind.
** Nutzung bei Inhaltsanalyse Datensatz (IA): durchschnittliche Nutzung des Artikels durch die Leser der Zeitung (Mittelwert aus 0 = nicht gelesen bis 3 = ganz gelesen)
Nutzung bei Kontakt-Datensatz (K): individuelle Nutzung je Kontakt zwischen Artikel und Leser (0 bis 3)

Tabelle A9.1: Formale Artikelmerkmale und Artikelnutzung
- Pearson Korrelationen -

Formale Merkmale	mindestens Überschrift gelesen	mindestens teilweise gelesen	ganz gelesen
Zahl der Spalten	0.38***	0.29***	0.15***
Überschriftengröße	0.41***	0.34***	0.24***
Zeilenzahl der Überschrift	0.18***	0.13**	0.19***
Untertitel	0.37***	0.26***	0.10*
Lead	0.29***	0.33***	0.25***
Umfang	0.21***	0.15**	-0.01
Hervorhebung	-0.05	-0.06	-0.07
Artikel im Umfeld des Beitrags	-0.05	-0.07	-0.06
Foto im Umfeld des Beitrags	0.15**	0.17***	0.19***
Karikatur im Umfeld des Beitrags	0.02	-0.03	-0.05
Ergänzender eigenständiger Text im Umfeld des Beitrags	0.21***	0.22***	0.25***
Seite	0.31***	-0.25***	-0.25***
Plazierung	0.54***	0.51***	0.53***

* $p \leq 0.05$ ** $p \leq 0.01$ *** $p \leq 0.001$

Tabelle A9.2: Einfluß von Betonungsmerkmalen auf die Artikelnutzung
- Pearson-Korrelationen -

	mindestens Überschrift gelesen	mindestens teilweise gelesen	ganz gelesen
Plazierung[1]	.57***	.54***	.52***
Überschriftengröße[1]	.44***	.38***	.23***
Umfang[1]	.21***	.16**	.02
Betonungs-Index 1[2]	.51***	.47***	.32***
Betonungs-Index 2[2]	.71***	.67***	.56***

[1] Auf die Standards der jeweiligen Zeitung relativierte Werte

[2] Betonungs-Index 1: Plazierung, Umfang
Betonungs-Index 2: Plazierung und Überschriftengröße

* $p \leq 0.05$ ** $p \leq 0.01$ *** $p \leq 0.001$

Tabelle A9.3: Nachrichtenfaktoren als Selektionskriterien der Journalisten und Leser im Vergleich

Grundlage: a. Korrelationen zwischen den Nachrichtenfaktoren des ganzen Artikels und dem Betonungsgrad des Artikels - Kriterien der Journalisten
b. Partielle Korrelationen zwischen den Nachrichtenfaktoren der Überschrift und dem Lesen der Artikel mit Betonungsgrad als Kovariate - Kriterien der Leser

Basis: n = 335 Artikel

Nachrichtenfaktor	Betonung durch die Journalisten	Nutzung durch die Leser		
		mindestens Überschrift gelesen	mindestens teilweise gelesen	ganz gelesen
Prominenz	0.37***	0.08	-0.16***	-0.23***
Nähe	0.34***	0.19***	0.09	-0.10*
Nation	0.31***	0.28***	0.08	-0.13**
Personalisierung	0.31***	0.12*	-0.02	-0.12*
Faktizität	0.31***	0.29***	0.26***	0.15**
Institutioneller Einfluß	0.30***	0.05*	-0.11*	-0.18***
Persönlicher Einfluß	0.29***	0.11*	-0.09*	-0.13**
Tatsächlicher Schaden	0.28***	0.24***	0.29***	0.28***
Reichweite	0.28***	0.27***	-0.09	-0.19***
Überraschung	0.27***	0.34***	0.35***	0.34***
Aggression	0.26***	0.21***	0.25***	0.22***
Kontroverse	0.24***	0.11*	0.06	-0.14**
Zusammenhang mit Themen	0.22***	0.27***	0.03	-0.13**
Etablierung des Themas	0.21***	0.29***	0.07	-0.08
Möglicher Schaden	0.16***	0.12*	0.07	0.09*
Tatsächlicher Nutzen	0.14**	0.19***	0.08	-0.10*
Möglicher Nutzen	0.11*	0.16**	-0.03	-0.05
Demonstration	0.02	0.05	0.09	0.06

* p ≤ 0.05 ** p ≤ 0.01 *** p ≤ 0.001

Tabelle A10.1: Einfluß der Leser-Themen-Beziehung auf die Artikelnutzung
- Partielle Korrelationen mit Kovariaten Betonungsgrad,
politisches Interesse und täglicher Lesedauer werktags -

	mindestens Überschrift gelesen	mindestens teilweise gelesen	Artikel ganz gelesen
F I Relevanz			
Eines der wichtigsten Themen überhaupt	.00	.02	.04**
Darüber unterhalte ich mich oft mit anderen	.02*	.08**	.10**
Betrifft mich ganz persönlich	-.02	.01	.02*
Darüber würde ich mich gerne unterhalten	-.01	.03**	.03**
F II Entschiedenheit			
Das regt mich auf, ärgert mich	.03**	.05**	.05**
Darüber kann man verschiedener Meinung sein	-.04**	-.05**	-.06**
Dazu habe ich eine ganz feste Meinung	.06**	.10**	.11**
Das Thema schadet der Regierung Kohl	.04**	.05**	.04**
Da denken die meisten so wie ich	.05**	.07**	.08**
F III Information			
Darüber habe ich in letzter Zeit etwas gelesen	.10**	.09**	.07**
Darüber habe ich in den letzten Tagen etwas im Fernsehen gesehen	.08**	.07**	.04**
F IV Aversion			
Ein schwieriges, anstrengendes Thema	-.05**	-.05**	-.03*
Ein unangenehmes Thema	.00	.01	.03**

* p ≤ 0.01   ** p ≤ 0.001

Tabelle A11.1: Artikelnutzung und Lesermeinung: Einstellung zum Politiker
Basis: Kontakte zwischen Leser und Artikel

	Meinung zum Politiker		
	gute Meinung (n=6.409) %	keine gute Meinung (n=9.921) %	ohne Meinung (n=3.366) %
nicht gelesen	40	45	47
mindestens Überschrift gelesen	60	55**	53
mindestens teilweise gelesen	38	33**	31
ganz gelesen	24	19**	17

** $p \leq 0.001$

Tabelle A11.2: Konsonanz und Dissonanz bei unterschiedlichem Nachrichtenwert der Beiträge
Basis: Kontakte zwischen Leser und Artikel

Nachrichtenfaktoren (Index)

	Politiker in positiver Rolle					
	kons. (n=1.167) %	hoch diss. (n=1.852) %	neutral (n=547) %	kons. (n=708) %	niedrig diss. (n=914) %	neutral (n=275) %
nicht gelesen	36	46	46	38	39	48
mindestens Überschrift gelesen	64	54**	54	62	61	52
mindestens teilweise gelesen	42	32**	29	42	37	34
ganz gelesen	28	18**	17	26	18**	18

	Politiker in negativer Rolle					
	kons. (n=1.154) %	hoch diss. (n=785) %	neutral (n=312) %	kons. (n=1.949) %	niedrig diss. (n=731) %	neutral (n=571) %
nicht gelesen	48	45	51	45	46	49
mindestens Überschrift gelesen	52	56	49	55	54	51
mindestens teilweise gelesen	30	34	30	38	35	32
ganz gelesen	18	21	17	24	23	18

* p ≤ 0.01   ** p ≤ 0.001

Tabelle A11.3: Konsonanz und Dissonanz bei unterschiedlicher Einstellung zu den Journalisten der Zeitung
Basis: Kontakte zwischen Leser und Artikel

Politiker in positiver Rolle

Neutralität der Zeitungsjournalisten[1]

	Sie bemühen sich um neutrale Berichterstattung			Sie wollen von ihrer eigenen Meinung überzeugen			unentschieden		
	kons. (n=1.146) %	diss. (n=1.399) %	neutral (n=454) %	kons. (n=471) %	diss. (n=885) %	neutral (n=223) %	kons. (n=258) %	diss. (n=482) %	neutral (n=145) %
nicht gelesen	37	43	47	34	45	43	40	43	52
mindestens Überschrift gelesen	63	57*	53	66	55**	57	60	57	48
mindestens teilweise gelesen	40	34*	32	47	33**	34	39	35	21
ganz gelesen	26	19**	19	31	16**	18	23	21	11

(Forts.)

Tabelle A11.3 (Forts.): Konsonanz und Dissonanz bei unterschiedlicher Einstellung zu den Journalisten der Zeitung

Politiker in negativer Rolle

Neutralität der Zeitungsjournalisten[1]

	Sie bemühen sich um neutrale Berichterstattung			Sie wollen von ihrer eigenen Meinung überzeugen			unentschieden		
	kons. (n=1.569) %	diss. (n=873) %	neutral (n=483) %	kons. (n=956) %	diss. (n=413) %	neutral (n=250) %	kons. (n=578) %	diss. (n=230) %	neutral (n=150) %
nicht gelesen	48	48	51	42	40	44	47	47	53
mindestens Überschrift gelesen	52	52	49	58	61	56	53	53	47
mindestens teilweise gelesen	34	33	29	37	39	39	33	30	25
ganz gelesen	21	22	16	24	23	25	21	20	11

* $p \leq 0.01$ ** $p \leq 0.001$

[1] Antworten der Leser auf die Frage: "Was ist Ihr Eindruck: Meinen Sie, daß die Journalisten der (Name der Zeitung) die politischen Ereignisse möglichst neutral darstellen, oder meinen Sie, daß sie eher versuchen, die Leser von ihrer eigenen Meinung zu überzeugen?"

Tabelle A11.4: **Konsonanz und Dissonanz bei Beiträgen über die Stationierung der Pershing-Raketen**
Kontrollvariable: tägliche Lesedauer werktags
Basis: Kontakte zwischen Leser und Artikel

Tägliche Lesedauer werktags

	bis 29 Minuten		30 - 59 Minuten		60 Minuten und mehr	
	konsonant (n=172) %	dissonant (n=101) %	konsonant (n=664) %	dissonant (n=448) %	konsonant (n=711) %	dissonant (n=483) %
nicht gelesen	55	50	43	47	35	34
mindestens Überschrift gelesen	45	50	57	53	65	66
mindestens teilweise gelesen	30	33	42	36*	55	55
ganz gelesen	16	19	29	20*	43	43

* p ≤ 0.01   ** p ≤ 0.001

Tabelle A11.5: Konsonanz und Dissonanz bei Beiträgen über die Deutschlandpolitik
Kontrollvariable: tägliche Lesedauer werktags
Basis: Kontakte zwischen Leser und Artikel

Tägliche Lesedauer werktags

	bis 29 Minuten		30 - 59 Minuten		60 Minuten und mehr	
	konsonant (n=101) %	dissonant (n=56) %	konsonant (n=382) %	dissonant (n=217) %	konsonant (n=368) %	dissonant (n=275) %
nicht gelesen	46	43	49	51	36	33
mindestens Überschrift gelesen	54	57	51	49	64	67
mindestens teilweise gelesen	30	38	34	30	51	44
ganz gelesen	11	11	16	12	36	24*

* $p \leq 0.01$ ** $p \leq 0.001$

Tabelle A11.6: Konsonanz und Dissonanz bei Beiträgen über die Sozialpolitik der Bundesregierung
Kontrollvariable: tägliche Lesedauer werktags
Basis: Kontakte zwischen Leser und Artikel

Tägliche Lesedauer werktags

	bis 29 Minuten		30 - 59 Minuten		60 Minuten und mehr	
	konsonant (n=155) %	dissonant (n=198) %	konsonant (n=571) %	dissonant (n=525) %	konsonant (n=531) %	dissonant (n=463) %
nicht gelesen	43	25	31	25	22	18
mindestens Überschrift gelesen	57	75**	69	75	78	82
mindestens teilweise gelesen	40	53	47	55	58	68*
ganz gelesen	17	27	26	29	39	48*

* p ≤ 0.01   ** p ≤ 0.001

Tabelle A11.7: Konsonanz und Dissonanz bei Beiträgen über die Verbrechensbekämpfung
Kontrollvariable: tägliche Lesedauer werktags
Basis: Kontakte zwischen Leser und Artikel

Tägliche Lesedauer werktags

	bis 29 Minuten		30 - 59 Minuten		60 Minuten und mehr	
	konsonant (n=78) %	dissonant (n=75) %	konsonant (n=220) %	dissonant (n=213) %	konsonant (n=192) %	dissonant (n=200) %
nicht gelesen	37	53	44	32	34	25
mindestens Überschrift gelesen	63	47	56	68*	66	75
mindestens teilweise gelesen	41	33	38	54*	51	61
ganz gelesen	27	19	22	28	44	32

* p ≤ 0.01   ** p ≤ 0.001

Tabelle A11.8: Konsonanz und Dissonanz bei Beiträgen über den Konflikt um die Firma Sonnenschein
Kontrollvariable: tägliche Lesedauer werktags
Basis: Kontakte zwischen Leser und Artikel

Tägliche Lesedauer werktags

	bis 29 Minuten		30 - 59 Minuten		60 Minuten und mehr	
	konsonant (n=138) %	dissonant (n=155) %	konsonant (n=422) %	dissonant (n=542) %	konsonant (n=430) %	dissonant (n=525) %
nicht gelesen	22	34	19	34	11	21
mindestens Überschrift gelesen	78	66	81	66**	89	79**
mindestens teilweise gelesen	57	44	62	46**	72	68
ganz gelesen	38	23*	43	27**	55	47*

* p ≤ 0.01   ** p ≤ 0.001

Tabelle A11.9: Konsonanz und Dissonanz bei unterschiedlich fester Meinung zu den Konfliktthemen
Beiträge über die Stationierung der Pershing-Raketen, die Deutschlandpolitik und die Firma Sonnenschein
Kontrollvariable: Festigkeit der eigenen Meinung zum Thema
Basis: Kontakte zwischen Leser und Artikel

	feste Meinung		keine feste Meinung	
	konsonant (n=1.965) %	dissonant (n=1.632) %	konsonant (n=1.461) %	dissonant (n=1.192) %
nicht gelesen	31	34	38	38
mindestens Überschrift gelesen	69	66	62	62
mindestens teilweise gelesen	57	52*	42	41
ganz gelesen	42	34**	27	25

* p ≤ 0,01   ** p ≤ 0,001

Tabelle A11.10: Konkurrierender Einfluß von Konsonanz und Dissonanz sowie der Leser-Themen-Beziehungen:
Beiträge über die Stationierung der Pershing-Raketen, die Deutschlandpolitik und die Firma Sonnenschein
- Multiple Regression mit Kovariaten tägliche Lesedauer, politischem Interesse und politischer
Distanz (n=6.190; Signifikanzniveau: p ≤ 0,01)
Basis: Kontakte zwischen Leser und Artikel

	mindestens Überschrift gelesen Beta	mindestens teilweise gelesen Beta	Artikel ganz gelesen Beta
F I RELEVANZ			
Eines der wichtigsten Themen überhaupt		-.04	-.04
Darüber unterhalte ich mich oft mit anderen		.06	.07
Betrifft mich ganz persönlich	-.04		
F II ENTSCHIEDENHEIT			
Das regt mich auf, ärgert mich	.05		
Darüber kann man verschiedener Meinung sein	-.04	-.04	-.04
Dazu habe ich eine ganz feste Meinung	.08	.07	.08
Da denken die meisten so wie ich	.04	.04	.04
F III INFORMATION			
Darüber habe ich in den letzten Tagen etwas im Fernsehen gesehen	.07	.06	
F IV AVERSION			
Ein schwieriges, anstrengendes Thema		-.07	-.07
Ein unangenehmes Thema			
Dissonanz/Konsonanz			
Tägliche Lesedauer werktags	.03	.05	.05
Politisches Interesse	.10	.13	.07
Politische Distanz	.11	.11	.16
	.05		.09
R	.230	.272	.278
R²	.053	.074	.077

Tabelle A11.11: Selektion von Informationseinheiten:
Zuwendung zu Informationseinheiten in einem SZ-Artikel vom 22.06.1985 bei unterschiedlicher Lesermeinung über Norbert Blüm

Basis: Leser der Süddeutschen Zeitung, die in dem Artikel irgendetwas gelesen haben

Informationseinheit gelesen	alle	Lesermeinung zu Blüm	
		positiv	negativ
	(n=235)	(n=108)	(n=94)
	%	%	%
ÜBERSCHRIFT: "Männer und Frauen erhalten von 1986 an die gleiche Hinterbliebenenrente"	83	87	77
UNTERTITEL: "60% vom Ehepartner, Anrechnung eigener Einkünfte/Kindererziehungszeit berücksichtigen"	81	84	77
LEAD: "Bundestag hat entschieden, Gleichstellung von Mann und Frau"	93	94	94
"Ältere sind ausgeschlossen, Proteste von SPD/GRÜNEN; Fuchs (SPD): schwarzer Freitag des Sozialstaats"	77	78	79
"Blüm rechtfertigt Entscheidung gegen die älteren Frauen mit schwieriger Finanzlage"	75	75	79
"Beschluß mit Stimmen der Koalition, gegen Stimmen der Opposition;" Zahlen (Freibeträge usw.)	73	77	72
"Beratung des Bundestages unter großem Zeitdruck; Glombig (SPD): Regierung hat Parlament in unzulässiger Weise unter Druck gesetzt, scharfe Kritik"	63	62	65

(Forts.)

Tabelle A11.11 (Forts.): Selektion von Informationseinheiten

Informationseinheit gelesen	alle	Lesermeinung zu Blüm	
		positiv	negativ
	%	%	%
"Glombig: Blüm hat Kooperationschancen leichtsinnig und arrogant verspielt, keine Gemeinsamkeit gewollt. Flickschusterei, kaltherzig den heutigen Rentnerinnen Kindererziehungsjahr verweigert"	62	63	64
"Fuchs (SPD): schreiende Ungerechtigkeit, scharfe Kritik"	66	69	65
"Blüm bittet heutige Rentnerinnen um Verständnis"	58	54	63
"Blüm: eine Art Gegenleistung: Nichtanrechnung schon ausgezahlter Witwenrenten; Vorwürfe zurückgewiesen, neue Regelung ist systemgerecht, sozial, leistungsgerecht und frauenfreundlich"	53	51	55
"Adam-Schwaetzer: Gesetz frauenfreundlich; keine überschäumende Begeisterung; Note ausreichend; Anrechnungsprinzip nicht auf Versicherungsrente anwenden"	49	46	51
"Bueb (GRÜNE): keine soziale Sicherung der Frau, Rentenbetrug an älteren Frauen"	50	47	53
"Anträge der SPD (Kindererziehungszeiten für alle Frauen; Unfallrenten nicht berücksichtigen) abgelehnt"	51	46	55
"Gesetz bedarf der Zustimmung des Bundesrates"	51	46	54

Tabelle A11.12: Bewußte und unbewußte Selektion von Artikeln:
Beiträge über die Pershing-Stationierung, die Deutschlandpolitik und die Firma Sonnenschein

	Konsonanz (n=3.388) %	**Dissonanz** (n=2.802) %
nicht gelesen	34	35
mindestens Über- schrift gelesen	66	65
	(n=2.238) %	(n=1.808) %
mindestens Über- schrift gelesen = 100%		
mindestens teil- weise gelesen	77	73*
ganz gelesen	54	47**

* $p \leq 0.01$ ** $p \leq 0.001$

Schaubild A9.1: Konkurrierender Einfluß von Nachrichtenfaktoren und Betonungsgrad auf die Artikelnutzung

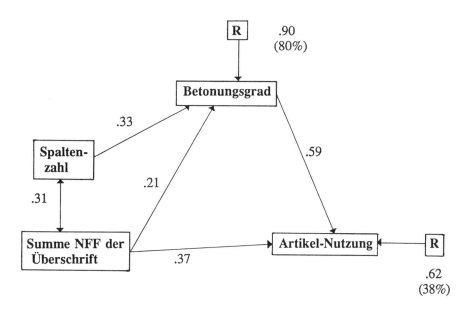

Erläuterung:

Summe NFF der Überschrift	= Summenindex zusammengefaßter Merkmale (Nachrichtenfaktoren) der Überschrift nach Faktorenanalyse ("Nachrichtenfaktoren-Faktoren")
Spaltenzahl	= Anzahl der Spalten des Artikels
Betonungsgrad	= Indexwert aus Plazierung und Überschriftengröße (relativierte Werte je Zeitungs-Standard)
Artikel-Nutzung	= Anteil der Leser, die angeben, mindestens die Überschrift des Artikels oder mehr gelesen zu haben
.31 ...	= Beta-Werte für die Beziehung zwischen den Variablen
R	= Residuen